関ヶ原合戦図屏風（八曲一双のうち左隻・部分　大阪歴史博物館蔵）
関ヶ原合戦の後、ほどなくして家康が作成させた屏風。陸奥津軽家に嫁ぐ養女・満天姫（まてひめ）の懇願を受け、預け置いたとされる。掲載の場面は合戦の様子を描いたもので、豊臣政権内の戦争であったこの戦いに勝利した結果、家康は天下人の立場を固める。そして、時代は江戸開幕へと歩み出した。

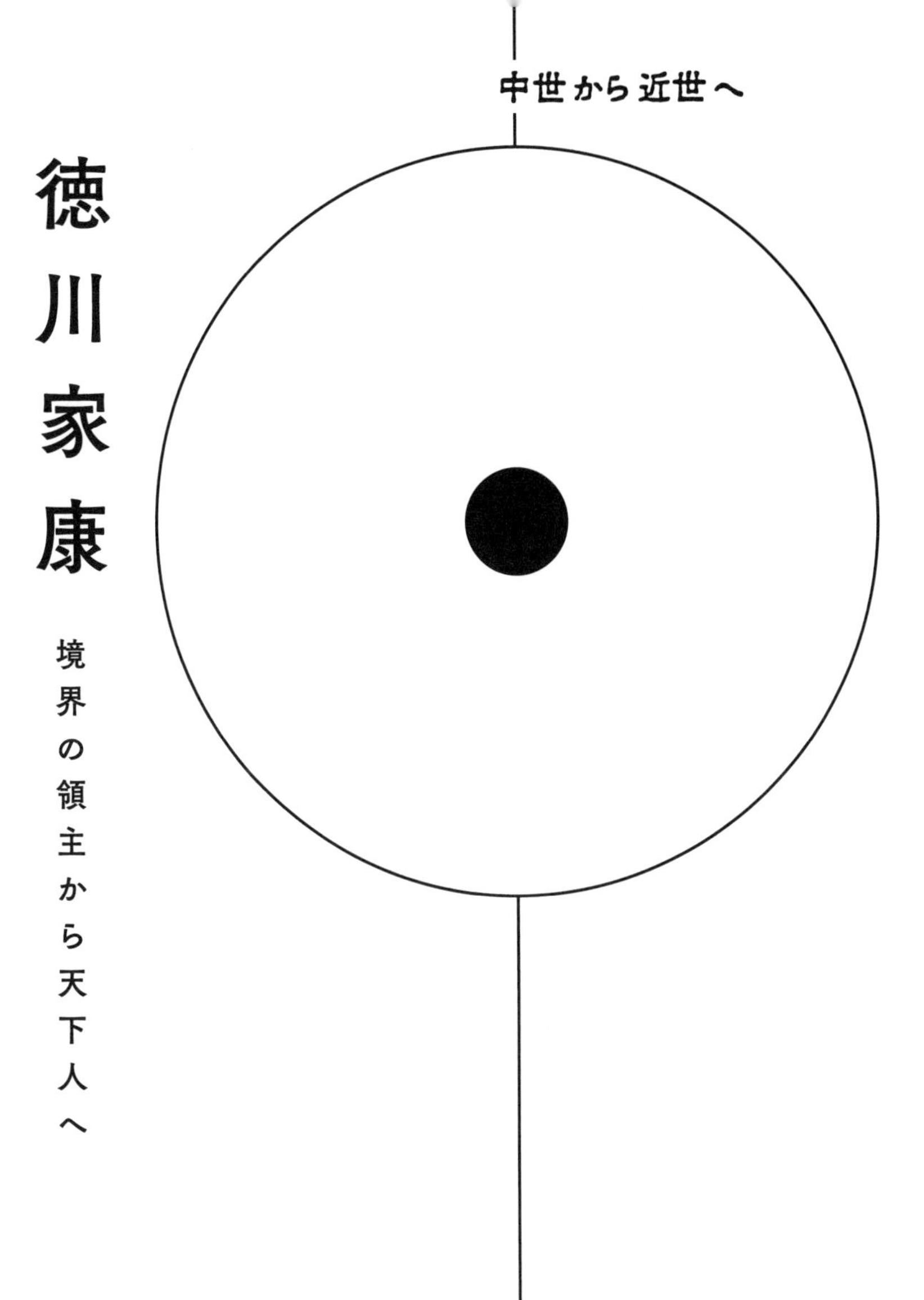

中世から近世へ

徳川家康

境界の領主から天下人へ

柴裕之

平凡社

装幀　大原大次郎

徳川家康——境界の領主から天下人へ◉目次

松平・徳川氏関係略系図

＊本書に関わる人物に限る
＊------は養子を示す

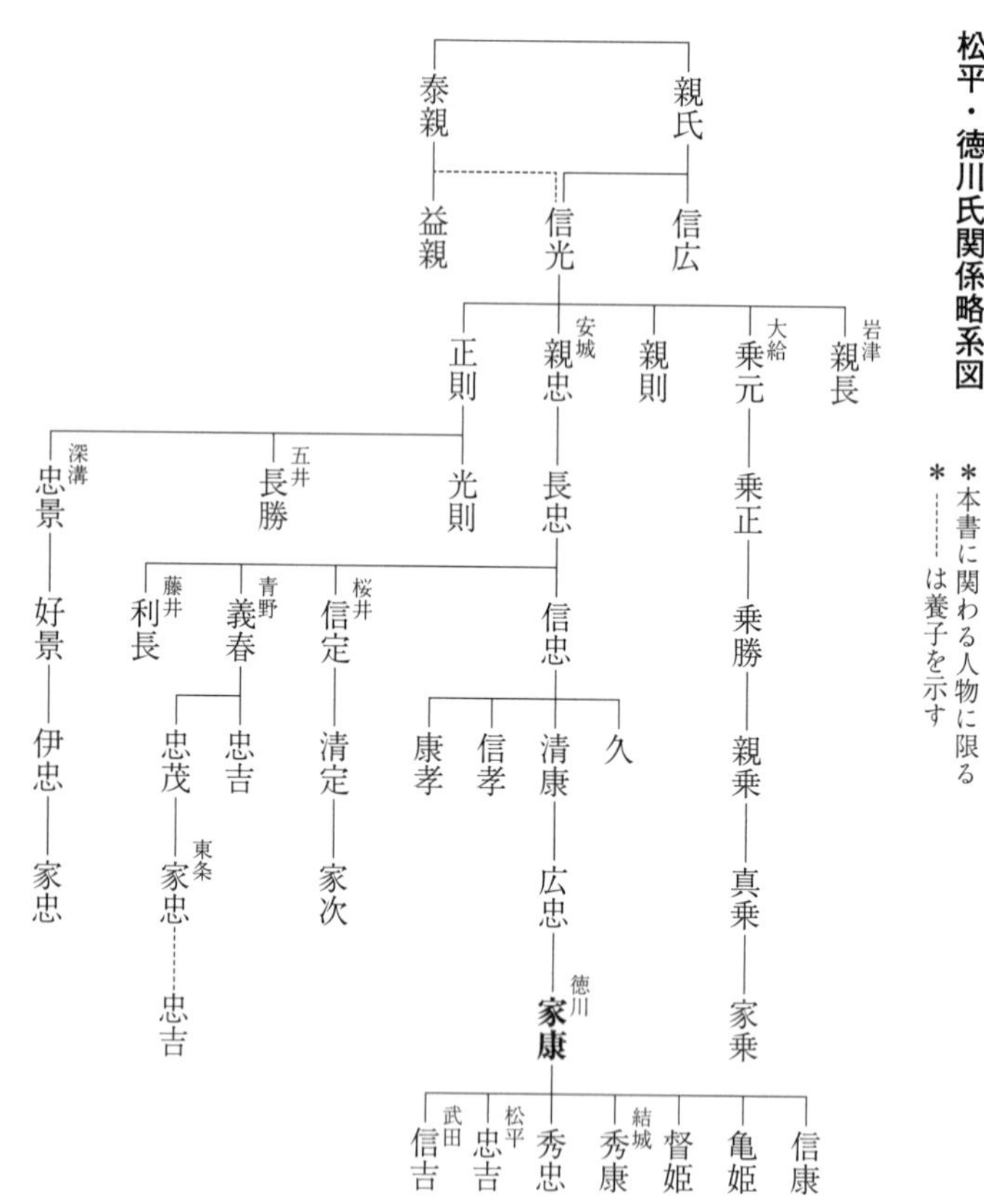

はじめに——家康像を見直す

徳川家康は、三河国（愛知県東部）の弱小勢力から織田信長や羽柴（豊臣）秀吉と肩を並べて活動し、秀吉の死後、関ヶ原合戦での勝利によって天下人となり、武蔵国江戸（東京都千代田区）を本拠地とする幕府（武家による政権）を開いた戦国武将として知られる人物である。こうした家康像に対して、読者諸賢は、どのようなイメージをお持ちであろうか。おそらくは、後世に作成された「鳴かぬなら鳴くまで待とうホトトギス」という句に示されるように、時機が来るまで堪え忍び、時機到来となるや動きだし、天下を掌握した時代の「勝者」としてのイメージをお持ちなのではないだろうか。

しかし、彼は本当に、もとから「勝者」としての実力を持ちながら、時機到来まで堪え忍び、天下人となったのであろうか。実は、いま私たちが抱いている家康像というのは、多分にして江戸時代に作成されたものである。

周知のように、徳川氏は江戸時代、天下人として当時の日本国内を統べ、君臨する存在で

徳川家康像（名古屋市博物館蔵）

あった。そして、徳川氏の始祖である家康は、東照大権現という神の立場にあり、その後裔の将軍を権威づけていた。このため、家康が天下人となるのは必然であったという予定調和のもと、徳川将軍家創成の歴史を造り上げていく。この結果、江戸時代を通じて、徳川将軍家の国内統治を正当化する立場にたち、不都合と考えられることは排除するか、あるいは改変する「松平・徳川中心史観」とでもいうべき歴史観が成立した。つまり、家康像はこの歴史観のもとに創られてきたのである。

松平・徳川中心史観による家康像は、江戸幕府が倒れ、明治時代となって日本が近代化を歩んで以後も変わらずあり続けた。明治時代になって日本は、歴史像の構築には、素材となる史料（古文書、古記録、編纂物など）を検証したうえで、事実を位置づけていくという実証主義歴史学に基づく手法を取るようになった。その多くは実を結び、数々の事実が明らかにされていく。それでも、江戸時代に培われた松平・

徳川中心史観が払拭されることはなかった。家康像と徳川将軍家創成の歴史はこの後も長らく、その歴史観に基づいて描かれてきてしまったのである。

松平・徳川中心史観を排除し、松平・徳川氏の研究が本格的に取り組まれるようになったのは、実は一九七〇年代からのことであった。その後、この潮流のなかで、家康の置かれていた政治状況と立場、その配下にあった家臣らの活動、そして勢力下にある地域支配の実態が明らかにされていった。そして、戦国・織豊時代における地域的領域権力（国衆、戦国大名、織田・豊臣大名）としての松平・徳川氏の実像がわかるようになってきたのは、ようやく二十一世紀に入ってからのことである。

本書は、こうしたいまに至る研究成果をふまえて、慶長八年（一六〇三）二月の江戸開幕までの家康がたどった歩みを、彼が置かれていた実際の状況から見ていき、「松平・徳川中心史観」を排して、実像に迫ろうとするものである。そこで、本題に入る前に、家康が生きた戦国時代の政治・社会がどのようであったのか、確認してみよう。

戦国時代と聞くと、読者諸賢は華々しい戦国武将の活躍、あるいは、それまでの古い社会が解体され、新しい社会に変わるまでの混乱期とのイメージをお持ちであろう。それでは、なぜ混乱期とイメージされるような状況にあったのであろうか。

その背景には、室町時代までの中央拠点であった京都（京都府京都市）や鎌倉（神奈川県鎌倉市）に政治権力が集中し、そこで国内政治が決められ、地方支配が運営されていくという仕組みから、それぞれの地域が自立的に運営していく仕組みへと変わっていた時代状況がある。この流れから、各地にはそれぞれの地域を束ね、運営する地域的領域権力が現われ、その権力のもとに「国家」という自治領域・集団（これを本書では「地域「国家」」とする）が形成された。この地域的領域権力こそが、戦国大名や国衆といわれる存在である。

あらためて述べると、戦国大名とは、およそ当時の行政範囲となる武蔵国（東京都、神奈川県川崎市・横浜市、埼玉県）など一国以上の地域を領国とし、自己の判断のもとに統治し、その領国内における行政や軍事を管掌した領域権力である。当時、来日していたポルトガル人らは、戦国大名として君臨する当主の姿を、自国の「王（Rey）」と変わらぬ存在と認識し、その領国を「王国（Reinos）」と表わした。

一方、「国衆」とは、その多くが戦国大名に従属して活動する地域的領域権力である。なお、研究者の間では、国衆という概念用語ではなく、「国人領主」「戦国領主」などの呼称が用いられているが、本書では国衆を用いる。国衆は、国内のおよそ郡といわれる規模（現在の市町村レベル）の地域を領国として自治運営する領域権力であった。しかし、自身の力量だけでは政治や軍事において、領国の安泰（この安泰を当時の人々は「平和」と称したので、本書ではこれを「領国「平和」」と表現する）を維持することができず、そうした事情から、戦国大名の政治的・軍事的保護下に入る。このことによって、国衆は大名の家臣という立場になるが、国衆当主は大名権力の直接的な構成員（従者）である「譜代」といわれる家臣とは異なり、自身の領国「平和」のために戦国大名に従ったに過ぎない。このため、戦国大名が政治的・軍事的保護を怠るようなことがあれば、離叛もした。二〇一六年にＮＨＫ大河ドラマで取り上げられた信濃国（長野県）の国衆であった真田氏などは、まさにその代表的な例である。つまり、戦国大名と国衆との関係を企業にたとえると、戦国大名とは有力な大企業で、国衆とは中小企業にあたる。そして、国衆という中小企業が、自らを成立させるために、戦国大名という有力な大企業のグループ傘下に取り込まれ、子会社となったとイメージしてもらえればよい。

戦国時代は、こうした戦国大名や国衆が各地に君臨し、それぞれ領国を地域「国家」として運営する〝地域「国家」の時代〟であった。各地方で、国衆は領国「平和」の政治的・軍事的保護を求め、有力な戦国大名の傘下に入っていく。そして、戦国大名の領国は、傘下に入った国衆の領国を併呑した統合圏（これを本書では、「惣「国家」」とする）として形成されていたのである。

したがって、戦国時代の「日本国」（現在と異なり、北海道・沖縄諸島を含まない本州・四国・九州で構成された国。以下「日本」と記す場合もあり）は、国内が一元化された状態にあったのではない。地域「国家」が統合された惣「国家」の複合体で構成されていたのである。ただし、すべてが同列の地域「国家」、あるいは惣「国家」としてあったわけではない。実は、それらを束ねる天下と称された中央「国家」があったことにも注目しなければならない。

一般に、天下と聞くと「日本」全国がイメージされるだろう。しかし、家康が生きた時代（戦国・織豊（しょくほう）時代）の天下について、当時、来日していたポルトガル人のキリスト教・イエズス会宣教師（せんきょうし）らが「日本」人からの情報としてまとめた報告書によると、「都の周辺に位置する五畿内なる五つの領国」（一五八九年二月二十四日付ガスパル・コエリョ書翰〔『十六・七世紀イエズス会日本報告集』〕）とされる。つまり、「首都」の京都を中核とし、山城・摂津・和泉・河内・大和の周辺各国（五畿内）を含めた領域のことであったのである。では、なぜ天下と表わされたかといえば、この地には古代以来、天皇を中心とした伝統的な政治集団である朝廷と、それに連なる宗教勢力が存在したからだ。そして、武家の棟梁となる存在は、朝廷とそれに連なる宗教勢力を保護し、天下と称されるこの領域の「平和」（これを当時の人々は「天下静謐（せいひつ）」と表わした）を担うことで、「日本国」の中央に君臨する天下人となったのである。前掲のポルトガル人のキリスト教・イエズス会宣教師らは、天下人をヨーロッパの「皇帝のような存在」（一五四八年夏、ニコラオ・ランチロット報告〔『イエズス会日本書翰集』訳文編之一上〕）と表わし、天下を皇帝が統治する「君主国」（一五八二年十一月五日付ルイス・

フロイス書翰（『十六・七世紀イエズス会日本報告集』）として認識した。したがって、戦国時代の「日本国」とは、天下と各地域「国家」さらには、その統合された惣「国家」が併存した複合体のうえに構成されていた、重層的複合国家だったのである。

ところで、戦国時代にこの天下を統治していた天下人こそが、室町幕府将軍足利（あしかが）氏である。足利氏が運営する政権である室町幕府は、前代のように全国に権力を及ぼす政治力は喪失していたが、室町幕府将軍は中央に君臨する権威として、依然として影響力を保っていた。だが、室町幕府将軍は畿内の大名・国衆の政争に巻き込まれ、京都を離れることもたびたびあって、「天下静謐」の維持が望まれていた。

また、室町幕府将軍は天下人として「日本国」国内の秩序を維持するため、各地の戦国大名・国衆の戦争に停戦命令を出した。しかし、戦国大名や国衆にとっての優先事項は領国「平和」の維持にこそあった。このため、戦国大名や国衆は、これに支障をもたらすと考えられた場合、室町幕府将軍の意向であろうと、拒絶することもした。したがって、戦国時代の室町幕府将軍と大名・国衆との政治関係は絶対的なものではなく、あくまでも「有効」程度のものに過ぎなかったのである。

戦国大名・国衆は、自身の領国や従属国衆を従えた惣「国家」を外からの脅威から守り、「平和」を維持するため、その解決手段として戦争を選んだ。このため、各地で起こった戦国時代の戦争とは、主導権の争いや一族内部での権益をめぐる争いといったそれまでのものとは異なり、領土戦争としての性格を持っていた。そして、この領土戦争は領国の境界である「境目（さかいめ）」といわれる地域を舞台に、「国郡境目相論（こくぐんさかいめそうろん）」（国境地域をめぐる領土戦争）として繰り広げられた。ここで争いが起こるのは、境目地域がつねに敵対する勢力と接していて、つねに脅威に晒されるからである。そのため、時には敵・味方の双方に通じた両属関係を持つなど、帰属は不安定であった。つまり、これらの地域は特に戦国大名の政治的・軍事的保護を求めた地域であるわけで、そうすると、戦国大名がそれをなし得ないと判断されれば、その地域を領国として治める国衆は離叛していったのである。この結果、戦国大名領国（惣「国家」）は縮減し、さらには領国「平和」にも影響を与えることとなる。

本書の主人公である徳川家康は、はじめ戦国大名今川氏のもと、境目の三河国衆として活動した。そして三河国を平定し、戦国大名として発展を遂げた後も、織田・武田両氏の勢力圏の境界に生きる「境目の戦国大名」であった。そこで、本書はこの境目という地域視点を持って、家康以前の松平氏の時代から家康の置かれていた情勢と、それに対する動向を見ていきたい。

また、中央の「天下静謐」を確固とし、各地の「国郡境目相論」を取り締まり、「日本国」

の重層的複合性に基づき、天下＝中央のもとに国内統合（「天下一統」）を成し遂げたのが、織田信長と羽柴秀吉である。家康は、この天下一統という事業のなかで彼らに従い、その政治的・軍事的保護のもとに織田・豊臣大名となっていく。家康の台頭は、この織田・豊臣大名としてのなかで培われたものであった。そこで、織田・豊臣大名としての視点から、家康の立場と動向をとらえてみようというのが、本書のもう一つの試みである。

そして、家康は織田・豊臣大名として培われた立場のなかで、どのようにして天下人となっていくのか、これが本書の最後の視点となろう。以上の視点から、慶長八年二月の江戸開幕までの家康がたどった歩みを見ていきたい。

なお本書は、最新の成果をできる限り取り込んだが、なかにはまだ検討を要するもの、また研究者間でも論争となっているものも含まれている。これらは、今後解明されていくべきものである。本書は、その現状を示したものとしてご理解いただき、また興味関心を持っていただけたならば幸甚である。

第一章　松平氏の時代——三河国衆としての動き

松平太郎左衛門家と親氏

三河国加茂郡の松平郷（愛知県豊田市）は、交通に至便とはいえない山間部の地にある。巴川中流域に位置したこの地は、室町時代、主流である矢作川水系の河川交通・流通の要地だったという。

その松平郷を本拠とした土豪（地域の有力者）が、松平太郎左衛門家である。この家は江戸時代になって、徳川家旗本の身分にあった。

松平太郎左衛門家の家老を務めた神谷家には、『松平氏由緒書』という歴史書が伝来する。この書は十七世紀後半に成立したと考えられているが、松平太郎左衛門家の由緒から元和元年（一六一五）五月における大坂夏の陣の終結までを扱っている。この書によると、松平太郎左衛門家は先祖を在原氏または紀伊国熊野（和歌山・三重両県の南部地域）出身の鈴木氏ともいわれ、はっきりしないという。そして、十五世紀前半、当主が太郎左衛門尉信重（「信茂」とも記載）の時には、金銀米銭など尽きることがないほど裕福であったとされ、一二人もの下人（従者）を従えていた信重は、道を築き、通行を容易にするよう尽くした、徳を持つ人物だったと記されている。

その信重のもとに入り婿となったのが、松平・徳川氏の「家祖」とされる親氏である（『松平氏由緒書』では実名を「信武」とするが、本書では一般によく知られた「親氏」とする）。後年、旗本の大久保忠教が著わした徳川将軍家の創業記『三河物語』（最終的な成立は寛永三年（一六二六））によると、親氏は新田源氏の末裔であったが、徳阿弥と称する時宗僧として牢浪の末、松平郷に至り、松平太郎左衛門家に婿入りしたとされる。なお、松平・徳川家が「新田源氏の末裔」とあるのは、徳川将軍家を天下人として正統づける創作として、現在では否定されている。一方、『松平氏由緒書』では、信重は屋敷地内の六所明神前で連歌会を開催した折、筆役がいなくて困っていたところ、どこからか現われた牢浪人が、信重の願いによって連歌会の筆役を務めたという。その後、信重はこの牢浪人の教養の高さに感心して屋敷に留め、娘婿とした。これが親氏（同書では「信武」）であると記している。記載された内容には異なるところもあるが、親氏が牢浪する立場にあり、松平郷に辿り着いた人物であることだけは、両書の記述に共通している。

その後、松平家を継いだ親氏は、乙川上流の中山十七名（愛知県岡崎市の山間部）へ進出し、この地を軍事制圧したとされる（『三河物語』）。だが、十五世紀の、いまだ室町幕府のもとに国内支配が安定していた時代に、このような軍事行動をとったとは考えにくい。むしろこれは、地域社会で経済活動を推し進めた土豪の親氏が、土地を収得し集積した結果、この地にまで進出することになったということなのではないかと考えられている。

信重娘との間に二人の男子、一人の女子を得た親氏だが、急死したとされる（『松平氏由緒書』）ものの、没年は不明だ。江戸時代後期（十九世紀前半）、江戸幕府によって家康までの史料を列挙した『朝野旧聞裒藁』が編纂されたが、そのうちの「親氏公御事績」所載の諸史料の伝えるところによると、月日は四月二十日で一致している。

「家祖」とされる親氏の史料は少なく、よって詳細な実像の解明は、今後の課題といえよう。

泰親・信光の時代

親氏の死後、跡を継いだのは泰親であった。泰親は『三河物語』や諸系図などでは、親氏の「子」とされている。だが、『松平氏由緒書』には、親氏が松平太郎左衛門家に婿入りした際、親氏の懇請により招かれた「弟」として見える。また、親氏死後の家督は本来、二男の信光が継承することとなっていたが、信光が幼少のため、泰親が「名代」（家督代行者）を務め、二代目に数えられたという。親氏死後の家督が二男の信光であったとするのは、その後に信光が泰親の家を継ぎ、松平氏を台頭させたことから遡っての記述なので、検討を要する。しかし、泰親についてはおそらく、『松平氏由緒書』が記すとおり、親氏の死後に実質的な当主としてあったため、『三河物語』や諸系図などでは親氏の子とされたのであろう。

泰親は出家して法名「用金」を称し、応永三十三年（一四二六）十二月十三日、三河国岩津（愛知県岡崎市）に若一王子社（現在の若一神社）の社殿を建立し、翌年の応永三十四年四月、若一王子像を納めている。現在、その際の棟札（造立に際して打ちつけられた板）の写が伝来しており、泰親の活動時期や岩津への進出のさまを物語る。

『松平氏由緒書』によると、泰親は三年半ほど当主を務めたとされる。その後、家督は親氏の長男（実名は諸系図によると「信広」とされる）に譲り、また自身の跡は親氏の二男信光に継承させた。諸系図類によると、泰親には子として、同時期に京都で活躍したことが知られる益親などが確認されるが、なぜ信光が泰親の跡を継承することとなったのか、その詳細な理由は不明である。

泰親の跡を継いだ信光は、室町幕府政所執事である伊勢氏の被官（臣下の者）として、岩津を拠点に活動する。政所とは、室町幕府の財政や御料所（直轄地）などを管理する部署で、その執事（長官）にあったのが、伊勢氏であった。

三河国は、鎌倉時代に足利氏が守護（軍事指揮官）を務めたこともあり、室町幕府将軍足利家との関係が深い地域であった。室町時代になると守護は、管轄国の軍事指揮官としてだけでなく、行政官としても活動していく。当時、三河国の守護は、足利一族の一色氏や阿波細川氏（細川庶家）が務めたが、国内には幕府に直結して活動する奉公衆が多かった。このため、三河国では守護の力がさほど大きくなかったようで、奉公衆らは、各地の幕府御料所を管理し、財政面を担う政所執事の伊勢氏との関係をより深めていった。松平氏はこうした三河国の実情をふまえたうえで、伊勢氏に仕える被官となり、親類・被官を従え、領主化を果たしていったのである。

そうしたなか、寛正六年（一四六五）五月、三河国額田郡（愛知県岡崎市・幸田町）の丸山氏や大場氏といった「牢人」たちが、守護の細川成之に叛旗を翻した。この事態に、成之は鎮圧に努めるが、松平信光（史料上の表記は「松平和泉入道」）の親類・被官のなかには、「牢人」らに与する者などもあったようである。そこで成之は、信光が親類・被官を取り締まり、「牢人」たちを成敗するよう、伊勢貞親に求め、信光に対して貞親から命令させている（『親元日記』）。貞親のこの命令に従い、信光は「牢人」たちの成敗にあたった。この時、「牢人」の一人、大場次郎左衛門は、深溝（愛知県幸田町）で信光の子大炊助正則に討たれた（『今川記』）。こうして、信光は伊勢氏の被官として活動し、台頭してきたのである。

そしてこの頃、中央では応仁・文明の乱（一四六七〜七七）が始まる。大乱の波は三河にも及び、不穏な情勢のなか、信光は安城（愛知県安城市）を攻略し、子の次郎三郎親忠を配したとされる（『三河物語』）。

ここに、のちの徳川将軍家に連なる安城松平氏が誕生するのである。

安城松平氏の台頭

長享二年（一四八八）七月二十二日、信光は八十五歳で死去したとされる。信光の死後、松平氏の惣領にあったのは、親長であった。諸史料により、親長は伊勢氏に仕える被官として、京都で活動したことがわかる（『結番日記』ほか）。この惣領である親長の系統（岩津松平氏）のもとに、信光の子息・親類である安城、五井（大炊助正則の系統）、長沢（信光子親則の系統とされる）、大給（『三河物語』は初代の乗元を信光の二男とするが、親忠の子と伝える系図もある）、竹谷、形原、岡崎といった庶家が、額田郡を中心とした三河国西部の地域（西三河）に広がっていった。つまり、のちの徳川将軍家に連なる安城松平氏は、庶家の一つに過ぎなかった。

松平氏が一族として、この地域の所領を治めるなか、明応二年（一四九三）十月、挙母（愛知県豊田市）の中条氏を中心とした勢力が、井田野（同岡崎市）を来襲した。これは、江戸時代に創られた諸書による話だが、松平勢はこれを迎え撃ち、勝利をおさめたという。

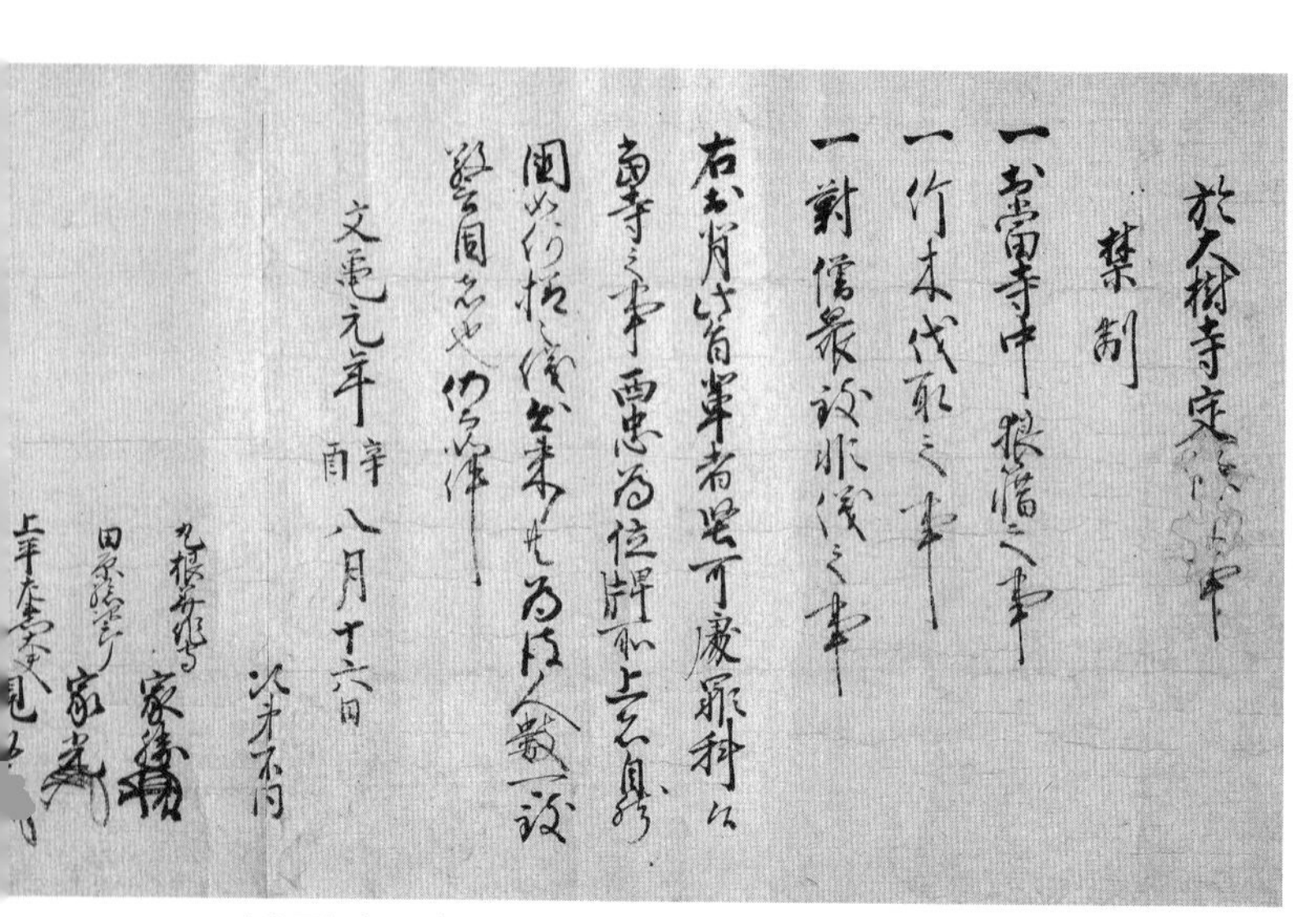

於大樹寺定[illegible]
禁制
一 於当寺中狼藉之事
一 竹木伐取之事
一 対僧衆致非儀之事
右於背此旨輩者可処罪科[illegible]
[illegible]
文亀元年辛酉八月十六日
[illegible]

文亀元年（1501）8月16日付松平一族連判状（大樹寺蔵、協力：岡崎市美術博物館）

「井田野合戦」と呼ばれるこの戦いを勝利に導いたのが、安城松平家の当主親忠であったと伝わる。井田野合戦の実態は、同時代の史料がなく、詳細は不明である。また親忠の活躍も、安城松平氏を惣領とする江戸時代の認識に依っているため、その点は差し引かなければならない。

親忠（晩年は出家して、法名「西忠」を称す）は文亀元年（一五〇一）八月十日、六十三歳で死去する。その死去後七日にあたる同月十六日、松平一族による大樹寺（愛知県岡崎市）の安全を誓約した連判状が作成されたが、この書状には岩津・岡崎・長沢・形原・竹谷といった松平一族の署判が見られる（「大樹寺文書」）。大樹寺は文明七年（一四七五）二月、親忠が

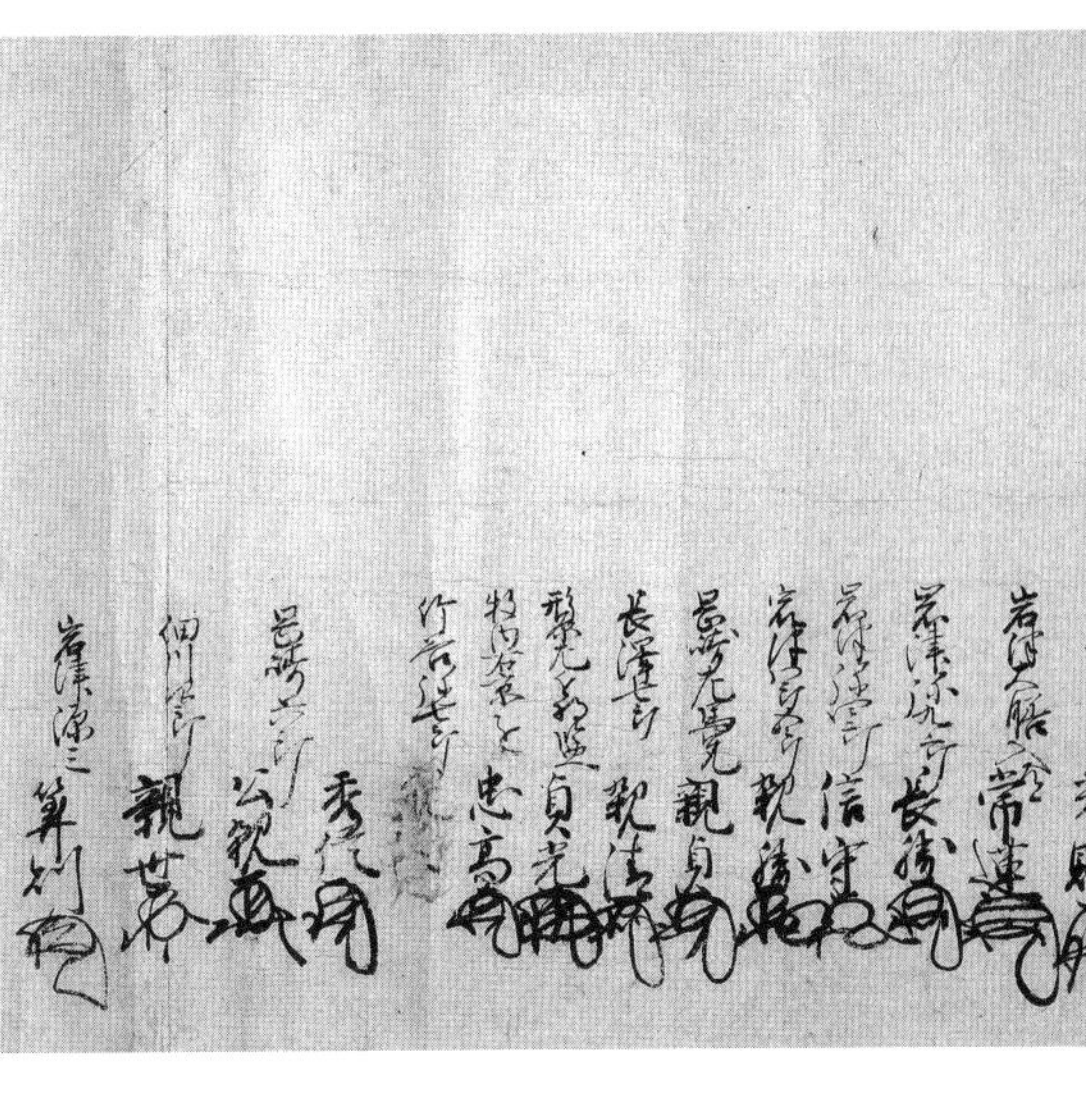

勢誉愚底（せいよぐてい）を招き、開創したといわれる安城松平氏の菩提寺である。この菩提寺の安全保障に、松平一族のすべてではないが署判が据えられたことは、安城松平氏の台頭を示していて注目される。そして、親忠の力量が、この台頭をもたらしたであろうことは想像に難くはない。また、この連判状には「国」の文言が見られる。「国」という文字は、広義には三河国を意識したものであろうが、具体的にはここに集った松平一族の勢力圏を指すのであろう。つまり、安城松平氏のもとに、松平一族が結集し、互いの存立のため、一族一揆として対応しなければならないような状況が、まさに起こっていたのであった。

応仁・文明の乱を経て、時代は各地の領主に、統治するにふさわしい力量を求めていた。そして、こうした時代の流れのなか、松平庶家であった安城松平氏は台頭を遂げていくのである。

永正三河大乱と長忠

親忠の死後、安城松平氏を率いたのは、嫡男の長忠であった。長忠は、親忠の生前に安城松平家の家督を継承していた。そして、親忠の死去時には、法名「道悦」を称し出家していた（「大樹寺文書」）。なお、長忠のことを、江戸時代に作成された諸系図類は「長親」とする。だが、同時代の古文書（「妙源寺文書」ほか）には「長親」の名は確認されない。

この長忠の時代に起きたのが「永正三河大乱」といわれる内乱である。この乱は、駿河国（静岡県東部から中央部）の大名今川氏親と、その後見役である伊勢宗瑞（北条早雲）の三河国への侵攻によって引き起こされた。

長享元年（一四八七）十一月、氏親は父の今川義忠の死後、実質的な家督にあった小鹿範満を、叔父である伊勢宗瑞の尽力のもとに討ち、今川家の当主となった。その後、氏親は義忠の時から敵対していた遠江国（静岡県西部）の守護家斯波氏に属する勢力を攻略するために、同国へ侵攻した。

侵攻により、今川氏は遠江国で勢力を拡大する。この時、三河国田原（愛知県田原市）を拠点とする戸田憲光は、敵対する三河今橋城（愛知県豊橋市）の牧野古白を討つための「合力」（軍事援助）を今川氏に求めた。そして、永正三年（一五〇六）九月、今川氏親は伊勢宗瑞とともに、三河国へ侵攻、今橋城を攻めたてる（「早雲寺文書」）。攻撃を受けた牧野古白は十一月三日、討ち死にし、今橋城は落ちた（「大阪天満宮御文庫所蔵文書」）。しかし、今川氏の三河侵攻は、後述するように、中央情勢との関わりから続けられた。

話は遡るが、室町幕府が直接管轄する天下＝中央（畿内）では、明応二年（一四九三）四月、室町幕府八代将軍の足利義政の室日野富子と細川政元ら諸大名によって、室町幕府十代将軍義材（のち実名を義尹、義稙と改めるため、以下「義稙」とする）を廃立し、義政庶兄の堀越公方足利政知の子清晃（のち還俗し義高、義澄と実名を改めるため、以下「義澄」とする）を室町幕府将軍に擁立するという、クーデター（明応の政変）が起きた。

これは、将軍義稙の側近重視の中央政治に対して、対立した日野富子と細川政元ら諸大名が、その改変を求めて起こした政変であった。その後、義稙は投降し幽閉されたが、脱出し地方に下向、復権を求めて北陸、中国地方へと赴き、将軍義澄・細川氏勢力と対立を続けた（このなかで、細川政元は、細川家内部の政争も絡み、永正四年（一五〇七）六月に殺害される）。そして、永正五年（一五〇八）四月、義稙は周防国（山口県南部）の大内義興の軍事協力を得て上京を果たし、再び将軍となる。

この時、今川氏親と伊勢宗瑞は「義稙派」の立場にあり、一方、牧野氏や松平氏などは、かつて三河守護であった阿波細川氏や政所執事の伊勢氏との政治的な繫がりから、「義澄・細川派」の立場をとった。こうした中央の情勢との関わりも絡んだことで、今川氏の三河侵攻は、永正五年十月まで続行された。この乱は、同月の「駿河・伊豆衆敗軍」(今川・伊勢両勢の敗退)による撤退で終結し(『実隆公記』)、この後、今川氏は遠江平定を優先していく。

この戦いのなかで、伊勢宗瑞が岩津城を攻撃している(『三河物語』)。岩津城は惣領のいる岩津松平氏の本城(居城)であるが、この攻撃の後、岩津松平一族の姿は消える。これによって、岩津城は落ち、岩津松平一族は壊滅状態になったと推測されている。なお、この時、安城城の五〇〇人を手勢に率いた長忠は、井田野で今川勢にまみえ、奮戦したという。

その後、安城松平氏は、この内乱の危機を乗り越え、一族一揆のうえに君臨する地域的領域権力(国衆)と化していく。

信忠の主導権強化と隠退

永正三河大乱の終結後、安城松平家の当主として現われるのが、長忠の後継信忠である。その背景には、永正三河大乱の終結による、長忠から信忠への本格的な「代替わり」(当主の交代)があったと考えられる。中世においては、大災害や戦争に伴う社会的危機が生じた際、人々からしばしば「世直し」が求められたが、それに応えて、為政者が地位を退くのはよく見られたことだ。

伝来している史料から、信忠の本格的な当主としての活動は、永正三河大乱後に確認される。ここから、長忠がこの内乱の終結に伴い当主の立場を退き、すでに三河国大浜（愛知県碧南市）などの支配に携わっていた信忠が、この機をもって、本格的に当主としての活動を始めたと推測できる。一方、長忠は隠居とはなったが、その後も信忠を後見するなど活動は続けられた（天文十三年（一五四四）八月二日の死去とされる）。

さて、信忠の事績として注目されるのは、永正三河大乱で壊滅的状態となった岩津松平一族の所領の併呑である。これは、信忠が岩津松平氏との関わりの深い西方寺（愛知県幸田町）などに寺領の保全を行っていることから、判断されるものだ（「長仙寺文書」ほか）。『松平氏由緒書』にも、信忠が親類・一族らに、しかるべき継承者を立て、遺領を与えることをしなかったと見える。また、同書によると、信忠は強硬に政務を進めていったという。どこまで真実を伝えているかは不明であるが、信忠は永正三河大乱の後という状況のなかで、自身の主導権強化を図っていったようである。そして、この信忠の政治姿勢は、次第に一族や家臣の反発を招いていく。

大永二年（一五二二）五月、上洛途上にあった連歌師宗長は、牧野四郎左衛門尉の市田城

（愛知県豊川市）から陸路を進もうとした。だが、合戦が起きたため、矢作（愛知県岡崎市）・八橋（同知立市）の陸路をとらず、舟にて苅屋（同刈谷市）へ向かったと、その手記に記している（『宗長手記』）。この合戦は地理的状況から見て、安城松平氏と岡崎松平氏との間で起きたものと推測されている。つまり、この時、信忠と一族の岡崎松平氏との間で合戦が生じていたのである。

さらに『三河物語』によると、一族や家臣のなかには、信忠の力量に見切りをつけ、弟で桜井（愛知県安城市）にあった信定を当主に据えようとする動きがあったとされる。また、『松平氏由緒書』にも、一族や家臣が信忠へ家督を譲るよう迫ったことが見える。戦国時代、当主として君臨する者に求められたのは、自家を支える組織「家中」の構成員（一族・家臣）の存立と、その基盤である領国「平和」の維持に努める統治手腕つまり力量であった。これらの史料が記すのは、信忠にはその力量がないと判断されたようだということである。もちろん、特に『三河物語』の記述は、次代の清康を讃えるため、その父信忠の無能さをあえて強調しているところがあるだろう。いずれにせよ、信忠は、一族と家臣の要望に応え、嫡男で十三歳の清康（初名は「清孝」であるが、清康とする）に家督を譲った。そして、大浜へ隠退し、享禄四年（一五三一）七月二十七日に死去する。

信忠が隠退に追い込まれたこの〝事件〟は、清康の年齢から、大永三年（一五二三）のことであったことがわかる。なお、この時まだ存命であった長忠の関与は、史料がなくわからない。

そして清康には、自らの立場を固め、この分裂した一族・家臣を再び束ねるために、当主としての活動が求められていく。

清康と信定

先にも触れたとおり、松平清康が当主となった時は、まだ十三歳であったという（『三河物語』ほか）。したがって、まだ元服（成人）したばかりの年頃であり、当主としての力量を示すに至らなかったことは、充分に想像される。しかも、安城松平氏は、一族の岡崎松平氏と対立を続けていた。

このためか、安城城は一族や家臣の支持を得た、叔父の桜井松平信定が城主として取り仕切ることになる。そして、清康は攻略したばかりの山中城（やまなか）（愛知県岡崎市）へ転出させられたようだ（『三河物語』）。清康が山中城にあったことは、他の史料でも確認でき、間違いない（『御当家録』）。これにより、安城松平氏は山中城の清康と安城城の信定に分立した。

その後、清康は岡崎松平氏の婿養子となり、和睦を遂げた。そして、岡崎松平氏が大草（おおくさ）

松平清康像（隨念寺蔵、協力：岡崎市美術博物館）

（愛知県幸田町）に移ったことにより、岡崎の地を譲られたという（『三河物語』ほか）。なお、岡崎松平氏が本城とした岡崎城は、明大寺（愛知県岡崎市）にあった城である。清康は、この岡崎城を大永七年（一五二七）四月までには「家城」（本城）としていた（『宗長手記』）。このことから、それまでに山中城から移ったことがわかる。さらに、享禄三年（一五三〇）頃、清康は竜頭山の地に城（現在の岡崎城）を築き、明大寺の地から移ったとされる。こうして、安城松平家当主の本城は、岡崎城となったのである。

一方、安城城にはその後も信定が城主としてあり、安城松平氏は分立したままであった。清康にとって、安城松平氏のこの状況を解消することが課題となった。

清康の業績として『三河物語』など江戸時代の諸書に記されているのは、東三河（愛知県田原市・豊橋市・豊川市）への侵攻と平定である。だが、同時代の史料から確認できるのは、天文三年（一五三四）六月に、清康が猿投社周辺（愛知県豊田市）を攻撃し、同社の堂塔を焼失させたということのみである（「猿投神社文書」）。この時の対戦相手は『寛永諸家系図伝』

（十七世紀、江戸幕府のもとで編纂された系譜書）の記載や地域から推測して、寺部鱸（鈴木）・広瀬三宅の両氏であろう。

また、清康は天文四年（一五三五）四月二十九日に三河大樹寺の多宝塔を建立するが、その際に納められた八角心柱の墨書銘の写が大樹寺に伝来している。その三面にあたる部分には、清康が「世良田次郎三郎清康　安城四代岡崎殿」として記されている。ここで清康は、名字に新田源氏に連なる世良田を名乗り、自身が安城松平家祖の親忠から四代目の立場にあることを表明している。自身こそが安城松平家（松平宗家）の正統な当主であり、松平一族のうえに君臨する存在であるという態度がよく表われている。

清康の実像や事績あるいはその評価については、ようやく本格的な検討が始まったばかりであり、まだ謎が多い。今後の研究の進展が俟たれる。

守山崩れ

天文四年（一五三五）十二月、松平清康は一〇〇〇人余の軍勢を率いて出陣し、尾張国守山（愛知県名古屋市守山区）へ着陣した。十七世紀初頭に作成されたという歴史書『松平記』によると、美濃衆の内通に応じての動きであったという。ところが、桜井松平信定は尾張織田氏に通じて、清康の出陣には従わず、この時は三河上野城（愛知県豊田市）に入ったまま動かなかったと、『三河物語』『松平記』はともに伝える。

この出陣の目的は、織田信秀（信長の父）と戦うことであったとされる。一方、守山を拠点としていたのが信定であったことから、信定攻撃こそが目的であったともされる。さらには、そもそも出陣ではなく、尾張織田氏との外交交渉に出向いたとする見解もある。

確かに、守山には信定の館があったことが確認される（『宗長手記』）。したがって、この地を拠点としていたのは、信定であることは間違いない。だからこそ、清康は守山まで進軍することが可能だったのだろう。

ここで、この時の尾張国（愛知県西部）の国内情勢に目を向けてみよう。

この頃、織田氏宗家の当主は、尾張清須城（愛知県清須市）の織田大和守（やまとのかみ）達勝（みちかつ）であった。達勝のもと、ともに庶家出身の織田信秀と織田藤左衛門尉（とうざえもんのじょう）が活動していたが、二人の間には政争の火種が燻（くすぶ）っていた。やがて、達勝・信秀と藤左衛門尉との間で合戦が起こり、「国物忩（くにぶっそう）」（国内が騒がしい）といわれるまでに至った（『天文日記』）。

こうした尾張国の政情から、清康の出陣は織田氏内部の抗争に関連したものであったことが推測される。それでは、なぜ信定は清康に従わなかったのであろうか。

信定が通じていた織田氏勢力とは、『三河物語』では信秀であると見える。また、諸系図類によると、信定の妻は信秀の姉妹であったとされる。この状況であれば、信定が織田信秀と通じていたことも理解できよう。そうすると、清康は織田藤左衛門尉との政治的なつながりから、尾張国の情勢を解決するために出陣したということになる。つまり、この背景には、織田藤左衛門尉とのつながりを持っているために出陣した清康と、織田信秀との縁により、清康の出陣に反対して参陣しなかった信定という対立の構図が見えるのであり、そこから、依然として続く安城松平氏内部の分立した状況がうかがえるのである。

だが、守山に着陣した十二月五日の夜、思わぬ事件が起きた。清康が、譜代重臣阿部大蔵（おおくら）（実名は「定吉（さだよし）」といわれる）の子弥七郎に殺害されたのだ（清康の享年は二十五）。この事件は「守山崩れ」といわれる。『松平記』によると、弥七郎は父の大蔵から「信定と懇親であったことから内通を疑われている」と聞かされた。そして、父を疑われた弥七郎は、清康の家臣らに対して疑心暗鬼となっていた。その夜、清康の馬が暴れ兵士が騒ぎだしたため、弥七郎は父の大蔵が成敗されたものと思い込み、清康を殺害したという。弥七郎はその場で植村新六郎（うえむらしんろくろう）に斬り殺され、松平勢は帰陣した。弥七郎の真意は不明だが、信定との緊張関係が続くなか、清康の家臣にも動揺が走り、それが事件を生じさせたのであろう。『三河物語』の筆者大久保忠教は、守山崩れの経緯を記したうえで、もし清康が三十歳まで生きていれば、そのもとに天下（この場合は「日本国」国内の意）は治まったであろうに、無念であると慨嘆している。

松平氏は、宗家（清康系統）と信定との緊張関係、清康の不慮の死という、存立の危機を迎えたのである。

広忠の岡崎帰還

守山崩れが起きた時、清康の嫡男千松丸は元服前の幼少であった。守山崩れ直後に織田信秀勢の攻勢を受けたが、松平勢は井田野で迎え撃ち和談に至ったと、江戸時代に作成された諸書には見える。しかし、この後、松平信定が岡崎城に入城を遂げている（『松平記』）。このことから推測すると、この織田信秀勢とは、実は信定が率いる軍勢であった可能性がある。

信定の岡崎入城の結果、千松丸は追われた。そして息子の行為を悔いた譜代重臣の阿部大蔵らとともに、伊勢国（三重県北東部）へ逃れたとされる（『三河物語』『松平記』）。逃避先には諸説あるが、このうちの一つに、伊勢神宮との関わりが強い尾張国篠島（愛知県南知多町）があげられている。一方でこの逃避は、実は信定による流刑であったともされている。

その後、千松丸は逃避先から遠江国掛塚（静岡県磐田市）へ移った。さらに天文五年（一五三六）八月には三河国へ入り、足利御一家衆（一族）であった東条吉良持広に加勢を頼み、室（愛知県西尾市）へと進軍した。しかし同年閏十月、信定勢の攻撃を受けた千松丸勢は今橋（愛知県豊橋市）へ立ち退き、そののち、駿河今川氏を頼っている（『阿部夢物語』『三河物語』『松平記』）。

一方、この頃の信定は岡崎城に清康の弟信孝を配置し、自身は安城城にあったようである。ところが、千松丸勢の進軍に、譜代家臣のなかには次第にそれに通じる者が現われ出し、信定・信孝はその対応に追われている。

譜代家臣の支持を取りつけた千松丸は、天文六年（一五三七）六月一日、岡崎城への帰還を遂げた。そして、千松丸勢の攻勢に信定・信孝は和談に追い込まれて従属し、六月八日、松平氏内部の抗争は千松丸のもとに鎮まった（領国「平和」の成就）という（『阿部夢物語』『三河物語』『松平記』）。

十月二十三日、千松丸はこの帰還に尽力した譜代家臣を賞し、田地を与えた（『記録御用所本古文書』）。これが、幼名千松丸として見られる最後である。その後、彼は元服を遂げ、東条吉良持広から一字を拝領したうえで、実名を「広忠」と名乗った。

松平宗家のもとに一族・家臣を再び束ね領国「平和」を成し遂げた広忠は、尾張国緒川（愛知県東浦町）の国衆水野忠政の娘於大と婚姻し、天文十一年（一五四二）十二月二十六日に男児を得る。この男児は、竹千代と幼名を名づけられた。徳川家康の誕生である。

織田・今川両氏との敵対と従属

松平宗家のもとに一族・家臣を束ね領国「平和」をなした広忠であったが、その後の領国運営は順風満帆に運んだわけではなかった。『松平記』によると、広忠の領国運営は信定派の一族や家臣を排して、功績のあった譜代重臣の阿部大蔵や大久保氏を中心に進められたという。この運営姿勢が、やがて広忠の叔父信孝（この頃三木（みつぎ）（愛知県岡崎市）を拠点に活動）や譜代重臣の酒井忠尚（ただなお）などとの対立を生じさせていく。

一方、父の清康以来続く織田信秀との対立は、信秀の大和守（やまとのかみ）家における主導権の獲得、尾張国東部への進出に伴い、ますます深まっていった。広忠が水野忠政の娘と婚姻を結んだのも、この事態への対応策の一つであった。ところが、天文十二年（一五四三）七月十二日に忠政が死去し、嫡男の信元（のぶもと）が跡を継ぐ。信元は信秀の勢力伸長に対して、父の忠政がとった外交路線を変更し、織田氏に従う。この結果、対織田氏の路線で結ばれた松平氏との同盟は断たれ、於大は離別させられた。そこで広忠は、田原戸田宗光（むねみつ）と同盟関係を持ち、天文十四年（一五四五）にその娘真喜（まき）と婚姻する。

こうした広忠の領国運営・外交に、叔父信孝や酒井忠尚らは反発し、織田信秀と結び、広忠へ叛旗した（『松平記』ほか）。さらに信孝は、駿河今川義元のもとに赴き援護を求めたようである（『松平奥平家古文書写』）。一方、戸田宗光は牧野氏との三河今橋領（今橋城管轄の支配地域）の領有をめぐる対立から、駿河今川氏とも敵対していた。これにより、戸田氏と同盟を結んでいた広忠は、今川氏とも敵対する立場となった。ここに、天文十五年（一五四六）には、駿河今川氏・尾張織田氏・牧野氏・反広忠勢力（信孝・酒井忠尚）と広忠・田原戸田氏との対立構図が浮上する。

こうした構図のもと、同年十一月になると、駿河今川勢による三河今橋城の攻撃が開始される（「天野文書」）。そして翌年の天文十六年（一五四七）六月頃までに、宗光は降伏し、同城は攻略された（今橋城は、この後に吉田城と改められる）。その後、今川勢は九月に、宗光の嫡男尭光（たかみつ）が籠もった三河田原城（愛知県田原市）を攻撃した（「天野文書」）。だが、その攻撃は失敗し、敗戦に終わる。

一方、松平領国には、織田信秀勢が侵攻して三河安城城（愛知県安城市）を攻略した。そして、同年九月上旬には、岡崎松平氏の本城である三河岡崎城も攻略され、広忠は信秀への降伏に追い込まれた（「本成寺文書」『古証文』）。通説として、江戸時代に作成された諸書により、この年に広忠の嫡男竹千代（のちの徳川家康）が駿河今川氏へ人質に出されたところ、姻戚関係にあった田原戸田氏に奪われ、信秀に渡されたとされてきた。しかし、近年の研究

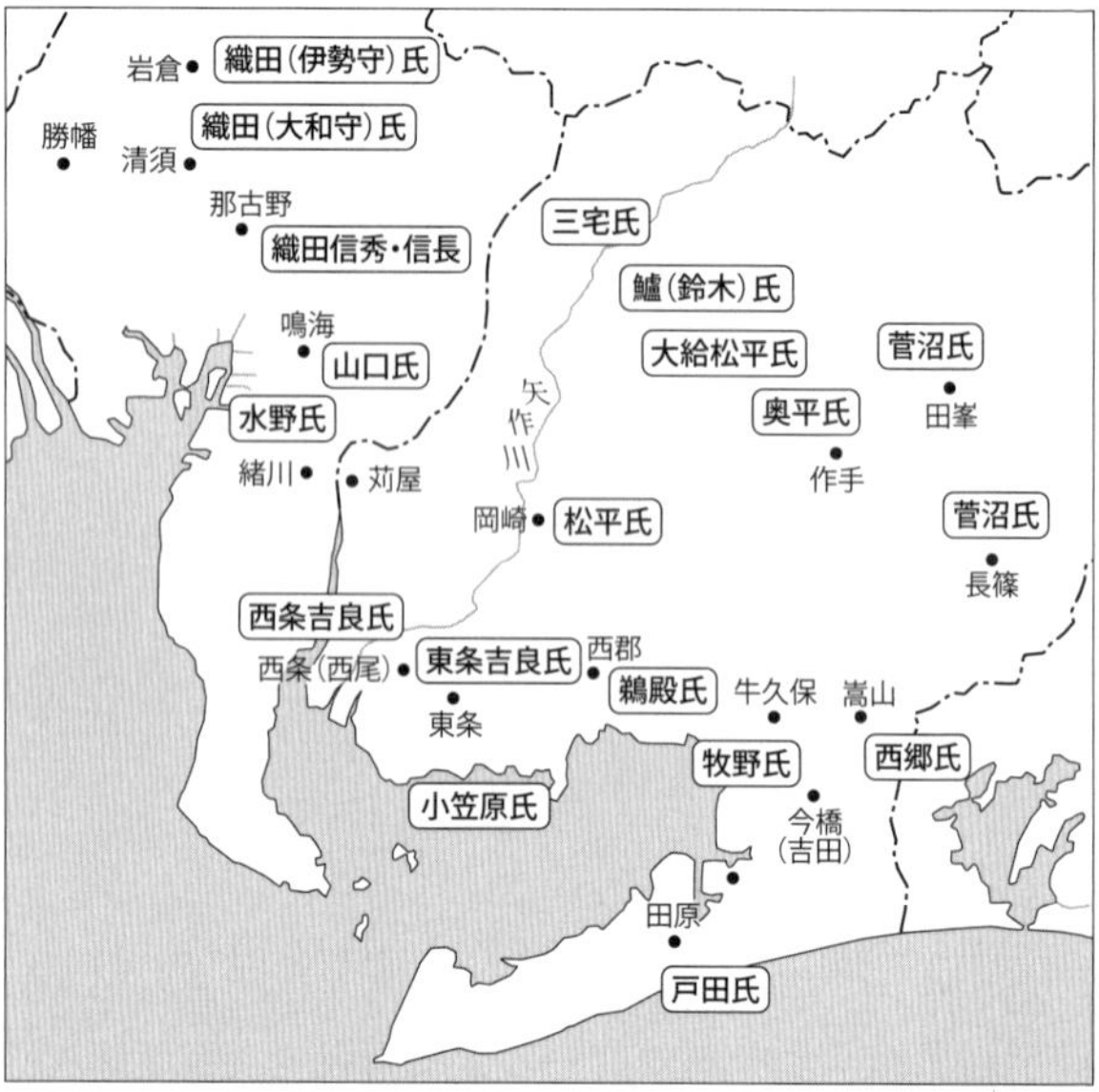

三河国勢力図（日本史史料研究会監修・大石泰史編『今川氏研究の最前線』所載図を一部修正）

成果によれば、同時代の史料からその事実はうかがえず、竹千代の信秀への人質は、この広忠の降伏の時になされたと考えられている。こうして、信秀は松平領国を織田氏の勢力圏下に収めたのである。

この結果、三河国内では織田氏が優勢となり、田原城の攻撃に失敗して劣勢となった駿河今川氏はその挽回を図ることに追われる。織田・今川両氏の間には対立が生じ、そのなかで広忠も今川氏に近づき、その政治的・軍事的保護下で勢力の回復を試みる。こうした情勢のもと、天文十七年（一五四八）三月十九日に起きたのが、小豆坂合戦であった。同合戦において、松平勢（「岡崎勢」）は今川氏の先勢として活動し、今川勢は戦いに勝利した。

さらに、この合戦での勝利を背景に、松平勢は領国内の反広忠勢を平定し、同年四月十五日、信孝勢を明大寺耳取（みみとり）（愛知県岡崎市）で戦死させた。

こうして広忠は、駿河今川氏の政治的・軍事的保護を背景に、松平家内部の抗争を鎮めた。だが、翌年の天文十八年三月六日、二十四歳で死去してしまう。死因は病死とされるが（『三河物語』『松平記』）、前年に家臣の岩松八弥に村正（むらまさ）の脇差（わきざし）で受けた刺傷が原因で死去したともいわれる（『松平氏由緒書』）。いずれにせよ、広忠を失い、松平氏は当主の不在という危機に陥ってしまったのである。

今川氏従属下の松平元康

松平広忠が死去した時、嫡男の竹千代は織田信秀のもとにあった（尾張国熱田（愛知県名古屋市）の加藤氏のもとに預けられたとされる）。広忠には、竹千代のほかに男子がいなかった。このため、竹千代は広忠が死去したいま、松平家当主の立場にあった。安城城はまだ、織田氏の勢力下にあり、松平氏としては、竹千代と安城城の奪還こそが、同家のもとに構成された地域「国家」の存立（個々の家の存続・領国「平和」）にとって、喫緊の課題であった。実際に一族・家臣の間には動揺が走り、今川勢の攻撃を受けていることも確認され、織田方に通じる者もあったようである。

この課題解決のため、松平家の家臣は政治的・軍事的な保護を受けている駿河今川氏に助けを求める。これに応じるべく、太原崇孚（雪斎。駿河臨済寺住持、今川義元の側近）が率いる今川勢は九月、三河国へ進軍した。今川勢による安城城攻撃は、まず織田方に味方した東条・西条の両吉良氏を攻撃し降した後、松平勢を率いて始まった。この攻撃により、十一月上旬に同城は攻落され、城将の織田信広（信秀の長男）は捕縛された。太原崇孚は、織田方と交渉し、信広と竹千代を交換した。そして、幼少の竹千代を岡崎城に戻すのではなく、今川氏の本拠である駿河国駿府（静岡県静岡市葵区）に移した。

通常、今川氏に従った三河国衆の人質は三河吉田城に置かれる。ところが、竹千代が他の三河国衆の人質と違い駿府に送られたのは、松平家の当主であったためである。つまり、今川氏は当主の竹千代を駿府で保護することで、松平一族や家臣を統制し、領国「平和」の維持に努めたのだ。これは、この時の松平領国が織田方勢力に対する西方面の最前線（境目）領域に位置していたことにも関わる。したがって、松平家の存立は、今川氏に従属する国衆領を含めた領国全体（惣「国家」）の展開にも影響し、そこを考慮したうえでの差配といえる。そこで、今川氏は岡崎城の守衛に、遠江衆の飯尾氏や二俣氏ら在番衆を配置した（「観泉寺所蔵東条松平文書」）。

しかし、松平領国の政務は、今川氏の保護のもと、松平家（岡崎在城の譜代重臣）により進められた（「浄妙寺文書」ほか）。こうした今川氏による松平領国への対応は、今川領国下の他の国衆はもとより、他の戦国大名領国でも確認されるものである。戦国大名は、国衆領国の自治運営を活用することにより、各地方の運営を進めていった。これは、戦国大名の「限界」を表わすのではなく、広大な領国運営において、現状に適応した統治のあり方であった。戦国大名が国衆領国内に直接関わるのは、大名領国全体に関わる存立の問題が発生した時、あるいは地域側からの要望があった時であり、今川領国下での松平領国の運営も、今川氏の保護のもと、このあり方で進められたのである。現代の企業に例えるならば、まさにグループを展開する親会社と子会社の関係であるといえよう。

なお、駿府にあった竹千代には、江戸時代の諸書からその剛胆・知略を示すさまざまな逸話が伝わっている。だが、いずれも事実かどうか定かでない。

一方、この頃、三河国加茂郡では織田方に通じる国衆の足助(あすけ)鱸氏、大給松平氏、広瀬三宅氏が東美濃国衆の岩村遠山氏と連携し、反今川勢力として活動していた。このうち、大給松平氏は松平一族であるが、松平宗家とは独立した国衆としてあり、今川方の攻撃を受けていた（「観泉寺所蔵東条松平文書」）。また、天文二十年（一五五一）十二月には青野(あおの)松平忠吉(ただよし)が織田方に通じ、弟の忠茂(ただしげ)らによって追われている（「観泉寺所蔵東条松平文書」）。松平一族のなかにも、今川氏と対立する勢力が見られた。弘治元年（一五五五）になると、反今川勢力の動きはさらに広がっていく。同年十月には、三河西条城の吉良義安が家臣の大河内・富永両氏に擁され蜂起し、それを援護すべく緒川・苅屋の両水野氏が西条城に入っている（「江川文庫所蔵文書」）。また同年中から翌年の弘治二年にかけて、田峯菅沼定継、作手奥平定勝の嫡男定能、牛久保牧野氏の一族民部丞らが連携して今川氏へ敵対し、「忩劇」といわれる内乱を生じさせた。さらに同年三月、織田信長がこの三河国の内乱に応じて、荒川（愛知県西尾市）へ侵攻した（「観泉寺所蔵東条松平文書」）。

しかし、その後、弘治二年（一五五六）二月から続く今川勢の攻勢により、足助鱸氏、大給松平氏は従属する。また、同時期に牧野民部丞の反乱は鎮められ（「大恩寺文書」）、牧野氏の本城であった牛久保城も今川氏の支城（地域統治ための管轄城）となった。さらに十月には、作手奥平氏も反今川勢力の嫡男定能を追い、当主の定勝が今川氏への従属を示し、義元から領国を保証されている（『松平奥平家古文書写』）。そして、田峯菅沼氏は甲斐武田勢の援軍を得たうえで（『下条由来記』）、同家内部の親今川勢力の働きにより、当主の定継ら反今川勢力はやがて平定される（『記録御用所本古文書』）。吉良義安も弘治三年（一五五七）中には没落し、三河西条城は、十月までには今川氏に接収された（「牧野文書」）。
三河国のこうした情勢のさなか、天文二十四年（一五五五。十月二十三日に「弘治」に改元）

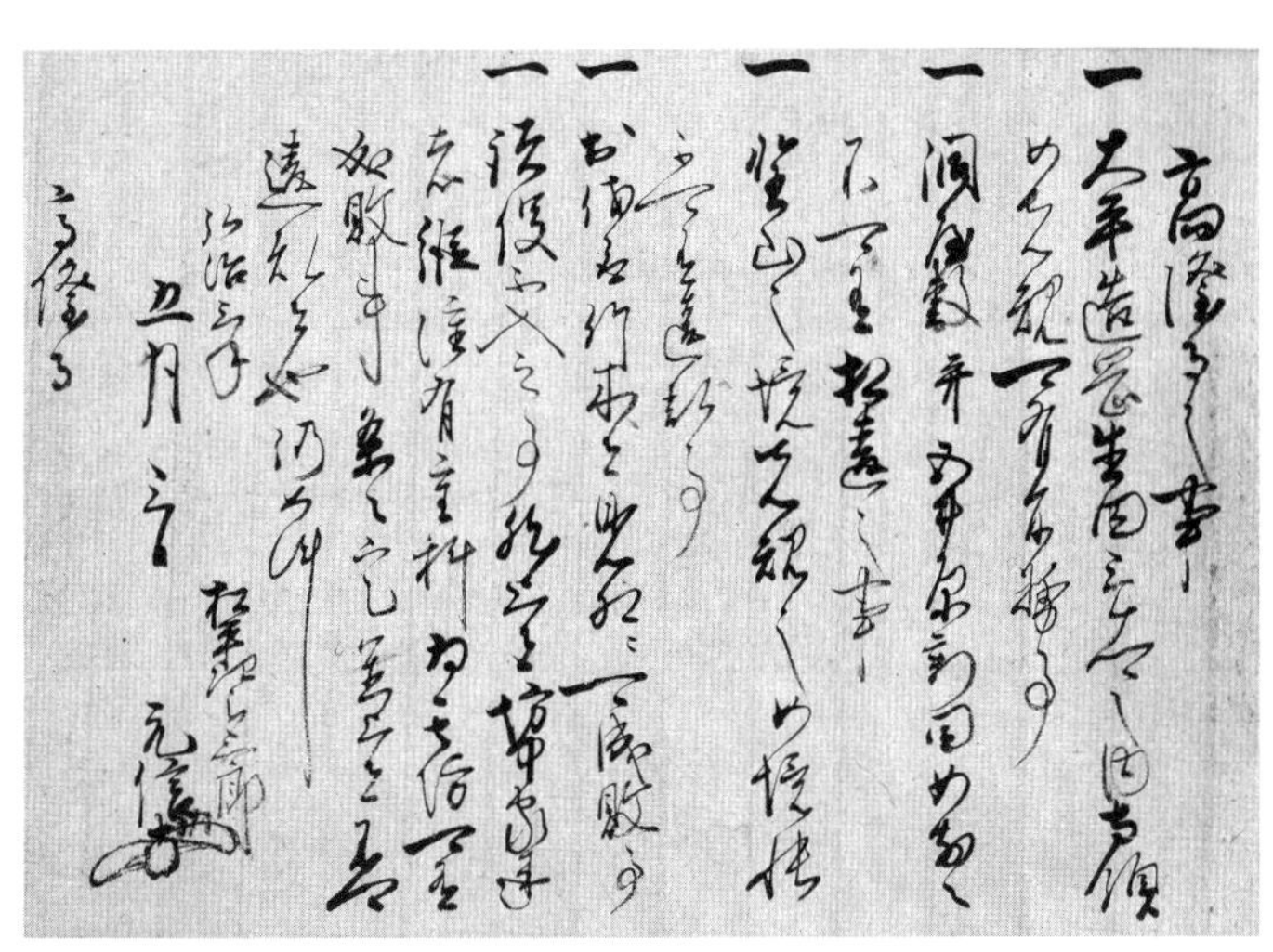

弘治３年（1557）５月３日付松平元信判物（高隆寺蔵、協力：岡崎市美術博物館）

三月、竹千代は元服し、今川義元から一字を賜り、実名を「元信」と名乗った（『松平記』）。そして、翌年の弘治二年六月二十四日、元信の名で黒印が押された、三河大泉寺（愛知県岡崎市）への寄進状が出されている（「大泉寺文書」）。ただし、これは元信がまだこのような証状を出したことがないため、曾祖父信忠の娘で祖父清康の姉とされる久（「しんさう」と署名）が元信の名で自身の印章を押して出したものであった。

したがって、伝来する元信による最初の文書は、弘治三年五月三日、三河高隆寺へ寺領の保証をした証状である（「高隆寺文書」）。そこには、父広忠の用いた花押（サイン）に似た、松平家伝来型の花押が書かれている。なお、この花押はのちにあらためられ、今川義元に倣った花押へと変化していく（「桑原洋次郎氏所蔵文書」）。

その後、元信は今川一家衆（一族）の関口氏純の娘（築山殿）と婚姻した。築山殿の母は、義元の妹であり、元信は今川一族の親類衆（一族の一員）となった。この婚姻の時期については、『松平記』は弘治二年正月のこととする。二人は、永禄二年（一五五九）三月に男子を得て、幼名を竹千代と名づけた。のちの松平信康である。

そして元信は、永禄元年（一五五八）七月までには、実名を「元康」とあらためている（『三川古文書』）。「康」の一字は、祖父清康の「康」の一字を用いたものという（『松平記』）。また同年春（旧暦の一～三月）には、今川氏に従わない寺部鱸氏攻めで初陣を遂げ、その戦功から義元より旧領であった山中（愛知県岡崎市）の所領を返還されている（『松平記』）。

しかし、今川氏親類衆としてあった元康は、岡崎に滞在し続けることはなく、駿府から岡崎領国の運営にあたっていた（「桑原洋次郎氏所蔵文書」）。この頃の元康は、今川氏親類衆の松平家当主としてほぼ駿府にあり、活動していたわけだが、この動きは、同じく今川氏親類衆であった駿河国衆葛山氏にも見られるものだ。つまり、今川氏の政治的・軍事的保護のもと、ほぼ常時駿府にあり、領国運営を行っていたのが、今川氏親類衆の国衆当主の姿であった。元康も、この立場で日々を過ごしていたのである。

だが、永禄三年（一五六〇）五月、元康の運命を変える事態が起こる。

第二章　家康の再出発

——戦国大名徳川氏の誕生

桶狭間合戦

永禄三年（一五六〇）五月、今川義元は自ら大軍勢を率いて、尾張国へ侵攻した。この侵攻には、今川氏親類衆にあった松平元康も参陣している。この時の今川勢の数は、織田信長の伝記である『信長公記(しんちょうこうき)』首巻は四万五〇〇〇人とするが、この数は多すぎで二万人ほどだったのではないかとされている。

天文十四年（一五四五）までに、甲斐武田氏・相模北条氏との同盟を結んだ義元は、その後、松平氏ら三河国衆を従わせ、その地域「国家」を領国（惣「国家」）に併呑した。さらに、天文十九年（一五五〇）八月から尾張国へ進出し（『定光寺年代記』）、この時までには尾張国知多・愛知両郡も勢力下に置いていた。

一般に、この時の義元の尾張侵攻は、上洛が目的であったとして知られている。しかし、上洛を目的としたとする記述は、江戸時代に作成された『松平記』や小瀬甫庵(おせほあん)著『信長記(しんちょうき)』などの編纂物にしか見られない。このため、史料の性格や当時の政情を考慮すると、「上洛説」をそのまま用いることは難しい。一方、当時の政情から考証された「局地戦説」は、「東海地域制圧説」から三河・尾張国境地域への「軍事的示威(じい)説」まで乱立している。

そこで関係史料を見ていくと、永禄三年三月二十日、今川一家衆で元康の舅である関口氏純が、伊勢神宮外宮（げくう）へ宛てた書状（手紙）が注目される（「古文書集」）。これは、前年から外宮が協力を求めていた造営費用の支出を、氏純が義元より三河国の分は認められたことを伝え、支出を断られた遠江国の分は、近日にも義元が尾張国の領国境目領域に出陣するので、その際にあらためて外宮に求めてみるよう、助言したものである。ここから、この義元の尾張侵攻が、織田方との境目領域、具体的には尾張国鳴海（なるみ）領（愛知県名古屋市緑区と周辺）の確保を目的としたものであったことがわかる。義元にとって、尾張国鳴海領の確保は今川領国の「平和」（物「国家」の安泰）を保持し続けるためにも、自ら出陣して成し遂げなければならなかったのである。

今川義元木像（臨済寺蔵）

　五月十七日、尾張国沓掛（くつかけ）（愛知県豊明市）に進軍した義元は、元康が率いる松平勢に先勢を務めさせた。そして十八日夜、元康は今川方の尾張大高（おおだか）城（愛知県名古屋市緑区）に兵粮を入れた後、十九日の早朝に織田方の丸根（まるね）砦（同前）を攻め落とした（『三河物語』）。

さらにこの時点で、今川勢による鷲津砦（同前）の攻落という優勢な戦局もあってか、義元は大高城への進軍の途次で、桶狭間山（愛知県名古屋市緑区・豊明市）に休息する。

桶狭間合戦は、まさにこの時に起きた。今川勢の侵攻により、劣勢に立たされていた織田信長は、十九日の早暁、本城の尾張清須城を発して、熱田（愛知県熱田市）に向かう。そこで丸根・鷲津両砦が攻落されたことを知らされた信長は、丹下砦（愛知県名古屋市緑区）を経て、善照寺砦（同前）に入り、軍勢を集結させた。その後、二〇〇〇人足らずの軍勢を率いて中島砦（同前）へ移り、そこから、桶狭間山の今川本隊を強襲したのである。戦勝気分にあった今川本隊は、織田勢の攻撃によって壊滅、義元は戦死してしまった（『信長公記』首巻）。

義元の思いもよらぬ敗戦で、今川方は尾張国鳴海領の確保に失敗、それに伴い、今川氏の勢力範囲は後退した。その結果、西三河地域が織田領国との境目となってしまう。

今川氏の勢威失墜によって招かれた西三河地域の危機的な状況のなかで、桶狭間合戦の時、大高城にあった元康は、松平氏の本城である三河岡崎城に戻った。そして元康は、今川義元の庇護下にあったこれまでとは異なり、松平家の当主として領国（地域「国家」）にあり続け、この事態にどのように対していくか、「再出発」を求められることになるのである。

駿河今川氏との開戦

桶狭間での敗戦により、岡崎城に戻った松平元康は、この危機的な状況を前に、早速、松平領国の保全に取り掛かる。永禄三年（一五六〇）七月には、再び織田方となった苅屋の水野信元と尾張国石瀬（いしがせ）（愛知県常滑市）で戦っている（『譜牒余録』）。

一方、西三河地域内においては、駿河今川氏の勢威後退により、織田領国と接する加茂郡西部（高橋郡）では、織田方に通じる勢力も現われた。

これに対し、今川氏真（うじざね）（義元の後継当主）は同年八月に始まる越後国（新潟県）の長尾景虎（かげとら）（永禄四年（一五六一）閏三月に上杉政虎（まさとら）、年末に実名を輝虎（てるとら）と改め、のちに出家して謙信を称するため、以下では「上杉謙信」で統一する）の関東侵攻に対する相模北条・甲斐武田両氏との共闘に追われ、積極的な対応をとれずにいた。このため西三河地域は、これまでのように駿河今川氏の政治的・軍事的な保護を得られない状況にあったのである。氏真は、九月に軍勢を派遣したようであるが（「伊予史談会所蔵諸家文書」）、鎮まることはなく、やがて同地域は織田領国となっていく（『信長公記』）。この影響は、西三河の各地域にも広まっていき、今川氏親類衆であった元康にも、松平領国（地域「国家」）の存立のためにもっともよい選択とはなにかをめぐり、今川氏との従属関係に見直しと決断を迫っていた。
そして、永禄四年二月、松平元康はそれまで敵対していた織田信長と苅屋の水野信元を介して和睦を遂げた。この和睦の締結により、互いの領国範囲の承認（国分）がなされ、ここに西側（織田方）からの領国侵犯の脅威はなくなった。三月には、室町幕府十三代将軍足利義輝からの馬所望に対して、いち早く応じ、嵐鹿毛馬を献納している（「誓願寺文書」）。松平氏は、将軍義輝の求めに応じて馬を捧げるこの行為によって、室町幕府将軍との直接的なつながりを築いた。同時にこの時、将軍義輝の支持のもとに行われていた上杉謙信の関東侵攻と、将軍義輝を媒介して、同調できる環境を得た。

これにより、元康は四月初旬、東条吉良氏を攻めた後、同月十一日には東三河の牛久保城（愛知県豊川市）を攻撃した。牛久保城はもともと、この領域を支配した国衆牧野氏の本城であったが、この頃は今川氏の東三河領域における支城の一つとしてあった。氏真は後年、松平氏によるこの牛久保城攻撃を「岡崎逆心」（松平氏の反乱）であるとの認識を示している（「鈴木重信氏所蔵文書」）。ここに、松平氏はこれまで結んでいた駿河今川氏との従属関係を絶ち、本格的に敵対するに至って、開戦に進んだのである。元康のとった行動は、桶狭間合戦後の情勢における、地域「国家」（松平領国）存立のための「決断」であった。

永禄四年四月十一日に起きた牛久保城攻撃は、各方面に大きな影響を与えた。今川方にあった国衆牧野成定の一族平左衛門入道や弥次右兵衛尉は同調し、さらに八名郡国衆の西郷氏も与した（「牧野文書」）。この後、元康は同月十五日、奥三河（愛知県新城市・豊田市など）の国衆田峯菅沼氏と同盟を結ぶ（「久能山東照宮博物館所蔵文書」）。一方、今川氏には西郡鵜殿氏・作手奥平氏がついた（『鵜殿系図伝』『松平奥平家古文書写』）。また、松平一族でも早くから松平宗家から独立し、活動していた大給松平氏は、元康と動きをともにせず、今川方として行動したようである（『譜牒余録』）。この時の松平・今川方を示すと、次のようになる（各項目（　）内はそれぞれのあった郡名）。

松平方…牧野平左衛門入道（宝飯郡）・牧野弥次右兵衛尉（宝飯郡）・西郷氏（八名郡）・
　田峯菅沼氏（設楽郡）

今川氏…東条吉良氏（幡豆郡）・牧野成定（宝飯郡）・鵜殿氏（宝飯郡）・奥平氏（設楽
　郡）・大給松平氏（加茂郡）

その後、三河国は、この牛久保城の攻撃を契機にして松平方・今川方に分かれ、いわゆる「三州忩劇」と称される内乱に発展していくのであった。

三河一揆の勃発

「三州忩劇」への展開に、今川氏真は室町幕府将軍足利義輝に近づき、解決を求めていく。これに対し、将軍義輝は永禄五年（一五六二）正月二十日付で、今川・松平両氏に停戦を命令し、また今川氏と同盟関係にあった相模北条・甲斐武田両氏にも尽力するよう指示する（「真崎文庫所蔵文書」ほか）。

室町幕府将軍は一般に、無力な政治権力として見られがちである。だが、実際、「日本国」の秩序保持には、天下人として依然影響力を有し、諸大名や国衆は和平調停を成立させるため、しばしばその政治的効果を頼った。しかし、その実現は受給者である当事者（この場合は今川氏ら）からの相手方への働きかけが必要であり、それをなし得なければ不首尾に終わることもあった。今回の場合も、その後の推移を見ると、結局、停戦には至らず、戦争状態が続いている。

その一方で、今川氏は永禄五年正月、松平方にあった田峯菅沼氏を再び帰属させ（『松平奥平家古文書写』）、また松平氏は二月に今川方の西郡鵜殿氏を降した（『譜牒余録』）。この時はまだ、元康の嫡男竹千代とその母築山殿は駿府にあり、生命の危機に迫られていたが、元康は、先に降したことで得た鵜殿氏の子息二人との交換によって、信康と築山殿をともに岡崎へ迎えている（『松平記』）。

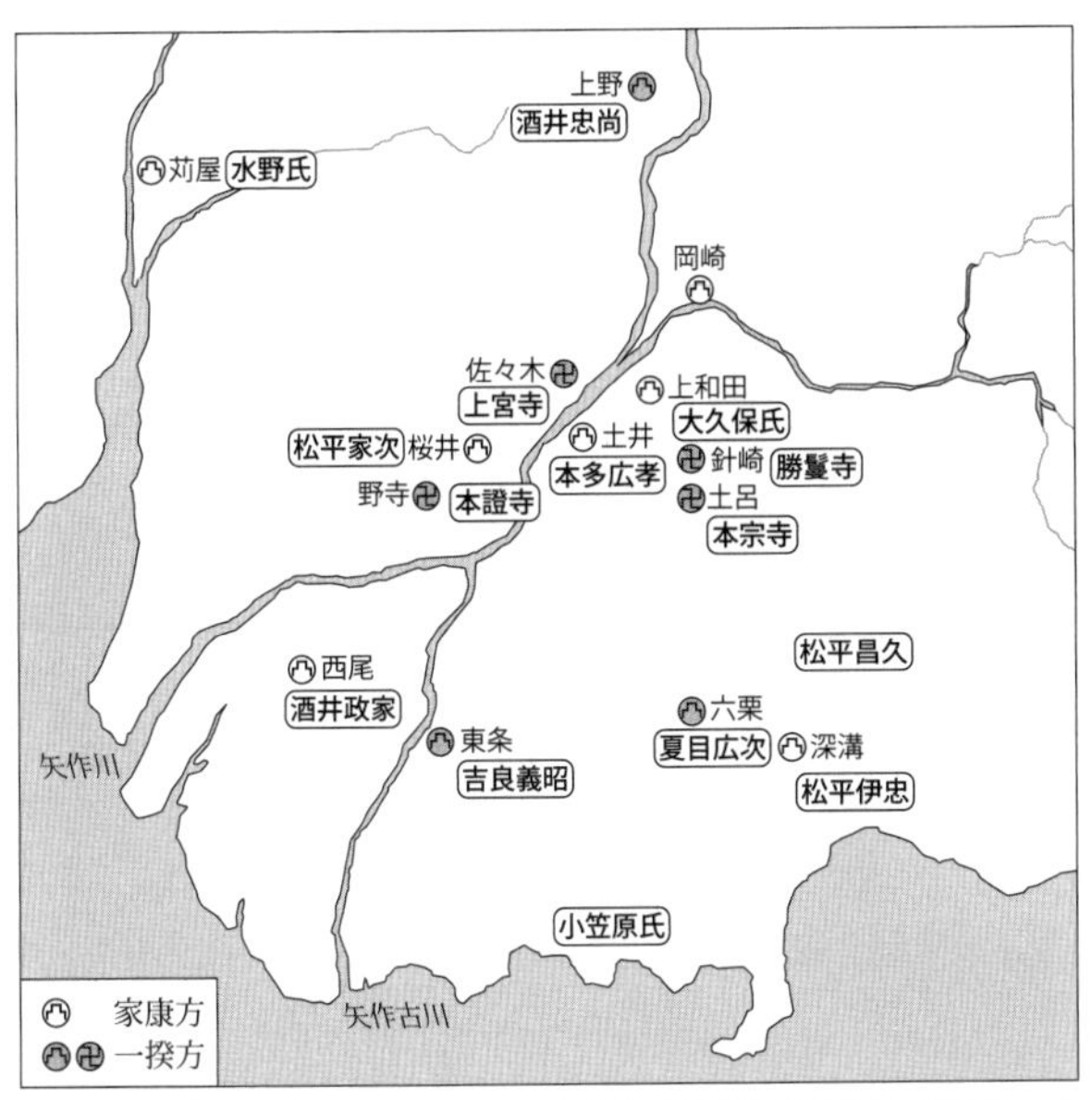

三河一揆関係図（『三河武士のやかた 家康館 常設展示解説書』所載図を一部修正・加筆）

　その後、戦況は膠着し、戦争は長期化していく。戦争の長期化は、家臣や地域の人々に大きな負担を強いた。それでも元康は、今川氏との戦争を継続する路線をとった。そして、翌年の永禄六年（一五六三）七月六日、今川義元から与えられた「元」の一字を排し、実名を「家康」に改め、強靭な意志を示した（『徳川幕府家譜』）。この際、家康は義元に倣った花押形も改め、以後、この花押形が基本形となる。

　この家康の政治路線に対して、桜井・大草の両松平一族や酒井忠尚など家臣団内部の反対派が叛旗を翻した。そのうえ、東条吉良氏などの周辺勢力がこれに同調し、さらには西三河の本願寺門徒を中心とした一揆（一向一揆）が蜂起した。

西三河では、戦国時代に本願寺の一族寺院である土呂本宗寺（愛知県岡崎市）を頂点に、「三か寺」と呼ばれる佐々木上宮寺（同前）、針崎勝鬘寺（同前）、野寺本證寺（愛知県安城市）を中心として、矢作川流域に末寺・道場が展開し、本願寺教団が隆盛していた。その教団門徒には、松平家の家臣も多かった。『三河物語』『松平記』によると、家康家臣が、上宮寺から兵粮を強制徴収したことに端を発した紛争が始まりで、その際の寺内検断をめぐる松平氏と西三河本願寺教団との対立へと事態は発展、ついに一揆の蜂起へと至ったようである。

ところで、一般にイメージされる一向一揆像としては、長享二年（一四八八）六月、加賀一向一揆が守護家の富樫政親を滅ぼし、約一〇〇年にわたり教団が加賀国を支配した例が有名である。また、その後も本願寺法主の指示のもとに一向一揆が蜂起し、室町幕府将軍や各地の大名と戦っている。その最大規模の戦争が、織田信長との石山合戦である。これらの事実から、本願寺・一向一揆の戦争は、信仰のための宗教一揆、または権力者に対する民衆の戦いとされていた。

しかし、近年の研究では、こうした一向一揆像の見直しが進められている。その成果によれば、江戸時代、東本願寺派と西本願寺派のそれぞれが、石山合戦でいかに活躍し、教団の存続に貢献したかを主張しあったようで、それを教団内における自らの正統性の根拠としたという。そこに門徒らの先祖の武勇伝が加わり、宣伝された結果、通説の一向一揆像として定着したことが明らかにされた。また、日蓮宗門徒の法華一揆など、戦国時代には他の宗派でも寺院の動員により門徒が蜂起することは見られ、一向一揆だけが特別なものではないこともわかっている。

さらに、近年の研究から、戦国時代は、神仏への信仰や世俗道徳の遵守を旨とする天道思想のもと、信仰の世界（仏法）と世俗の世界（王法）が棲み分けられ、当時の諸宗派は教義の違いこそあれ、この棲み分けを共通の枠組みとし、共存を果たしてきたことが明らかになっている。したがって、この天道思想に基づき、戦国大名も基本的には諸宗派を保護し、政治的対立した時にのみ、弾圧が行われた。つまり、室町幕府将軍や各地の大名と教団の戦いは、いずれもその実態は天下＝中央や各地の政争に応じた、本願寺教団存続のための戦いであったのだ。これは「三河一向一揆」も同じである。

話を戻そう。蜂起した一揆勢は、永禄六年（一五六三）十二月まで反家康勢力と連携しながら、本宗寺と三か寺に集結して籠城した。集結した一揆勢のなかには、松平家の家臣も多くいたという。一方、家康勢は同年十月、今川方の幡豆小笠原氏を攻撃していたが、十二月頃、永禄四年末の時点でいったんは従っていた東条吉良義昭が叛旗を翻すと、閏十二月に東条城（東条吉良氏の本城。愛知県西尾市）の攻撃にかかる（「松井家文書」）。

さて、一揆勢との合戦は、永禄七年（一五六四）正月における土呂・針崎・野寺の一揆勢による上和田砦（愛知県岡崎市）への攻撃から始まった。以下、村岡幹生氏の研究を参考にして、『三河物語』『松平記』などの記述から一揆勢との戦闘過程を追ってみよう。

この時、上和田砦には家康家臣の大久保氏一族が籠もっていた。大久保氏一族は奮戦し、家康が駆けつけたことにより、一揆勢は退散した。一揆勢はその後も上和田砦へ再攻撃するが、再び家康が駆けつけ退散、さらに正月二十五日には、深溝松平伊忠が一揆方夏目広次（一般的には「吉信」の名で知られるが、同時代史料では「広次」で確認される）の六栗城（愛知県幸田町）を攻略するなど、戦闘が続いた。その最中、家康は針崎勝鬘寺を攻撃し、激戦となる。二月、苅屋水野信元が救援に参戦し、家康に一揆方との和睦を勧めた。家康は小豆坂で一揆勢の急襲を退けた後、信元の仲介のもとに和睦交渉を進める。この結果、二月末に和睦が成立した。

和睦により、土呂本宗寺の寺内町などには、売買・貸借により得た土地や米銭が保証されることとなった。これを受け、一揆方との対戦にあたって、家康より売買・貸借関係の破棄（徳政）を承認されていた深溝松平氏ら諸将との間に、相論が生じた。この事態は、同年十二月まで続いたが、水野信元の調整手腕が発揮され、寺内町への返却は、永禄八年からとし、債務の元本のみとすることで解決が図られることになった（「本光寺常盤歴史資料館所蔵文書」）。寺内町は、商工業者が集住する地域的流通の中心であり、売買・貸借関係を通じ、周辺地域の存立を担う要地であった。このことから、債務破棄の徳政による機能停止は地域の存立への支障となるため、撤回する必要から、このような相論が生じてしまったのであった。

さて、和睦後の永禄七年四月に家康は、幡豆小笠原氏を従わせ（『記録御用所本古文書』）、桜井松平家次や東条吉良義昭（よしあき）を没落させた。また七月頃には敵対していた大給松平氏と和睦を遂げ（『譜牒余録』）、九月には酒井忠尚を三河上野城から追い払い、西三河における反家康勢力を鎮めた。このうえで、家康は土呂本宗寺と三か寺の佐々木上宮寺・針崎勝鬘寺・野寺本證寺に宗旨替えを求めた。そして、これに応じないことがわかると、本宗寺と三か寺を破却し、僧侶を国外に追ったという。また、一揆側についた本多正信ら松平家の家臣も同様に追われた。三河国では以後二〇年にわたり、浄土真宗本願寺派の活動は禁制となった。

これにより、松平家の当主としての家康の立場は確固となった。そのもとで地域「国家」の存立を維持するため、対今川戦争は続けられていくのである。

三河平定と徳川改姓

家康が反勢力や蜂起した一向一揆の勢力と戦っていた頃、今川氏真も「遠州忩劇」（遠江国の内乱）への対処に追われていた。「遠州忩劇」は、永禄六年（一五六三）十二月から遠江衆の引間飯尾連龍、二俣松井宗恒らの離叛により始まった。飯尾・松井両氏らが離叛したのは、今度の「遠州忩劇」によって、新たに今川領国の「境目」に位置することになり、「境目」ゆえに多発する紛争の鎮圧や紛争の長期化に伴う負担が、彼らの地域「国家」の存立を危うくするものとして重くのしかかってきたためである。こうして今川領国では、三河国に続き、遠江国でも内乱状態となる。

こうしたなか、永禄七年（一五六四）二月に作手奥平定能が、五月には二連木戸田主殿助（実名は「重貞」とされる）が、松平氏に従属した。東三河の政情は、領国内の抗争を鎮めつつあった家康の優位へと進んでいた。

東三河のこうした政情を受けて、家康は六月より、今川氏の東三河支配の支城だった吉田城（旧今橋城、愛知県豊橋市）、田原城への攻勢を進めていく。永禄八年（一五六五）三月頃には両城を攻略、在城していた今川氏の諸将を追った。そして、前年からの取り決めにより、吉田城には酒井忠次、田原城には本多広孝を配置した（「致道博物館所蔵文書」『譜牒余録』）。彼らはそれぞれ、吉田領、田原領の城代として守衛する任務が課されただけではなく、諸税賦課・徴収などの行政の執行も委ねられた。これは両領域が、もとは田原戸田氏の支配領域で、その後、今川氏の直接管轄する領域として運営されていた、これまでの態様を活かした地域運営であった。こうした地域運営のあり方は、他の戦国大名・国衆にも行われ、彼らは各地域の地理的・歴史的な事情をうまく活用して、領国支配を進めていったのである。

さらにこの時、譜代重臣の筆頭にあった酒井忠次には併せて、東三河の従属国衆や松平庶家の統制と軍事指揮も委ねた。一方、西三河の従属国衆・松平庶家の軍事指揮は石川家成に委ねられ、のちには甥の数正に任されている。松平氏の軍事指揮系統は、この時を機に整えられていき、またこの頃より、本多忠勝・榊原康政ら近臣が、旗本衆（直属軍）として活動していく。

その後、家康は永禄九年（一五六六）五月に、牛久保の国衆である牧野成定を従えた。これにより、松平氏は織田領国であった加茂郡西部の高橋郡域と碧海郡西部（苅屋水野領）を除き、三河平定を成し遂げた。三河国はほぼ松平領国（物「国家」）として統合され、ついに松平氏は、一国に君臨する大名となったのである。

三河平定と大名化を成した松平家康は、その立場の公認化を果たすため、摂関家（摂政・

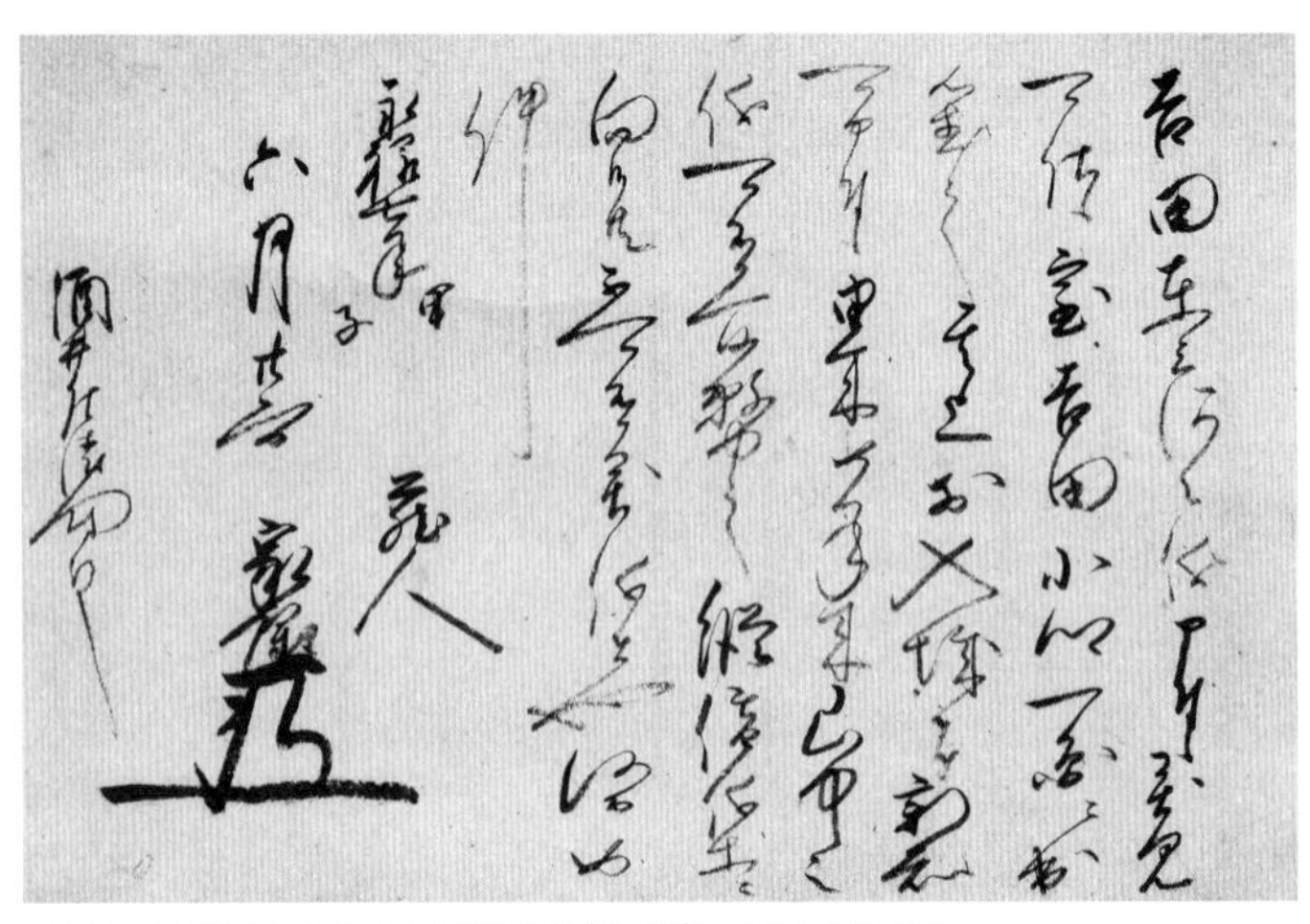

永禄７年（1564）６月22日付松平家康御判物（致道博物館蔵）
家康から宿老の酒井忠次に宛てた文書。忠次に対し、吉田城に在城し、東三河の運営を任せることを約束している。

関白という天皇の補佐役を務める家）の近衛前久を通じて、朝廷へ徳川名字への改姓と叙位・任官を願い出た。本来、朝廷への申請は、武家ならば天下人である室町幕府将軍を通じてなされるものであった。だが、この時は前年の永禄八年（一五六五）五月十九日に十三代将軍足利義輝が三好義継・松永久通（松永久秀の嫡男）らに殺害され（永禄の政変）、将軍は不在のままだった。このため、家康は近衛前久に働きかけたのである。

その結果、十二月二十九日に家康の徳川改姓、従五位下三河守の叙位・任官は認められる。なお、この時、藤原姓の近衛前久を通じての申請であったことから、家康の氏姓は「藤原」となる。明治時代より以前、人々はいまとは異なり、氏と名字を有していた。氏は氏族、名字は家の苗字であった。松平氏は、信光の時は賀茂姓であった（「妙心寺本像仏像記」）。その後、清康の時は源姓で見え（「大樹寺文書」）、家康も源姓を称し続けた（「久能山東照宮博物館所蔵文書」）。そして今回の叙位・任官を機に、家康は「藤原姓徳川家康」となったのである。また、家康は永禄二年（一五五九）十一月以前から蔵人佐の官途名を称したが（「長田忠之氏所蔵文書」）、これは正式な任官ではなく、代々の安城松平家の当主が名乗ってきた官途名を、今川義元が認めたものであった。いま家康は、従五位下三河守の叙位・任官し、徳川氏は三河国を統治する地域的領域権力＝戦国大名としての立場を名実ともに認められた。

ここに、戦国大名徳川氏が誕生したのである。

第三章　織田・武田両氏との狭間で——同盟・敵対と内紛の時代

足利義昭の「天下再興」と信長・家康

徳川家康が三河国の戦国大名となった頃、天下＝中央の情勢は「静謐」がもたらす安泰によって、室町幕府政治が正常化することが求められていた。その原因は「永禄の政変」に端を発する。

永禄の政変とは、永禄八年（一五六五）五月十九日、室町幕府十三代将軍足利義輝が三好義継や松永久通らに殺害された事件である。将軍義輝と三好権力は、これまでにもたびたび対立があり、将軍義輝は京都を追われることもあった。しかし、永禄元年（一五五八）十一月に両者は和睦を遂げて、将軍義輝が帰京すると、協調関係を維持してきた。ところが、永禄七年（一五六四）七月の三好長慶（ながよし）の死去などをきっかけに、将軍義輝と側近は三好権力を抑え、将軍義輝主導の天下統治を模索しだした。おのずと両者の対立は再燃する。永禄の政変は、この両者の関係悪化が引き起こした事件だった。

ところで、永禄の政変は、実は将軍義輝の殺害を目的にしたものではなかった。三好氏は、将軍義輝の山城二条御所（京都府京都市上京区）を大軍勢で包囲した際、将軍義輝に反三好方側近の排除を求め、それが済めば撤退すると訴えている（『十六・七世紀イエズス会日本報告書』)。つまり、反三好方側近を幕府政治から排除することこそ、主目的であったのだ。この、包囲という政治行為は、室町時代にたびたび見られた「御所巻」といわれるものだ。「御所巻」とは、大軍勢を率いて将軍の在所である御所を囲み、将軍に対して、幕府内の優勢者の排除を求める「訴訟」行為であるが、将軍には危害を加えることはなかった。だが、将軍義輝は要求を拒否し、事態は将軍義輝の殺害に至ってしまった。

この政変後、三好権力は天下統治を推し進めるため、阿波国(徳島県)にあった足利義栄の擁立に動く。しかし、松永久秀・久通父子と三好長逸・三好宗渭・石成友通の三人衆との間で対立が起き、内戦となる。この内戦は、はじめ三人衆の優位に進んでいたが、永禄十年(一五六七)二月になると、当主の義継が松永方に転じ、戦いは続いていった。そのため、義栄はその後、征夷大将軍となるが入京できず、摂津国富田(大阪府高槻市)の普門寺に滞在し続けた(結局、入京できないまま病死)。天下の情勢は、将軍が京都不在のうえ、内戦状態にあり、「静謐」により幕府政治が機能することが求められたのである。

一方、反三好勢力は、政変時の殺害危機を逃れた将軍義輝の弟一条院覚慶(その後、還俗して足利義秋、さらに名を義昭と改める。以下、「足利義昭」で統一)を擁立した。そして、義昭は各地の大名・国衆に、「天下再興」=室町幕府再興のために自身が入洛することへの助力を求めた。まだ三河平定中であった家康のもとにも、政変の直後、この要請がもたらされ

織田信長像（長興寺蔵）

ている。これを受けて、家康は永禄八年十一月二十日、義昭入洛に助力する意思を示す（「和田家文書」）。なかでも、義昭入洛の供奉に最も積極的な意思を示していたのが、織田信長であった。

しかし当時、信長は美濃国（岐阜県）の一色義棟（斎藤竜興。斎藤氏はこの頃、一色と名字を変えていた）と敵対していた。そのため、義昭入洛の供奉を実行するには、この問題を解決せねばならなかった。そこで義昭は美濃一色氏と信長との和平調停にあたる。やがて、織田・一色両氏の和睦が調い、永禄九年（一五六六）八月には織田勢の供奉のもとに上洛戦が行われることとなった。ところが、信長は領国「平和」の維持のために、直前になって上洛を取りやめ、美濃一色氏との和睦を破棄して、戦争を続けてしまう（結果は敗北）。結局、信長が美濃一色氏との戦争続行にこだわったことで上洛戦が遅れたこと、そして、三好勢力の反攻も相まって、義昭は当時、滞在していた近江国矢島（滋賀県守山市）を追われてしまう。これにより、越前国（福井県東部）の朝倉義景のもとで再起を図ることとなるのである。

こうして曲折した経過を経て、永禄十年（一五六七）九月、信長はようやく美濃平定を成し遂げた。そして、今度こそ義昭による「天下再興」の実現に取り組もうと「天下布武」の意思を示す。一般に、信長の掲げた「天下布武」は、信長が武力による国内統一の意思を示したものとされる。しかし、戦国時代にあって、天下とは天下人の室町幕府将軍が管掌した京都を中心とした五畿内の領域とその秩序であった（一四頁）。したがって、「天下布武」の意味するところは、室町幕府将軍が治めるべき中央領域の安泰と統治の復興にあった。信長は、その実現をめざす意思表示をしたのである。

義昭を迎えた信長は、永禄十一年（一五六八）九月七日、領国下の尾張・美濃両国と北伊勢地域の軍勢と、同盟関係にあった徳川氏の軍勢（家康自身は出陣せず、藤井松平信一が出陣）を率いて岐阜を発ち、上洛戦を開始した。その途上、義昭入洛の協力を拒絶した近江国（滋賀県）の六角承禎（義賢）・義治父子の箕作城（滋賀県東近江市）を攻め落とし、さらには本城の観音寺城（同近江八幡市）から敗走させた。

六角氏を攻略した信長は、九月二十二日に桑実寺（滋賀県近江八幡市）へ義昭を迎える。そして、義昭は二十六日、信長とともに京都へ進軍した（『言継卿記』）。その後も敵対する三好三人衆方を攻略するなかで、義昭と信長は三好氏の本城であった摂津芥川城（大阪府高槻市）を攻落した。芥川城で諸勢力の従属を確認した義昭は、畿内平定（「天下静謐」）を果たす。芥川城より京都へ帰還した義昭は、天下人として公認されて、十月十八日に征夷大将軍となった（『言継卿記』）。この時、義昭は信長の供奉のもと、念願の「天下再興」＝室町幕府の再興を成し遂げたのである。

一般に、将軍となった義昭の幕府は、信長による傀儡政権との見方が強い。しかし、その行政機構は、兄の将軍義輝の時の幕府と同様に機能していた。また、畿内各国の諸将に対する軍事動員権は、義昭が掌握していた。つまり、将軍義昭の幕府は、京都を中心とした五畿内の領域（天下）を統治する、実態のある政権として成立していたのである。このなかで、信長の天下統治への関与は、将軍義昭の幕府を軍事面で補佐することだった。この政治形態による天下統治は以後、元亀四年（一五七三、七月二十八日に「天正」に改元）二月に義昭が信長に対して挙兵するまで維持されていく。

家康の活動も、将軍義昭と信長による政治のもとで行われていくのである。

将軍義昭と家康

さて、室町幕府を再興し、天下人として君臨した室町幕府将軍足利義昭と家康の関係は、どうであったか。少し追ってみよう。

この頃の家康の動きで、広く一般に知られているのは、織田信長との同盟関係であろう。義昭入洛のための戦いに際して、徳川勢は織田氏との同盟関係から参陣したといわれる。確かに、織田・徳川両氏の同盟関係は、永禄十年（一五六七）五月、嫡男の竹千代（松平信康）が信長の娘五徳（ごとく）と婚約したことで、より深まっている（『家忠日記増補』ほか）。したがって、この同盟関係が参陣の背景にあることは間違いない。

だが実際は、織田氏との同盟関係だけで尽力したのではなかった。先にも述べたが（七〇頁）、家康は永禄八年（一五六五）十一月二十日、義昭から入洛への助力を求められ、応じる意思を示していた（「和田家文書」）。それをふまえると、徳川勢が尽力したのは、義昭と直接的なつながりもあったからだと推測される。

このことは、元亀元年（一五七〇）八月から、再起を図る三好三人衆と戦うために、将軍義昭が織田信長とともに、摂津国野田・中島（大阪府大阪市）に陣していた時のことからも裏づけられる。その戦いの最中である九月十四日、将軍義昭から家康へ御内書（ごないしょ）（将軍の公式な手紙）が遣わされているが（「武田神社文書」）、それによると、この時の合戦に、信長は家康の参陣は必要なしとしたが、将軍義昭は信長の処置を改め、自らの勢威を世間へ示すために家康の出陣を促しているのだ。このやりとりから、家康は、信長との同盟関係だけではなく、将軍義昭との直接的なつながりが前提にあって動いていたことがわかる。また、同年四月に行われた、若狭国(福井県西部)の反将軍義昭勢力と、それを援護する越前朝倉氏への攻撃、六月の姉川合戦は、いずれも将軍義昭のもと、信長により行われた戦いであるが、家康はそのどちらにも従軍している。これら家康の従軍も、信長との同盟関係だけではなく、将軍義昭との直接的なつながりもあって、なされたものであったと判断される。

なお、将軍義昭はこの際、家康を「徳川三河守家康」ではなく、「松平蔵人佐家康」として扱っている。どうして、将軍義昭は家康を徳川改姓と叙位・任官以前の立場に扱うようなことをしたのだろうか。これは、家康の徳川改姓と叙位・任官が、当時の正式申請ルートであった室町幕府将軍を通じてではなく、摂関家の近衛前久を通じて認められたことによるからであるといえよう(六四頁)。前久は将軍義昭の従兄弟であるが、三好権力が擁立した足利義栄の将軍任官にも尽力していた。そのことがあって、前久は将軍義昭とは折が合わず、永禄十一年(一五六八)十一月に出奔していた。よって、将軍義昭にとって、家康の徳川改姓と叙位・任官は、自身に敵対する勢力に協力した人物(つまり前久)の尽力によってなされたものとなる。こうした事情から、将軍義昭は、家康を「松平蔵人佐家康」として扱ったのであった。

では整理しよう。家康は将軍義昭と直接的なつながりを持つ大名であった。しかし、徳川改姓・従五位下三河守の叙位・任官は将軍義昭には認められず、「松平蔵人佐家康」として処遇されていた。将軍義昭が家康をようやく「徳川三河守家康」として処遇するようになるのは、元亀四年（一五七三）七月、信長に京都を追われた後、家康を自身の対信長陣営に引き入れようとしてからのことであった（『別本士林証文』）。

今川氏の滅亡と「福徳」印判

その頃、駿河今川氏は、永禄六年（一五六三）十二月に始まった「遠州忩劇」により、領国の内戦状況が拡大していた。この事態に、同盟国であった甲斐国（山梨県）の武田信玄は、駿河国の内戦解決に助力することを申し出ている。しかし、今川氏真は信玄の申し出を拒絶した。そこから、今川・武田両氏の同盟関係は次第に悪化していく。

こうした状況を後目（しりめ）に、武田・織田両氏の間では同盟が成立する。この同盟は、織田氏による美濃国への勢力拡大に伴い、領国（物「国家」。この場合、直接の対象は東美濃領域を指す）の境界をめぐる衝突が生じたため、その対処の必要から結ばれたものだった。そして、永禄八年（一五六五）十一月、信長養女の龍勝寺殿（りゅうしょうじでん）（苗木遠山氏の娘）が信玄の四男勝頼へ入嫁し、両氏は同盟関係を深化させている（『甲陽軍鑑』）。それと同じ時期に信長は、足利義昭へ上洛供奉の意思を示していた（七〇頁）。

この同盟の経緯を語る、永禄十一年（一五六八）七月二十九日付上杉謙信宛て織田信長書状には、武田・織田両氏は義昭の入洛供奉のこともふまえて同盟に至ったと記されている（「志賀槙太郎氏所蔵文書」）。書きつけの内容から、武田・織田同盟は、両氏の領国境目にあたる東美濃における国分（領土確定）と、義昭入洛への尽力の二つを前提に締結されたことがわかる。

さらに書状には、武田・織田同盟が成立して以来、両氏の間に「駿・遠両国」のことで申し合わせがあったと記されている。この時期、「駿・遠両国」は今川の領国であったので、ここでいう申し合わせとは、同領国への政治対応について、ということになる。つまり、この同盟の機能には、対今川領国への対処も含まれていたのであった。

そして、甲斐武田氏と駿河今川氏の同盟関係は、信玄が織田信長へ接近したことから一層悪化し、対立へと向かっていく。事態を重く見た今川氏真は、武田氏が敵対する越後国の上杉謙信へ接近し、武田氏への備えを図った（『歴代古案』）。これに対して信玄は、将軍義昭のもとにあった信長・家康の協力を取りつけ、永禄十一年十二月、今川領国（惣「国家」）の本国、駿河国への侵攻を開始する。さらに、遠江国への侵攻も、甲斐武田氏との協力関係から、家康によって実行された。今川領国はついに、惣「国家」全体で「忩劇」状態となったのである。

徳川勢は三河国との境目にあたる遠江国井伊谷（静岡県浜松市北区）を経て、国中（中央地域）へと進軍した。この時、近藤康用・菅沼忠久・鈴木重時の「井伊谷三人衆」が徳川氏の調略に応じた（「鈴木重信氏所蔵文書」）。井伊谷三人衆を味方につけ、井伊谷へと進軍する徳川勢を前に、同地の国衆井伊氏（当主は直虎）はこの地を追われ、国衆としての井伊家は滅亡した。

翌年の永禄十二年（一五六九）正月、遠江国犬居（静岡県浜松市天竜区）の国衆天野藤秀や高天神（同掛川市）の国衆小笠原氏助を従えた家康は、武田勢の攻勢によって駿河国駿府を追われた今川氏真が籠もる遠江懸川城（同掛川市）を攻囲した（『松平記』ほか）。

一方、駿府より氏真を追った武田氏であったが、その後、今川氏を支持した相模北条氏の攻勢に苦戦して、駿河国を領有できずにいた。また信玄は、遠江国の領有も同時に企てていて、重臣の秋山虎繁が率いる武田氏配下の信濃国伊那郡の軍勢（「信州勢」）を同国に侵攻させるが、この動きが徳川勢との衝突を招いてしまう（『松雲公採集遺編類纂』）。

これは、徳川・武田両氏間における今川領国の国分協定（領有境の取り決め）が「川切」（川を境に分ける）となっていて、徳川方は大井川、武田方は天竜川と、各々が解釈していたために起こったものである。この事態を受けて家康は抗議、駿河国の確保を優先とした信玄

「福徳」印判

は、衝突を避けるべく秋山虎繁が率いる信州勢を退かせた。しかし家康は、武田氏のこの動き方に不信を募らせていった。

家康はその後、遠江国西部における反勢力の攻略にあたりつつも、やがて今川氏真・相模北条氏との和睦に動き始める（『松平記』）。家康のこの対応に、信玄は不審を感じ、信長へ詰問している（『武家事紀』）。だが、五月になると、徳川・今川両氏の和睦は成立した。これにより、今川氏真は同月十五日、遠江懸川城を開城し、相模北条氏の庇護を受けることとなった（『歴代古案』）。ここに、戦国大名駿河今川氏は滅亡し、遠江国は徳川氏の惣「国家」である領国に併呑された。

そして、直後の閏五月十七日から、家康は直径約五・七センチメートルの「福徳」印判を朱で押捺した朱印状（証状）を出し始める（「野々山千萬往氏所蔵文書」）。「福徳」とは、為政者が功徳をもたらすことを意味し、さらには為政者の「代替わり」を明示した。つまり、この印判を用いることで、家康は今川氏から徳川氏への領国統治者＝大名権力の交代をアピールしたのである。ここには、家康が統治に対する地域社会の受諾を取りつけ、それに応えうる力量（器量）を持つ地域「国家」の統治者たらんとする姿勢が垣間見られる。また、この頃より政策業務の執行に携わる奉行人が、史料上に姿を現わしてくる。

同年七月、家康は遠江国見付（静岡県磐田市）に遠江・三河両国にわたる領国を統治するため、本城を築き始めた（「科註拾塵抄奥書」）。その後、信長からの意見もあり、翌年の元亀元年（一五七〇）六月、遠江国浜松（静岡県浜松市）に本城を完成させ、九月に入城している（『当代記』）。

今川氏の滅亡、そして遠江国への領国拡大は、戦国大名徳川氏に地域的領域権力としての新たな展開をもたらしたのであった。

甲斐武田氏との敵対

遠江国への領国拡大を果たした徳川氏であったが、その後、甲斐武田氏への不信は膨らみ、両氏の関係を悪化させていった。両氏の関係悪化は、やがて仲介役を果たしていた織田信長も巻き込んでいく。そして元亀元年（一五七〇）十月、徳川氏はついに、甲斐武田氏との関係を絶ち、越後上杉氏と同盟を締結する。その際、家康は、併せて信長にも、越後上杉氏への懇意と「甲・尾縁談（武田・織田両氏間の縁談）」の破棄を献策している（「上杉家文書」）。

信長との政治関係の疎遠を図る、家康のこうした行為に対して、信玄は信長に抗議、同盟者として家康の行為を看過するべきでないと非難した（『武家事紀』）。だが、信長はその後も

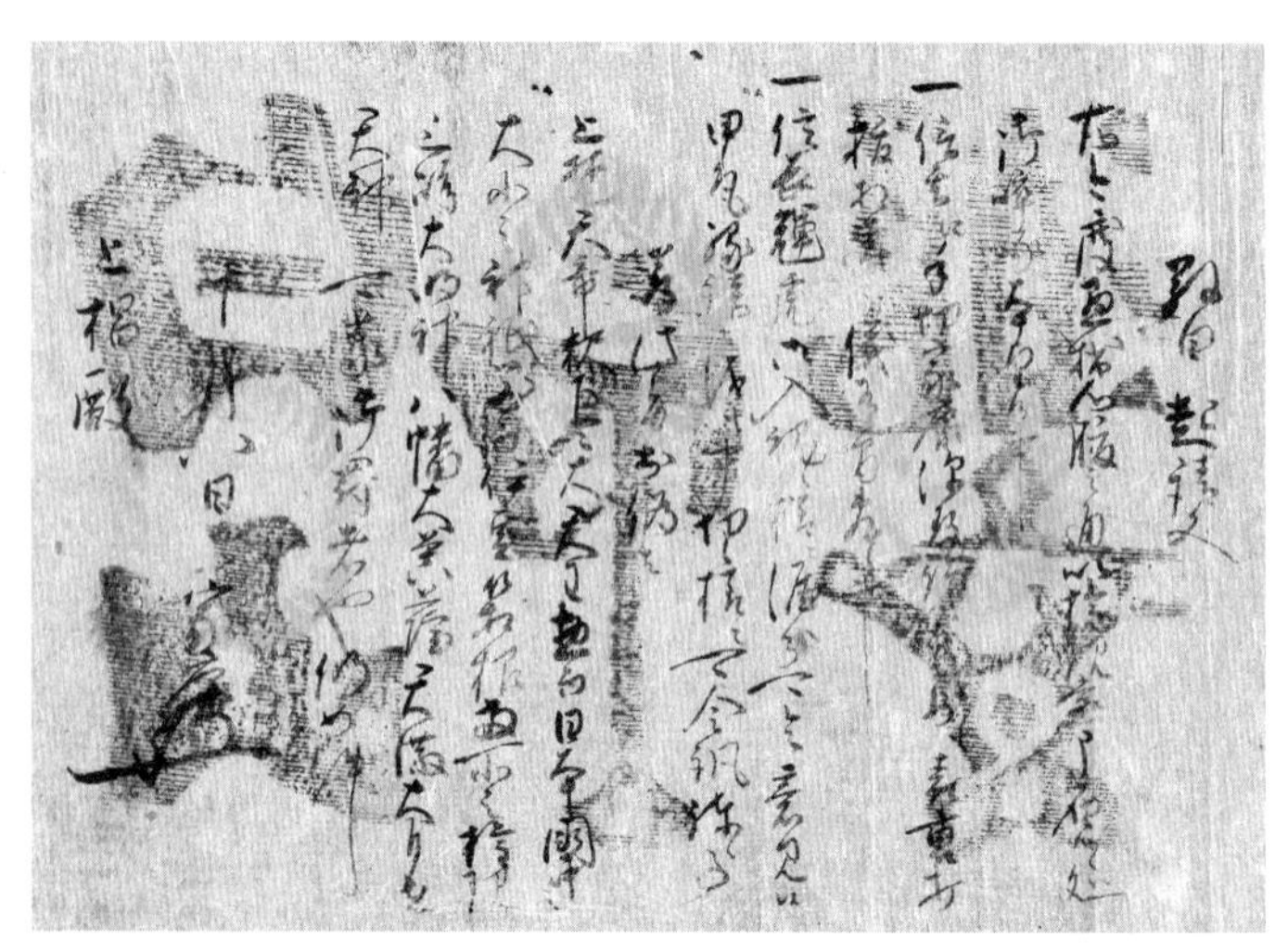

元亀元年（1570）10月８日付徳川家康起請文（米沢市上杉博物館蔵）
家康が上杉謙信との同盟締結に際して提出した誓約書。

変わることなく、徳川氏との政治関係を保ち続けた。

こうしたなか、当初は相模北条氏の攻勢にも苦慮していた甲斐武田氏だったが、駿河国の領有は次第に確固としたものとなっていく。これを受けて、北条氏内部には、甲斐武田氏との同盟復活を望む気運が生じ、元亀二年（一五七一）十月、北条氏の最高権力者であった氏康（うじやす）が死去したことを契機に、同年末、当主の氏政（うじまさ）は甲斐武田氏と再び同盟を締結した。この同盟により、信玄は駿河国の領国化を成し遂げた。

その一方で信玄は、越後上杉氏に対抗するため、越前国の朝倉義景との同盟関係を深めていく。朝倉義景は信玄と縁戚関係にあり、信長と敵対する大坂本願寺とは同盟関係にあった。また、こうした政情に直面して、武田領国との境目に位置する奥三河国衆の作手奥平定能・田峯菅沼刑部丞・長篠菅沼右近助ら山家三方衆や遠江国衆の犬居天野藤秀は、自らの地域「国家」の存立を維持するため、政治的・軍事的保護者を徳川氏から甲斐武田氏へと替えていく。これにより、徳川・武田両氏の対立は避けられないものとなっていった。

　そして、元亀三年（一五七二）十月、信玄は大坂本願寺や越前朝倉義景との同盟関係を確実にしたことで、それまでの「三ケ年の鬱憤」を散ずるべく、徳川領国への侵攻を開始した（「武市通弘氏所蔵文書」）。信玄の本隊は、駿河国方面から遠江高天神城（静岡県掛川市）の攻撃を経て、国中地域（遠江国内中央部）へ進み、また部将の山県昌景・秋山虎繁の率いる別働隊は、信濃国から遠江国を経て、三河国へ侵攻したのち本隊に合流し、遠江二俣城（静岡県浜松市天竜区）への攻撃を行った。さらには信長とも、互いの領国境目にあった東美濃国衆の岩村遠山氏の帰属問題が絡み、敵対するに至る。

　この信玄による遠江・三河侵攻のなかで、家康は将軍義昭より、この事態に対する措置として徳川氏への支持を獲得し、また信長からは、宿老の佐久間信盛らの援軍を得た（「鹽川利員氏所蔵文書」）。一方、武田氏は十一月晦日、二俣城を攻落させ（『雪の出羽路』）、徳川氏の本拠のある浜松方面へ進軍した。そして十二月二十二日、武田勢は遠江国三方原（静岡県浜松市北区）で、織田・徳川連合軍を打ち破る（「伊能家文書」）。武田勢の攻撃に、家康は家臣の夏目広次を身代わりに残し、這々の体で浜松城に引き揚げるしかなかった。なお、敗戦後に家康が教訓として自身の姿を描かせたという、顰めた面の画像が知られる。だが、これは原史彦氏の研究によると、近代になってこの合戦時の家康像とされたものであるという。

さて、将軍義昭は当初、織田・徳川両氏を支持する態度を示していたが、遠江三方原での敗戦が影響し、次第に京都退去の準備をするなど動揺し始めた。将軍義昭のこの態度に信長は、天下人として品格ある振る舞いを心掛けるよう諫言する（『尋憲記』）。だが、これを機に、将軍義昭と信長との協調関係には亀裂が入った。そして、元亀四年（一五七三。七月二十八日に「天正」に改元）二月、ついに将軍義昭は武田信玄や朝倉義景などの働きかけに応じ、信長への敵対の意思を示し、挙兵するに至った（「土井家文書」）。事態は、将軍義昭を盟主とした反織田連合が立ち上がるまでに発展したのである。

信玄は、この反織田連合のもとに、三河国へ侵攻を続けた。しかし、この侵攻途上に信玄は発病、病状悪化のために侵攻は中断し、甲斐国へ帰国する。そして、元亀四年四月十二日、帰国の途中で死去した。これを受け、信長は反撃に転じ、七月、その信長の攻勢を受けた将軍義昭は京都を追われた。八月には越前朝倉氏、九月には江北浅井氏が相次いで滅亡し、反織田連合は瓦解へと追い込まれる。

将軍義昭が京都を追われたことにより、中央政権である室町幕府は解体、その後、元亀争乱の解決にあたった信長が、将軍義昭に代わって天下人への道を歩むことになる。そして家康は、信長との政治的・軍事的保護関係をより深め（織田権力への従属深化）、そのもとで領国「平和」を維持するため、対武田氏戦争に突入していくのである。

長篠合戦への過程と大岡弥四郎事件

元亀四年（一五七三）五月、早くも信玄死去の情報を摑んだ家康は反攻へ転じ、駿河国駿府周辺を攻撃する。七月には、徳川・武田両領国の境目にあって、甲斐武田方の要衝だった三河長篠城（愛知県新城市）の攻略を開始した。そして八月、家康は長女亀姫との婚姻や奥平氏の進退と領国の保証を条件に、奥三河国衆の作手奥平定能・信昌父子を武田氏から離叛させる（『譜牒余録』）。また九月には長篠城を攻略した。

しかし、十一月になると、信玄の後を継いだ武田勝頼が反撃を開始する。徳川氏の本城である遠江浜松城を攻撃し、榛原郡に諏訪原城（静岡県島田市）を築き、徳川方と対峙する。さらに翌年の天正二年（一五七四）五月、勝頼は東遠江へ侵攻、再び徳川方についていた遠江従属国衆の小笠原氏の本城である高天神城を攻撃した。この事態に家康は、織田信長の救援を求めるが間に合わず、城主小笠原氏助は六月十七日、武田氏へ降った。氏助は武田氏へ従属の意思を示し、名を信興と改めた。

徳川氏は、武田氏の攻勢を受けて、領国（惣「国家」）の範囲を狭めていった。そのため家康は、元亀争乱の解決に向けて天下人への道を歩むこととなった織田信長を頼みとせざるをえなくなり、やがて織田権力（天下人織田信長のもとで、「日本国」の中央である天下を管轄統治する領域権力）への従属を受け入れていくことになる。

こうしたなか、天正三年（一五七五）二月、遠江国井伊谷を追われていた井伊虎松は家康に仕え、井伊家の家名再興を遂げたという（『寛永諸家系図伝』ほか）。家康が井伊家再興の支援に動いた背景には、甲斐武田方勢力への対策という政治的理由がある。この時、甲斐武田氏の領国は井伊谷に及んでいた（「小笠原文書」）。家康としては、武田方勢力から領国を死守するため、井伊谷において影響力を持つ井伊家の再興を支援することで、この地域を味方に引きつけておく必要があった。つまり、当時の徳川氏が置かれた状況とのかねあいで、井伊氏は徳川家臣として再興の歩みを踏み出すこととなったのである。程なくして虎松は、元服を遂げ、実名「直政」を名乗った。

同年三月下旬、甲斐武田氏は奥三河へ侵攻し、四月に足助城（愛知県豊田市）、その直後に近辺の浅賀井などの諸城（同前）を落城させた。その後、遅れて進発した当主の勝頼が軍勢に合流、徳川方にあった菅沼定盈(さだみつ)の野田城(愛知県新城市)を攻略した。そして、徳川方の東三河地域の統治拠点である吉田城へ侵攻し、周辺の二連木城(同前)が開城。さらに勝頼は吉田へ救援に赴いた家康の軍勢を退散させた。五月一日には、前々年に徳川氏に攻略され、この時、奥平信昌が配置されていた長篠城の奪還を開始した。この頃、山家三方衆の作手奥平氏では、当主の定能・信昌父子が徳川方に、定能の父である道紋(どうもん)(定勝)が武田方にあり、抗争を続けていた。また、田峯菅沼氏でも、当主の刑部丞と一族内部との間で、武田方と徳川方とに分裂していた。さらに、本城の長篠城を徳川方に奪い取られていた長篠菅沼氏も、内部で抗争を孕んでおり、本城奪還とともに、領国「平和」の保護を武田氏に求めていた。

この時の奥三河は、徳川・武田両氏間の境目のなかで、それぞれが地域「国家」の存立をめぐる内紛状況にあった。その政治的解決が、勝頼による奥三河侵攻の目的でもあったのだ。

武田氏による徳川領国への攻勢を前に、徳川氏に従う家中のなかには、地域「国家」の行く末を危ぶみ、甲斐武田氏と敵対関係を続ける構えを見直す動きが生じてくる。そしてこの動きに、徳川家の嫡男で岡崎城の城主だった松平信康も巻き込まれる。天正三年四月、武田氏の奥三河侵攻を機に、その周辺で事件が起こった。いわゆる「大岡弥四郎事件」である。大岡弥四郎は松平・徳川中心史観の影響により「大賀(おおが)弥四郎」とされ、広く「大賀弥四郎事件」として知られる。

大岡弥四郎事件とは、信康の家臣で、岡崎町奉行を務めていた大岡弥四郎ら家臣一派が、武田勝頼と通謀し、武田氏の軍勢を三河国足助方面から岡崎城へ引き入れようと企てた結果、引き起こされた徳川家の内紛である。この事件のいきさつは、史料が少なく、詳細の不明な点が多い。しかし、築山殿の関与も伝えられているように、信康の周辺で企図（きと）されたものだったことに間違いない。結局、この企ては一派の者の通報により発覚し、大岡らは極刑に処された。そして、事件を伝える諸書によれば、武田氏の軍勢は東三河方面や長篠へ向かったとする。つまり、この時の武田氏の三河侵攻は、信康周辺で起きた大岡弥四郎事件という、徳川家の内紛を受けた軍事行動でもあったのである。

それではなぜ、信康周辺のもと、大岡弥四郎事件は起きたのであろうか。

この時、徳川領国（惣「国家」）の存立に関わる政務は、本城の遠江浜松城において、当主の家康とその周辺からなる権力中枢により運営されていた。そのもとで、徳川氏の親織田権力・対甲斐武田氏の外交路線は進められる。しかし、この路線をとった結果、武田氏の攻勢による勢力範囲が狭められるという状況を招いた。この事態は、徳川領国（惣「国家」）の存立の危機につながりかねない。こうした危機意識のもと、おそらく徳川領国（惣「国家」）の安泰をめぐり、徳川氏の権力中枢が進める外交路線に、疑問を呈する声が生じたのだろう。

つまり、この事件の政治的背景には、家康を中心とした権力中枢による対武田氏主戦派が進める路線に対する、家中からの反発があった。そうした反発と徳川領国（惣「国家」）の行く末に対する不安が、奥三河の不安定な政情と相まって、前線でなく後衛にあった岡崎城に詰める徳川家中の間に大きくなっていき、やがて、家康と不仲であった築山殿をも巻き込んだ事件へと展開していったのであろう。よってこの時、武田氏との外交関係をめぐり、当主の家康を中心とした権力中枢にいる遠江浜松城の主戦派と、後衛にあって路線の見直しを求める岡崎城の信康周辺との間で政治的な対立があって、それが事件の引き金となったのだ。そしてこれは、徳川氏が織田・武田両氏との狭間にある「境目の大名」であったため、勃発した事件といえる。

大岡弥四郎事件の発覚を受けて、当主家康を中心とした対武田氏主戦派は、大岡ら首謀者を極刑に処すことで、あくまで路線を固持することを領国内外に示した。

その一方、長篠城の奪還を進める武田氏に対抗するため、織田信長に早急の救援を求めた。この時、信長は天下（中央）における室町幕府将軍足利義昭方の勢力の駆逐を遂げ、優位な戦況にあった。五月十三日、徳川氏の救援要請を受けた信長は、本拠の美濃国岐阜（岐阜県岐阜市）から出馬する。その後、三河国岡崎で徳川勢と合流し、十八日に設楽（しだら）あるみ原（愛知県新城市）に着陣した。そして二十一日、織田・徳川両氏は、武田氏との合戦に突入することとなる（『信長公記』ほか）。

長篠合戦後の攻防

天正三年（一五七五）五月二十一日、徳川氏は織田信長の援護を得て、三河国設楽あるみ原において、甲斐武田氏と戦った。いわゆる「長篠合戦」である。この合戦で織田・徳川両軍は陣前に馬防柵（ばぼうさく）を設置し、一〇〇〇挺の鉄砲隊を配置する一方、徳川家重臣の酒井忠次が率いる別働隊により、武田方の拠点である鳶巣山砦（とびのす）（愛知県新城市）を攻略した。これに対して武田軍は、織田・徳川両軍の正面へ軍勢を押し出し、戦闘となった。戦闘の末、織田・徳川両軍は勝利し、勝頼は重臣の山県昌景や馬場信春（ばばのぶはる）など多くの諸将を失う痛手を蒙った。長篠合戦は、織田・徳川両軍が鉄砲隊を率いて、武田方の軍勢に勝利したことで名高い。だが、この合戦の本質は、武田・徳川両氏間の領国（惣「国家」）の存立をかけた、境目領域に位置する長篠領の確保をめぐる戦争であった。

長篠合戦での勝利により、それまで劣勢であった徳川氏は勢力を挽回した。そして同年中に、徳川氏は織田権力の援護のもと、武田方の山家三方衆勢を追い、奥三河を平定した（「野崎達三氏所蔵文書」）。その後、徳川勢は諏訪原・二俣（静岡県浜松市）などの遠江諸城を攻略し、武田氏の勢力範囲を高天神城・小山城（こやま）（同吉田町）といった遠江国東部まで後退させている。さらに家康は、相模北条氏のもとを追われ、徳川氏のもとにあった今川氏真（この時はすでに出家して、法名の「宗誾」を名乗っていた）を擁して駿河国へも侵攻している（「徳川林政史研究所所蔵『古案』」）。その後、宗誾は武田領国との最前線に位置する遠江牧野城（諏訪原改め）に東条松平家忠・松井松平忠次（家忠の伯父で後見役。なお、江戸時代の系譜では実名を「康親」と改めたとされるが、発給文書の署名から「忠次」のままであったことが確認される）とともに配置され（「松井文書」）、徳川氏のもと、旧今川領国の奪還に努めた（ただし、翌年の天正五年（一五七七）三月までに、宗誾は浜松に戻されている（「海老江文書」））。

　こうした徳川氏の攻勢に対して、今度は武田氏が惣「国家」存亡の危機に追われ、体制の立て直しのため、早急な再編が求められていく。勝頼は遠江従属国衆小笠原信興の高天神領を収公して、信興を駿河国富士郡（静岡県富士市）周辺へ移封させた。高天神領は、国衆小笠原氏の自治領域であったが、この時点で武田領国下における遠江国内での最前線に位置する領域となっていた。このため、同領を攻略されれば、遠江灘に繋がる交通・流通を掌握されることになり、さらに武田領国であった駿河国の保全にも危険が及ぶ可能性が高いとみなした。そこで、勝頼は信興を移封させたのである。こうして高天神領を収公した勝頼は、同領を直轄領域とし、高天神城の守衛を強化していく。このように、勝頼による信興の移封は、武田領国（惣「国家」）の興亡が従属国衆の地域「国家」の存亡に直結するという認識のもとで、政治的・軍事的保護を担う甲斐武田氏によって実施されたのだった。

天正五年（一五七七）閏七月、家康は遠江高天神城を攻撃した（「名古屋大学文学部所蔵文書」）。この攻撃に対して、勝頼も自ら出陣して応じ、武田勢は小山城、徳川勢は懸川城にそれぞれ陣取り、十月中旬まで対陣した（『家忠日記』）。そしてこの後、徳川氏は遠江牧野城・横須賀城（静岡県掛川市）、武田氏は遠江高天神・小山両城、駿河田中城（静岡県藤枝市）をそれぞれ攻守の拠点にして、両者の攻防は一進一退の展開を続けた。

徳川・武田両氏の攻防が続くなか、天正六年（一五七八）三月の越後上杉謙信の死去に伴い、越後国で政治路線をめぐる内乱が起きた。後継の景勝（かげかつ）と反景勝方が擁する景虎（相模北条氏からの養子）との間に勃発した「御館（おたて）の乱」である。この内乱において、武田氏は景勝・景虎双方の和睦を図るが失敗し、結果として景勝と与することになる。それに伴い、武田氏がそれまで結んでいた相模北条氏との甲相同盟は決裂する。この甲相同盟の決裂により、北条氏は武田氏と敵対する織田・徳川両氏に接近し始める。家康は、自らを囲む大名らに起こる情勢の変化を前に、領国（惣「国家」）の存立のため、どのように対処していくかの判断を迫られることになった。

松平信康事件

こうしたなか、天正七年（一五七九）八月三日、家康は本城の遠江浜松城から三河岡崎城に入った。そして翌日の四日、嫡男の松平信康との争論の後に、信康を大浜へ退かせる。その後、家康は西尾城（愛知県西尾市）に長沢松平康忠や直属武将の榊原康政を配備した。九日には信康を遠江堀江城（静岡県浜松市）へと追いやる。十日、家康は岡崎城に松平庶家や三河従属国衆を集め、信康とは以後、関わりを持たないという起請文（誓約書）を提出させて、十二日に浜松城へ帰還した（『家忠日記』）。

松平信康事件の関係者系図

信康は遠江二俣城（静岡県浜松市）に移された後、九月十五日、家康の命令により自害した（享年は二十一）。また、この間の八月二十九日には、信康の生母築山殿が、「日頃ノ悪逆」を理由として、遠江国富塚（静岡県浜松市）で殺害されている（『松平記』）。

ところで余談となるが、徳川家の嫡男であった信康は、元亀元年（一五七〇）八月に十二歳で元服を遂げて、舅

松平信康像（勝蓮寺蔵）

信長の一字を受け、「次郎三郎信康」となっていた（『松平記』）。この時の信康の名字であるが、この時期、父の家康は徳川改姓を成し遂げていて、これに従えば、信康は「徳川信康」となるのであるが、天正三年（一五七五）六月二十八日、佐久間信盛に宛てた織田信長黒印状では、娘婿の信康のことを信長は「松平三郎」と記している（「野崎達三氏所蔵文書」）。ここから、信康は名字が松平のままであったことがわかる。改姓後、当主と嫡男で名字が異なるのは、徳川氏だけのことではなかった。相模北条氏でも、北条氏綱が伊勢から北条へ改姓したのち、北条名字を称したのは当主の氏綱のみで、嫡男の氏康をはじめ、子弟はしばらく伊勢名字を名乗っている。このように、当時の大名家において、改姓後も家の名字として定着するまで、当主と嫡男を含む子弟とでは名字が異なることが、しばしば見られた。当時のこのような改姓のありようから、本書では信康を「松平信康」とする。

さて、遠江国への領国拡大に伴い、元亀元年、家康が本城を遠江浜松城へと移したことから、信康は三河岡崎城の城主となる。そして、信康は、家康より平岩親吉（ひらいわちかよし）ら家臣団を配されたうえで、三河国の統治を進めていく。三河国の松平一族や従属国衆を統べるためには、すべてを浜松城の家康のもとに一元化するのではなく、それまでの統治形態を継承しながらまとめるのが、最良の統治手段であるという判断であった。そもそも戦国大名とは、それぞれの地域の状況をふまえて統治を進めていく領域権力である。家康もこのあり方のもと、領国支配を展開させたのであった。

一方、信康の母築山殿は、家康とは不仲とあって浜松城には移らず、信康とともに岡崎城に在住し続けた。また妻の五徳（「岡崎殿」）との夫婦関係は、相次ぐ女児の出産や姑の築山殿との関係の悪さから、天正五年（一五七七）頃より不和であったといわれる（『松平記』）。そして天正七年六月五日には、家康本人が直々に、両人の関係修復のために赴いている（『家忠日記』）。

そうしたなか、信康は天正三年より、父の家康とともに甲斐武田勢との攻防戦に出陣しているが、特に目立った戦歴は見られなかった。また、日々、軍事鍛錬に励んでいたようだが、気に食わぬという理由で人を惨殺するなど荒れた行為が見られ、武勇には優れていたが、慈悲に乏しい武将であったと評価されている（『松平記』）。

信康のこうした資質や振る舞いが、五徳の父信長の耳に伝わったことで、事件に至ったというのが、諸書に見られる見解である。しかし、なぜ家康は信康を廃嫡にするのみで済ませず、自害にまで追い込む必要があったのであろうか。それは、信康が徳川家の嫡男にあり、三河岡崎城の城主という、徳川領国の統治に携わる存在であったからだろう。そして、個人的な資質や振る舞いと併せて別の要因があったのではなかろうか。その要因には、この頃の徳川領国（惣「国家」）の存立をめぐる甲斐武田氏との情勢が大きく関わっていたのである。

先に見たように、甲斐武田氏との攻防のなかで、三河岡崎城の松平信康周辺は、徳川氏の地域「国家」の行く末が危ぶまれると、当主の家康を中心とした権力中枢による対武田氏主戦派の外交路線に反発を示し、それが、天正三年四月の大岡弥四郎事件を勃発させた（八五頁）。だが、長篠合戦での勝利以降は、徳川領国（惣「国家」）の行く末が危ぶまれる事態にまでは至っていない。そこで問われるのは、ではなぜ、この時に信康事件は起きたのであろうかということである。

まずは戦争の長期化があげられる。この頃、武田氏との攻防は一進一退の戦況にあった。現代に生きる私たちは、この攻防が天正十年（一五八二）三月の武田氏の滅亡により、徳川氏の勝利に帰すという結果を知っている。しかし、結果を知らない当時の人々にとっては、戦争はいつ終わるとも知れないものだ。戦争はそれが続く限り、家中・領国内の地域に人員や物資の提供を求め続けるため、長期化するに従い、それぞれの存立自体に影響するほど大きな負担として重くのしかかっていく。また、戦争の最中には、人や家畜を略奪する乱取行為、稲や麦の生育時期を見計らった生産物の刈り取り、食糧獲得を目的とした狼藉行為（稲薙・麦薙）などが、両軍敵味方を問わず、足軽ら下級兵士によって繰り返され、戦場周辺の地域は存立の危機に瀕し続けた（『家忠日記』）。このような状況では、戦場で負担を負い続ける兵士だけでなく、それに巻き込まれる地域にも厭戦感情が広まっていっただろう。

　また、御館の乱により、相模北条氏とも敵対することとなった武田氏は、領国（惣「国家」）の東西方面を敵対勢力で囲まれ、挟撃を受ける恐れが生じていた。この事態を受け、武田氏内部では、のちに織田信長との講和（甲江和与）交渉を進めていることから、領国「平和」を維持するために、徳川氏との敵対続行を見直し、接触を試みようとしたことが窺われる。信康事件を記す諸書には、三河岡崎城の信康周辺、特に築山殿のもとへ武田方の者が出入りしていたと記されている。おそらく、事件はこの武田方の動きに関係しているのであろう。そしてここから、信康もこの動きに巻き込まれていったと推測できる。

　一方、家康を中心とする権力中枢がいる遠江浜松城には、武田氏と敵対する相模北条氏が接近していた（『静嘉堂本集古文書』）。それを受け、徳川氏内部では、武田氏との戦争の続行を求める、遠江浜松城の家康を中心とする権力中枢の主戦派と、武田氏との接触を持ち、敵対を見直そうとする三河岡崎城の信康周辺との間で、対武田氏外交の路線をめぐる対立が再燃したのである。このように、外交路線をめぐる権力内部の対立は、例えば、甲斐武田氏においては、駿河今川氏への外交方針をめぐり、当主の信玄と嫡男義信との間で争われたように、戦国大名・国衆の各家にも見られたのである。

対武田氏戦争の長期化、越後御館の乱を契機とした情勢の変化は、地域「国家」の行く末に照らして、このまま武田との戦争を継続するのか、あるいは路線を変更するのかが迫られ、徳川氏には再び、内紛が生じていた。この政争は徳川家内部にとどまらず、対武田氏関係から従属関係を強めていた織田権力との関係のあり方にも絡んでくる。

そして、五徳の父信長へ遣わされた書状を機に、天正七年七月、徳川氏は宿老酒井忠次らを信長のもとへ派遣し、織田権力に従い、武田氏との戦争を継続させ、反対派を処断する意向を確認した。そして八月、信康およびその周辺のもとに家康自身が乗り込んで問い糺して、処罰に踏み切ったというのが、事件の真相であろう。このように、信康事件には、対武田氏外交をめぐる徳川家の内部対立が政治的背景としてあった。そして事件は、築山殿の殺害、信康の自害という厳しい処分で幕を閉じる。

信康事件の直後、徳川氏は相模北条氏との同盟を締結し、そのもとで武田氏を挟撃している（『家忠日記』）。これこそが、信康事件の解決を経て、徳川氏が領国内外に示した対武田氏外交への「回答」であった。

遠江平定

天正七年（一五七九）九月から相模北条氏とも戦争を始めた甲斐武田氏は、その攻防に追われていた。十一月に入り、武田勝頼は対北条氏で同盟関係にあった常陸佐竹氏を通じて、織田信長との講和（甲江和与）交渉を進めていく（『歴代古案』）。これは、駿河・遠江両国の東西方面で挟撃されかねない状況に置かれた勝頼が、信長との和平交渉を通じて、徳川氏との和睦の道を開き、そのうえで北条氏に対抗しようという意図から始めたものだった。だが、武田氏が進める甲江和与は、翌年の天正八年三月になって信長が、勝頼と敵対する北条氏の自らへの従属を承認したこともあり（『信長公記』）、成就することはなかった。

天正八年三月、家康は遠江高天神城の攻撃を開始した。徳川勢は、七月下旬の小山城と駿河田中城の攻撃を経て、九月には総攻撃へと展開している。天正九年正月には、織田信長から水野忠重らを援軍として派遣された（『家忠日記』）。

その総攻撃の最中、天正九年正月二十五日付で、水野忠重に宛てられた信長朱印状がある（「結城水野家文書」）。その記載によると、城将の岡部元信ほか高天神籠城衆から、高天神・小山・滝境の三城を譲渡することと引き替えに、助命嘆願がなされたらしい。だが、信長は、翌年に予定している武田氏攻撃を前に、高天神を落城させた場合の武田領国に与える影響を考慮し、家康に攻撃を続けるよう指示した。家康は、信長の指示に従い、高天神城の総攻撃を継続させた。

三月二十二日、徳川勢の攻撃を受け、城将の岡部元信ら籠城衆は討ち死にし、高天神城は落城した（『家忠日記』ほか）。高天神落城を受けて、同月二十五日に信長は、家康に書状を送り、高天神城攻落の功績を賞し、引き続き甲斐武田氏との対戦に慎重を期して臨むよう、求めている（「萬葉荘文庫所蔵文書」）。ちなみに、この頃天下人として君臨していた信長は、家康宛てにも「天下布武」印を押捺した印判状を使って書状を記していたが、この書状には信長の花押が書かれている。この信長の花押は、現在確認できる最後のものである。

徳川勢による高天神城の攻略によって、武田氏の遠江国における領域は、わずかに小山城が残るものの、実質的に失われた。さらに、高天神城を救援できず、見殺しにした勝頼は、世間の評価（「天下の面目」）を著しく失墜させたという（『信長公記』）。

一方、家康はこの戦勝により、武田氏との領有争いに苦しめられ続けた遠江国の平定を成し遂げた。ここに、家康は長年の念願であった、徳川領国における領国「平和」の維持を果たしたのである。これを受けて、同年十月からは官途名「三河守」のみの署名による証状類の発給が始まった（「桂岩寺文書」）。この文書形式は、駿河今川氏の文書形式を真似たものである。家康は駿河今川氏の文書形式を踏襲することにより、徳川領国の「国主」としての立場を、確固たるものとして示したのだった。また翌年の天正十年（一五八二）から、「福徳」朱印状に「○○○○　奉之（これをうけたまわる）」という仲介・担当者（奉者（ほうじゃ））名を記した奉書（ほうしょ）式文書が出現し、その立場に応じた領国支配の深化が見られる。

こうして、徳川氏は遠江・三河二ヵ国を領国とする戦国大名として、立場を確立した。そして、天正十年の激動を迎えるのである。

第四章　天正壬午の乱とその後

——信長死後の五ヵ国統治

武田氏滅亡と「東国御一統」

天正十年（一五八二）正月、信濃国衆の木曾義昌が、甲斐武田氏から離叛し、織田権力に従属した。義昌の妻は武田信玄の娘であり、義昌は武田氏の一門衆（親族）であったが、この時、木曾領は織田領国と接する境目に位置していて、義昌には木曾氏の領国「平和」を維持するための対処が求められていた。そして義昌は、政治的・軍事的保護を充分になし得ない、甲斐武田氏の現状を鑑みて、織田権力へ従属したのであった。

この事態に、武田勝頼は木曾氏の討伐にあたる。これに対して木曾氏は、織田権力に援護を求めた。それを受けて、二月三日、織田信長は駿河国方面から徳川氏、関東方面から相模北条氏の出勢を指示する。織田勢は、織田家当主の嫡男信忠を総大将に、信濃国伊那郡方面からの進軍を開始した（『信長公記』）。織田勢が侵攻してくると、武田氏従属の信濃国衆のなかからは、織田方へ寝返る者が相次いで現われ始める。そして、織田方侵攻という報を受けたからか、二月十六日、遠江国でも武田方の小山城が兵を撤退させている（『家忠日記』）。

駿河国方面から出勢するよう、信長の指示を受けた徳川家康は、二月十八日に遠江国懸川へ出陣した。そして、二十一日に駿河用宗城（静岡県静岡市）を攻囲しつつ、駿府に着陣する

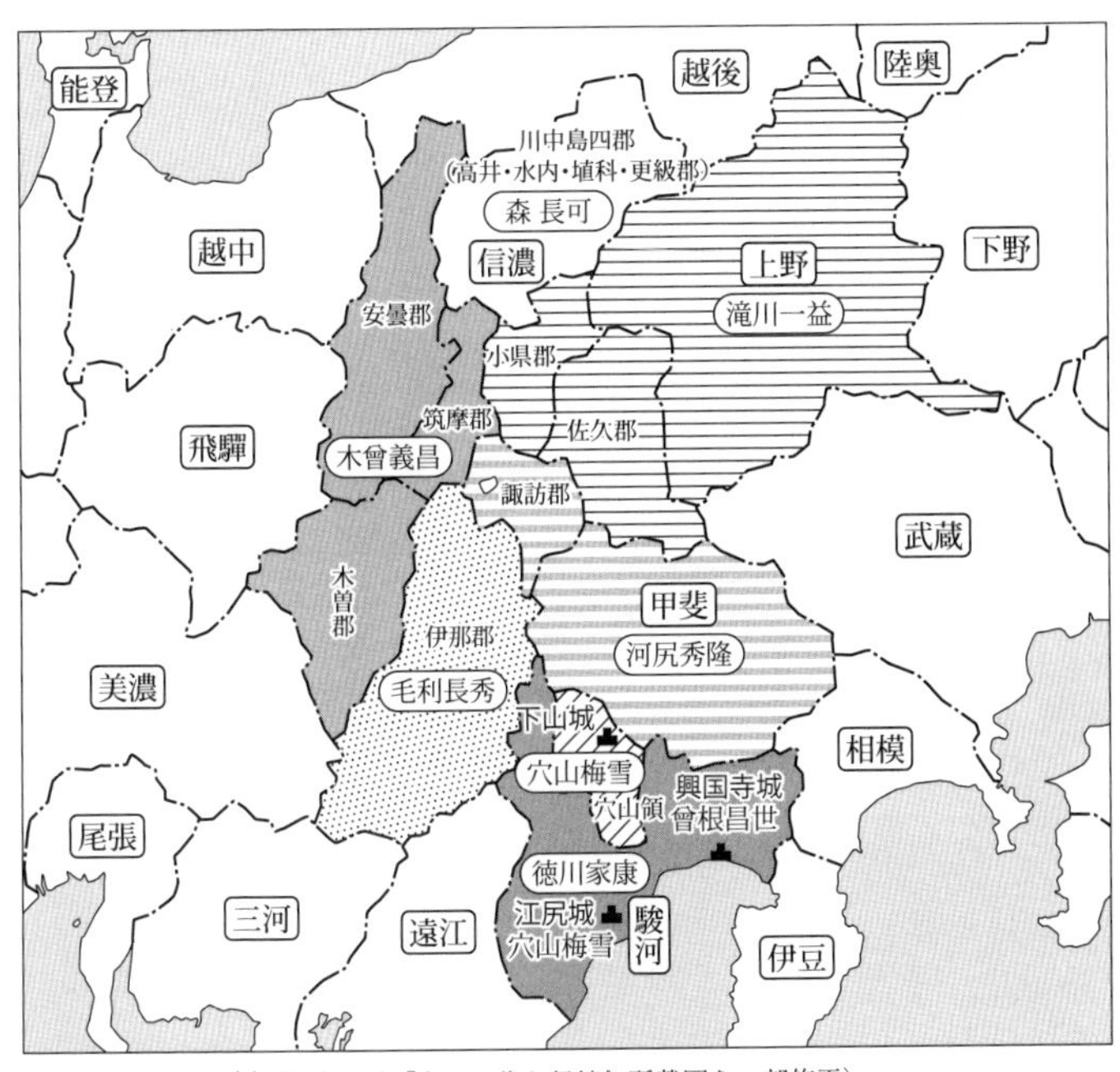

旧武田領国の国割（丸島和洋『真田四代と信繁』所載図を一部修正）

（『家忠日記』）。二十九日、用宗城は開城（『家忠日記』）、また久能城（静岡県静岡市）なども程なく攻落された。

同じ二十九日、この頃密かに織田方に通じ、武田氏から離叛する意思を示していた江尻城（静岡県静岡市清水区）の穴山信君（この頃は出家して「梅雪斎不白」を称していたが、以下「信君」とする）は、家康へ「味方」になるとの意向を示し、織田信長の政治的・軍事的保護を求めてきた（「芦沢家文書」）。これを受けて三月二日、家康はこの件の信長への取り成しを信君に約諾し（『記録御用所本古文書』）、四日になって信君は、家康のもとを訪れ、織田権力への従属の意思を示している（『家忠日記』）。穴山武田氏は武田一門衆にあったが、その一方で、駿河国と接する甲斐国巨摩郡南部を中心とした河内地域（河内領）を統治する国衆でもあった。その信君は、武田氏の駿河領国化によって駿河国庵原郡へと勢力を拡大し、長篠合戦の後には駿河江尻城の城代を務めていた。しかしいま、武田方の劣勢を前に、政治的・軍事的保護を得るのは難しいと判断、信君は国衆の当主として、領国「平和」を維持するために離叛したのであった。信君の離叛は、領国「平和」のため、つねに最良の選択を迫られる戦国大名と従属国衆の間につきまとう政治関係から生じるものだったのである。

この後、信君を従えた家康は、駿府に宿老の酒井忠次らを据えた後、北上して甲斐国へ進軍した（『家忠日記』）。また相模北条氏も、同時期に駿河国駿東郡へ出陣し、同郡の武田方諸城を制圧した（「湯浅文書」）。

ところで、信濃国諏訪（長野県諏訪市）へ出陣していた武田勝頼は、穴山信君の離叛もあり、本城の甲斐新府城（山梨県韮崎市）へ撤退した（「宇野文書」）。信濃国では、勝頼庶弟の仁科信盛が守る信濃高遠城（長野県伊那市）を除き、織田勢の攻勢になすすべもなく、ますます織田勢は勢いを増すばかりであったところ、三月二日、その信盛が戦死、高遠城も落城した（「立入文書」）。それを受けて勝頼は、三月三日、未完成であった新府城で織田勢を迎え撃つことを諦め、同城に火を掛け、態勢を立て直すべく東端の都留郡へ向かう（『信長公記』）。だが、武田氏の「譜代家老衆」であった同郡の国衆小山田信茂は離叛し、郡内岩殿城（山梨県大月市）には迎えなかったため、勝頼一行は追われ、田野（山梨県甲州市）へ辿り着いた。そして、三月十一日、織田方先勢の宿老滝川一益隊の攻撃を受け、勝頼・信勝父子と近臣は討たれた（『信長公記』）。ここに、戦国大名武田氏は滅亡した。惣「国家」内部の崩壊に加え、織田勢の圧倒的な攻勢に、わずか四〇日ももたなかった最期であった。

三月五日に近江安土城（滋賀県近江八幡市）を発した信長は、信濃国内の進軍途上、勝頼・信勝父子らの首が届いたことで武田氏滅亡を知り、十九日には諏訪の法華寺に入った。同地で、信長は木曾義昌や穴山信君らの従属を確認するとともに、すでに織田権力に従属していた相模北条氏からの使者を受けている（『信長公記』）。また、武田氏滅亡を受け、すでに織田権力と従属外交にあった関東と奥羽（東北地方）の大名や国衆にも、織田権力の政治的・軍事的な統制のもとで活動していくことが求められた。これにより、関東・奥羽地方で織田権力に敵対する勢力は越後上杉氏のみとなった。そして、「東国御一統」といわれる事態が繰り広げられていくことになる（「坂田文書」）。

ここで、信長による天下一統事業について見ておこう。

戦国時代の「日本国」は、天下と各地方の地域「国家」群で構成された重層的複合国家であった(一五頁)。信長というと、一般には「天下布武」に示される、武力による国内統一をイメージされることが多い。そしてこの信長像のもとでは、戦国時代の重層的複合国家としての「日本国」は否定され、国内が一元化された状況の「日本国」が描かれる。

しかし、実際に信長が進めた天下一統事業とは、戦国大名や国衆の領国自治を否定することはなく、むしろそれを前提として、天下=中央が諸地域「国家」を政治的・軍事的な統制と従属関係のもとに統合することであった。それは、織田権力の天下のもとに築かれた惣「国家」(統合圏)に諸地域「国家」を取り込むような、現代の企業にたとえるなら、グループの子会社化であったとイメージしてもらえればよい。つまり、信長は戦国時代の「日本国」の構造はそのままに、織田権力の天下のもと、グループ化することで国内統合を進め、「日本国」国内の「平和」(安泰状況)を築こうとしたのである。よく信長は、既存の秩序の破壊者と評価されがちである。しかし、実際の信長は逆で、同時代の政治・社会秩序の保障者であった。彼が進めた天下一統も、これに当てはまる。そしていま、関東・奥羽地方は織田権力のもとに統合された「東国御一統」という状況へと進んでいるのである。

さて、信長は三月二十九日、旧武田領国の国割(くにわり)を実施した(『信長公記』)。それにより、家康は遠江・三河二ヵ国に加えて、駿河国(ただし、穴山武田氏の江尻領などは除く)を領国に編成した。徳川氏は駿河・遠江・三河三ヵ国を領有する大名権力へと発展を遂げたのである。

それは、長年にわたる武田氏との戦争が終結した証であり、同時に、織田・武田両氏の狭間にあった「境目の大名」から自らを「解放」したことへの褒賞でもあった。

本能寺の変

旧武田領国の国割により、家康は駿河・遠江・三河三ヵ国の大名となった。ただし、徳川氏は、あくまで織田権力による政治的・軍事的保護の傘下にあった。一般に、信長と家康は、同盟の締結以来、その関係性が変化なく維持され続けた希有な例としてとらえられている。しかし、実際には、徳川氏が甲斐武田氏との対立や戦争に向き合うなかで、織田権力を政治的・軍事的保護を得る上位権力とし、従属の度合いを深めていったという関係であった。つまり、家康は信長に従う臣下としてあったのである。その典型的な事柄が、天正十年（一五八二）三月二十九日の旧武田領国の国割である。徳川氏は、甲斐・信濃・上野三ヵ国に配置された織田家臣の滝川一益や河尻秀隆、森長可（ながよし）と同様、信長から駿河国を与えられている。このことから、家康の政治的立場が理解されよう。

家康の立場は、信長と家康の間で交わされた書状の書札礼（しょさつれい）（手紙の作法）にも表われている。織田権力への従属が深化すると、家康は直接、信長に宛てて書状を出すことができなくなっていく。そして、担当取次（とりつぎ）（担当者）の近臣西尾吉次（よしつぐ）を宛て先として、信長に意向を尋ね、また意思を伝える立場になった（「古典籍展観会出陳文書」）。これとは逆に、信長の家康宛ての書札礼は、例えば、書止（かきとめ）文言が「恐々謹言（きょうきょうきんげん）」から「謹言」へという、下位者宛ての言い回しに変わっている。

ただし、その書札礼は織田権力内で見ると、嫡男の信忠ら一門衆と同等にある。徳川氏は信長の娘岡崎殿（五徳）を嫁された親類であったことから、織田権力内では親類大名として扱われたのであろう。この頃の徳川氏は織田親類大名としての立場にもあった。

国割を終えた信長は、甲斐国甲府（山梨県甲府市）に移り、仕置（しおき）（統治処理）を見届けた後、四月十日、東海道から帰路につく。その時、家康は家臣に命じ、領国内の街道・橋梁の整備を行っている（『信長公記』）。織田権力では、地域が領国に併呑された際、その帰属と領国「平和」の状況を表わすために、街道・橋梁の整備を実施した。家康も従属する親類大名として、天下人信長の帰還にあたり、同事業に従事したのであった。ここにも、この時の徳川氏の政治的立場がうかがえる。

四月二十一日、信長が近江安土城に帰還すると、五月十一日、家康は穴山信君とともに、織田権力の天下一統のもと、領国が保護されていることに対する「御礼」のため、安土城に向けて出発した（『信長公記』）。この時、家康に随行（ずいこう）した家臣には、酒井忠次・石川数正の重

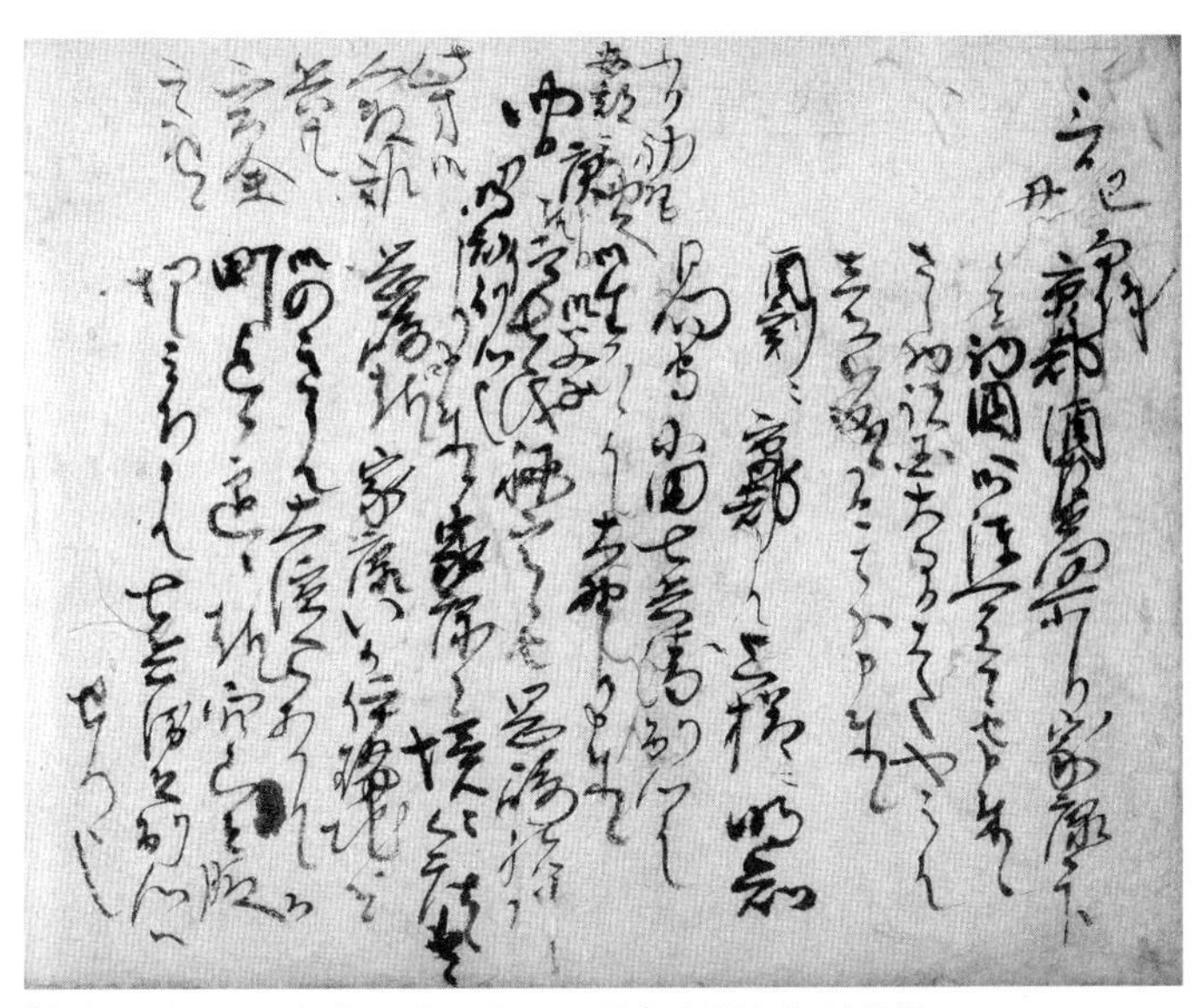

『家忠日記』天正10年（1582）6月3～4日条（駒澤大学図書館蔵）
本能寺の変後、不穏な情勢のなか、家康が「伊賀超え」により三河国へ帰還したことがみえる。

臣のほか、本多忠勝・榊原康政・井伊直政ら近臣の姿も見られる（『石川忠総留書』）。十五日、安土に到着した家康一行には、滞在中、信長自らの丁重な持てなしがなされる歓待ぶりで、そのことは、国元にも伝わっている（『家忠日記』）。その後、家康一行は信長の勧めもあり、二十一日に上洛し、京都・大坂（大阪府大阪市）・奈良（奈良県奈良市）・和泉国堺（大阪府堺市）などの畿内を見物、六月二日には堺にいた。そして、ここで「本能寺の変」の報に接することとなる（『信長公記』ほか）。

　本能寺の変は、天正十年六月二

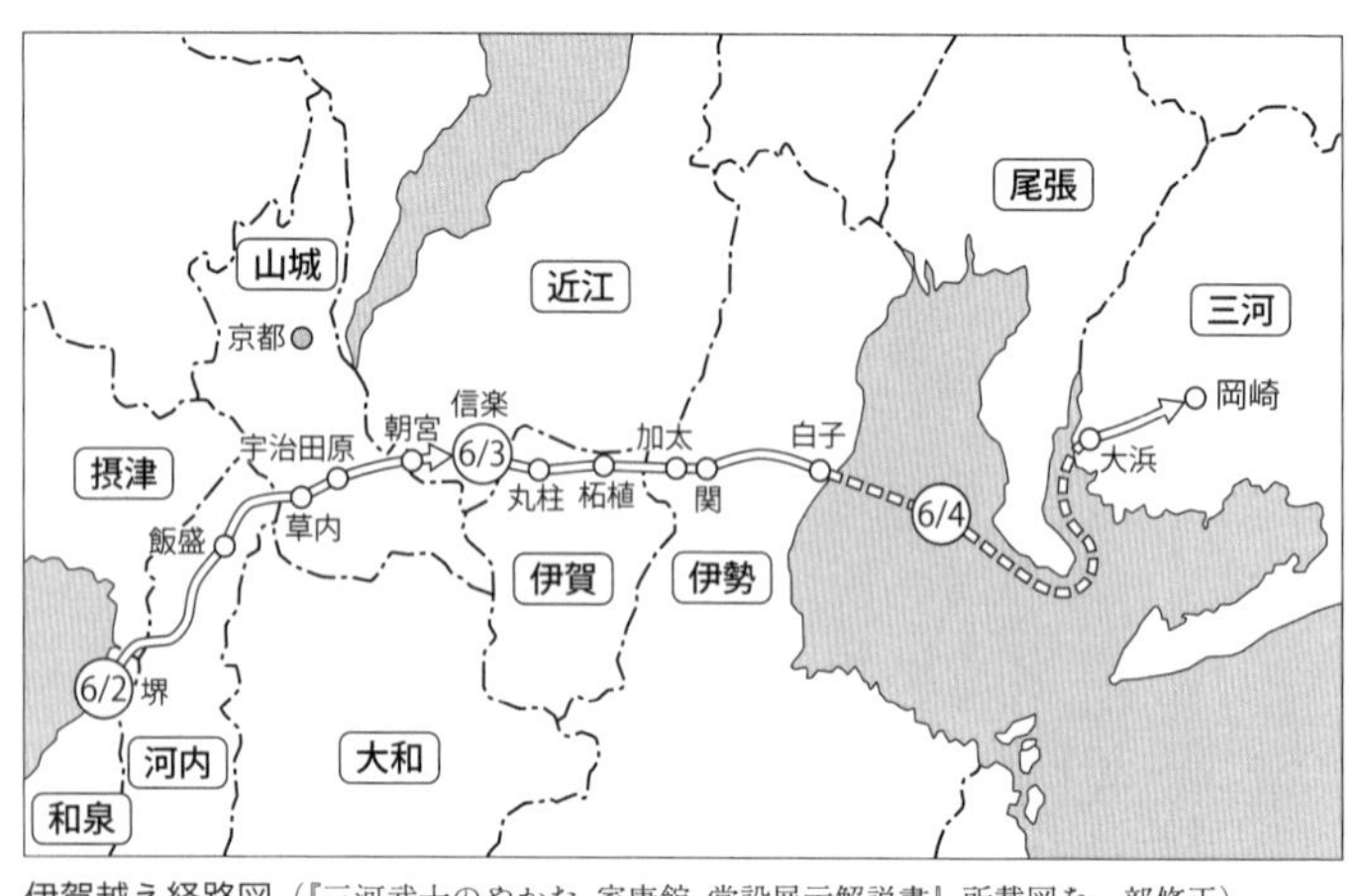

伊賀越え経路図（『三河武士のやかた 家康館 常設展示解説書』所載図を一部修正）

日の早朝、天下人織田信長の宿所である山城本能寺（京都府京都市下京区）を重臣の惟任（これとう）（明智）光秀が強襲した政変（クーデター）である。この強襲により信長は自害、さらにこの時、上京していた嫡男で織田家当主の信忠らも二条御所（京都府京都市中京区）での戦いで、惟任（明智）勢に討ち果たされた。この政変の背景には、光秀の動機も含めて諸説あるが、信長など織田権力の中枢と、惟任（明智）光秀との政治運営をめぐる対立があったことだけは間違いない。そして、天下人信長とその後継者信忠がともに討たれたことは、織田権力のもとで天下一統が進んでいた政情に大きな影響を与えていく。

　この日、家康一行は堺より上洛する予定であった。そこで、近臣の本多忠勝を先に使者とし京都へ遣わしたところ、忠勝は道中にて商人の茶屋四郎次郎に会い、変事を知らされたという。そして忠勝は、茶屋四郎次郎を伴って引き返し、堺を出立したばかりの家康一行に報告した（『石川忠総留書』）。この変事を知った家康は上洛を取りやめ、伊賀路からの帰国を試みる。のちに家康の「三大危機」に数えられる「伊賀越え」が始まったのだ。

その道程を記した諸書によると、六月二日に山城国宇治田原（京都府宇治田原町）に着き、翌日の三日には南近江路を通り、近江国信楽（滋賀県甲賀市）に至る。そして四日、同地から多羅尾光俊ら甲賀（同前）・伊賀（三重県北西部）の国衆を味方につけて、伊賀・伊勢路を経て、伊勢国白子（三重県鈴鹿市）より船路にて三河国大浜へ出て、岡崎城に帰還するというものであった（『石川忠総留書』ほか）。この道中に、家康は率いていた兵のうち二〇〇人余を討たれたという（『家忠日記』）。また、家康一行とは別に帰国を試みた穴山信君は、宇治田原で地域住人の「一揆」により討たれた（『信長公記』）。信君が家康一行と行動をともにしなかったことについて、『三河物語』は家康を疑ったためとする。だが、もともと信君は家康の家臣ではなく、独立した織田権力従属下の国衆である。したがって、独自の判断のもとに行動した結果が、この事態を招いたのであろう。

こうして家康は、本能寺の変によって蒙った危機を辛くも乗り切り、何とか帰国を果たしたのである。

天正壬午の乱

帰国を果たした家康は、織田信長の弔い合戦として、この時、尾張清須城に逃れていた信長孫の三法師（のちの織田秀信）を擁して、惟任（明智）光秀を討つべく出陣の準備を開始する（『家忠日記』『譜牒余禄』）。そして、天正十年六月十四日、尾張国鳴海へ出陣した（「大阪城天守閣所蔵文書」）。

その一方で、穴山武田領国では当主の信君が頓死したものの、後継の勝千代はまだ幼少（十一歳）ということもあり、家康は六月六日、武田旧臣の岡部正綱を穴山武田領国内の甲斐国河内領の本拠下山（山梨県身延町）へ派遣し、同領の守衛のために菅沼城（同前）の普請を命じた（『寛永諸家系図伝』）。これにより、穴山武田氏は徳川氏の政治的・軍事的保護（従属）下に置かれることとなった。

また、本能寺の変を受けて、甲斐国では諸士による一揆が蜂起していた。そこで、家康は甲斐国にあった織田家重臣の河尻秀隆のもとへ本多忠政（江戸時代の諸系譜では、実名を「信俊」とするが、発給文書より「忠政」と確認される）を派遣し、事態の解決にあたらせた。ところが秀隆は、事態収拾のために帰国を勧める忠政の真意を疑い、六月十四日に忠政を殺害してしまう。これを知った一揆勢は十五日、秀隆を攻撃して討った（『三河物語』『当代記』ほか）。家康は、甲斐国内のこの事態に重臣の大須賀康高と武田旧臣の岡部正綱・曾禰昌世の軍勢を派遣し、諸士を味方につけてから、平定を進めている。

信濃国でも本能寺の変を受け、森長可ら織田勢は撤退に追い込まれていた。この政情により、越後上杉勢が北信地方の川中島四郡（長野県長野市を中心とした地域）に侵攻した。一方、信濃守護小笠原氏後裔の小笠原貞慶は旧領国であった信濃国深志領（長野県松本市を中心とした地域）の奪還を試みる。そして貞慶は、徳川家宿老の石川数正に取り成しを頼み、家康の援助を得たのち、奪還を果たす（「三村文書」）。また家康は、武田旧臣の依田信蕃に甲斐国で諸士を糾合させ、六月二十日頃、佐久郡を押さえるために、信蕃を小諸（長野県小諸市）に入れている（『依田記』）。だが同郡には、本能寺の変後、織田権力への敵対を示した相模北条氏が、上野国（群馬県）にあった織田家宿老の滝川一益を神流川合戦で破り、侵攻する。いままさに、旧武田領国の領有をめぐる戦争「天正壬午の乱」が始まろうとしていた。

こうしたなか、六月十二日、山城・摂津両国の境目にあたる山崎（京都府大山崎町）で、惟任光秀の軍勢は織田信孝（信長の三男）を主将とした諸将の軍勢と戦って敗れる。この山崎合戦の報は、十五日には鳴海にあった家康のもとにも伝わり、十七日、徳川軍は津島（愛知県津島市）まで進軍している。しかしこの進軍に対し、織田家宿老の羽柴秀吉は中央政情記』)。

帰陣した家康は、織田権力に旧武田領国の平定の了承を取りつけ(「大阪城天守閣所蔵文書」)、七月三日、甲斐国への侵攻を開始する(『記録御用所本古文書』)。甲斐国に入った家康は、徳川氏へ従った武田旧臣に対し、「福徳」朱印状をもって、所領の保証と給与を積極的に進めていく。家康はこの事業に、阿部正勝(まさかつ)・井伊直政・大久保忠泰(ただやす)(のちの忠隣(ただちか))・岡部正綱・内藤信成(のぶなり)・竹谷(たけのや)松平清宗(きよむね)・山本成氏(なりうじ)ら家臣を従事させ、「福徳」朱印状の奉者として立てた。また、信濃国には伊那郡の国衆下条頼安(しもじょうよりやす)と知久頼氏(ちくよりうじ)を擁立し、同郡を押さえた。そして、宿老酒井忠次に同国の統治を委ねることを約束して、攻略にあたらせる(「致道博物館所蔵文書」)。しかし忠次は、すでに相模北条氏に従属していた諏訪郡の国衆諏方頼忠(すわよりただ)の誘引に失敗、高島城(長野県諏訪市)での攻防戦を引き起こしてしまう(『家忠日記』)。

この頃、相模北条氏直(うじなお)は上野国の大半を平定、六月十二日に信濃国へ侵攻する。そして、氏直は佐久郡・小県(ちいさがた)郡の真田昌幸ら国衆を従え(『甲斐国志』)、川中島四郡の攻略を目指し、越後上杉氏と対峙した。だが戦果を得られず、北条勢は方針を変更して南下し、信濃国の徳川方の攻略と甲斐国の領有を目指すこととなる。ここに、天正壬午の乱は徳川・北条両氏の対戦へと至った。

八月六日、北条氏直は諏訪高島城の攻略中であった徳川勢を追撃して、甲斐国へ進軍する（『家忠日記』）。翌日の七日、北条勢は若神子（山梨県北杜市）に着陣した（「佐野正司氏所蔵文書」）。これを受けて家康は八日、甲府より新府城に陣を移した（『家忠日記』）。徳川方で深溝松平家忠の『家忠日記』によると、この時の両軍の軍勢は、二万人余の北条勢に対して、徳川勢は二〇〇〇人余であったという。そして十二日、甲斐国都留郡を押さえて進軍する北条一門衆の北条氏忠の軍勢を、重臣鳥居元忠らは黒駒（山梨県笛吹市）で迎撃し、敵勢三〇〇人余を討ち取っている（『家忠日記』）。その後、徳川氏は軍勢の数も少ない状況のなか、北条勢と新府・若神子間にて対峙を続けた。

相模北条勢との対戦は、両領国の境目である駿河・伊豆国境地域でも行われた。この時、駿河三枚橋城（静岡県沼津市）に配置されていた松井松平忠次は、駿東郡と富士郡東部地域（潤井川以東地域、静岡県裾野市・沼津市・富士市東部など）からなる河東二郡の守衛に努め、北条勢と対戦を繰り返したという（『石川正西見聞集』ほか）。また、徳川家奉行人本多重次のもとで、向井政綱ら海賊衆（水軍）が北条方の伊豆網代城（静岡県熱海市）を攻略している（『譜牒余録』）。そして、八月二十六日には、織田家当主の三法師の後見人であった織田信孝が、信濃国衆の木曾義昌に政治的・軍事的保護を約束することで、木曾勢の三枚橋城への出勢を指示し、織田勢も出勢の意向を伝えた（『木曾考』）。

信濃国は、相模北条氏の優勢な状況であったが、信濃国佐久郡では依田信蕃が孤軍奮闘を続けていた。しかし、八月下旬になると木曾義昌が徳川氏へ従属し（『古今消息集』）、九月になると、越後上杉氏との軍事協定が結ばれたうえ（「屋代文書」）、小県郡の国衆真田昌幸も従属する（「矢沢文書」）。これにより、徳川氏は戦況を好転させた。

　また、この戦争は甲斐・信濃両国に止まらず、家康は下野（しもつけ）国衆の皆川広照（みながわひろてる）や下総（しもうさ）国衆の水谷正村（みずのやまさむら）を通じて、相模北条氏と対立する常陸佐竹氏・下野宇都宮氏・下総結城氏ら北関東の大名・国衆と外交を展開、対北条氏戦にあたっていた。そして、徳川氏の援兵として、織田権力からも北条氏討伐の出勢が行われようとしていた（「小田部庄右衛門氏所蔵文書」）。だが、政治的中核を失っていた織田権力は、北畠信雄（きたばたけのぶかつ）（信長二男。伊勢北畠氏の養子となり、この時は当主）・織田信孝兄弟や羽柴秀吉・柴田勝家ら宿老間の対立とそれに伴う内紛（「上方（かみがた）忩劇」）に追われたため出勢できず、信雄・信孝兄弟は家康に北条氏との和睦を要請する。

　これを受けて、家康は北条氏と和睦交渉を進める。そして、十月二十九日に両者の和睦はなり、天正壬午の乱は終結した（『家忠日記』）。

五ヵ国領有と領国化の展開

天正十年（一五八二）十月、徳川・北条両氏の和睦により天正壬午の乱は終結したが、和睦締結に際し、両者は姻戚関係の約諾と国分協定（領土協定）を取り結んだ。この協定により、北条氏の勢力下にあった甲斐国都留郡と信濃国佐久郡、徳川氏の従属下にあった信濃国衆真田氏の上野国沼田・吾妻（あがつま）両領（群馬県沼田市などの北部地域）の交換が決められ（『家忠日記』）、徳川氏は甲斐・信濃両国を獲得することとなった。ただし、信濃国川中島四郡は、越後上杉景勝の領国（物「国家」）であった。また、その統治の実現は、この国分協定を前提にした各々の「自力」（自己解決）に委ねられていた。

ここに徳川氏は、三河・遠江・駿河・甲斐・信濃の五ヵ国を領国（物「国家」）とする大名になった。そして、領国境目に位置する駿河国河東二郡、甲斐国都留郡（郡内領）と新たに領国に併呑された甲斐国国中（くになか）領域で、統治の整備が進められた。

その一方で、従属国衆の領国ではこれまでと同じように、独自の自治運営が進められた。以下、その様相を個々に見ていこう。

①　駿河国河東二郡

駿河国河東二郡は、駿東郡と富士郡東部地域からなる「駿豆之境」（駿河・伊豆両国の境界）にある領域として、室町時代より関東への政治的・軍事的戦略拠点であり、交通・流通の要

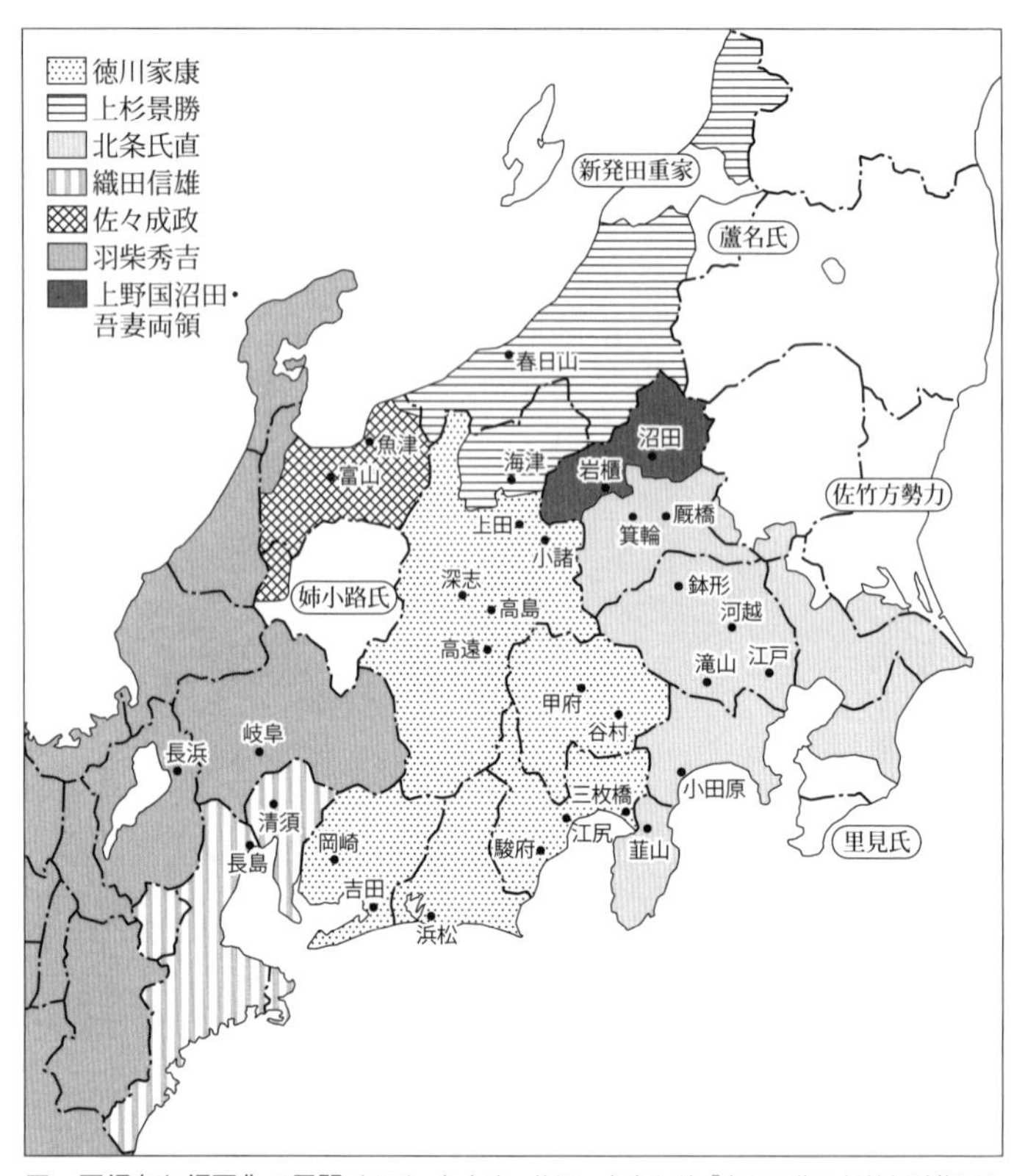

五ヵ国領有と領国化の展開（天正11年末時の状況。丸島和洋『真田四代と信繁』所載図を一部修正・加筆）

所でもあった。戦国時代は国衆葛山氏の領国であり、駿河今川・甲斐武田・相模北条の三氏がその帰属をめぐり、争いを繰り広げた。その後、武田領国下では葛山領国を収公のうえ、駿東郡司（駿河興国寺城代）曾禰昌世の管轄地域となっている。このように、この領域は駿河国内でも独自の地理的・歴史的営みを持つ地域であった。そして武田氏滅亡後は、徳川氏が駿河国を領有したことにより、松井松平忠次が三枚橋城に入る。

松井松平忠次は、もともとは東条松平氏（当初は青野松平氏。家康の高祖父長忠の子義春を祖とする家）に仕え、妹が当主家忠の母であった関係から、その名代（後見役）にあった。家忠が天正九年（一五八一）十一月一日に死去すると、東条松平家を継いだ家康の四男次（のちに福松に改名、のちの松平忠吉）の後見を務めた（「松井文書」）。その一方、徳川領国の東端にあった遠江牧野城の城番（守衛役）として領国「平和」の維持に努めた功績を持つ武将であった（八九頁）。家康は、忠次のこの功績を活かして、三枚橋城に配置した。

ただし、駿河興国寺城（静岡県沼津市）の城主には、武田旧臣の曾禰昌世が織田信長へ内通したため、引き続き、その立場を認められた（『甲陽軍鑑』）。そして、その管轄領域（興国寺領）は、徳川氏の支配が及ぶ対象外域であったようである。

ところが、天正壬午の乱後、程なくして曾禰昌世が徳川家を出奔（その要因は不明。のちに陸奥蒲生家の家臣となる）、これによって、天正十一年（一五八三）二月、河東二郡の領域支配は、河東二郡郡代として、松井松平忠次があたることとなった（「松井文書」）。その支配のありようを、同年六月十七日の忠次の死去を受けて、後を継いだ康重（やすしげ）（初名は康次）の活動も含めて見ると、同領域内の徳川氏直轄領の運営と家屋に賦課される棟別役（むねべち）などの国役（公税）の徴収にあたっていたことが確認される。こうした業務にあたる城主は、戦国大名研究のなかで「城代（じょうだい）」と位置づけられる。これに従えば、松井松平氏は三枚橋城の城代として位置づけられる。

その一方、天正十年（一五八二）十二月から興国寺領は改替（かいたい）（再設定）が進められ（「渡辺文書」『巨摩郡古文書』）、この過程で興国寺城には竹谷松平清宗、長久保（ながくぼ）城（静岡県長泉町）には牧野康成（やすなり）が配置された。彼らは同領域の防衛・治安維持を任され、松井松平氏に見られるような業務には携わっていない。彼らのような管轄城の武将を統率し、管轄城や地域の防衛・治安維持を任される存在は「城将（じょうしょう）」にあたる。

このように、徳川氏の河東二郡支配は、これまで同領域が経てきた独自の地理的・歴史的営みを前提に構築された。そして、領域支配の業務を掌る河東二郡郡代（三枚橋城代）の松井松平氏と同領域の防衛・治安維持を任された興国寺城将の松平清宗、長久保城将の牧野康成のもとで運営されていったのであった。

②　甲斐国都留郡（郡内領）

甲斐国都留郡は、武田領国下ではその大半が「譜代家老衆」であった国衆小山田氏の統治する郡内領としてあり、自律的な領域支配がなされていた。天正壬午の乱の後、徳川領国に併呑されると同郡は、駿河河東二郡領域と同様、相模北条領国と接する境目領域となった。その郡内領に配置されたのが、鳥居元忠である。

鳥居氏は松平清康以降の譜代家臣（「岡崎譜代」）で、元忠は家康の幼少期より仕えてきた重臣であった。家康は元忠を信頼し、郡内領の支配を委ねたのである。元忠が任された郡内領とは、その活動範囲から見て、北都留郡域や西海周辺地域を除いた、谷村（やむら）（山梨県都留市）を本拠とする領域である。これは、現在の都留市周辺に相当し、かつての小山田領国にあたる。

元忠は、郡内領における行政・軍事支配のほぼ全権を委ねられ、自身の判断による自律的な支配を行う立場にあった。このことを示すかのように、元忠は自身が統治する郡内領を「当方分国（とうほうぶんこく）」という、独自の政治領域（領国、すなわち「国家」）として位置づけていた（「富士御室浅間神社文書」）。これを現代の企業でたとえると、家康は元忠に支店を設立させ、その経営は、支店長である元忠にほぼすべて委ねたということである。要するに、郡内領の境目という地理的状況と、かつて国衆領国としてあったという歴史的展開をふまえた統治形態であった。こうした元忠のような存在は、戦国大名研究のなかで「支城領主」と位置づけられている。甲斐国郡内領の支配は、支城領主の鳥居元忠のもとに「支城領国」として運営されていたのであった。

③ 甲斐国国中領

甲斐国国中領とは、山梨・巨摩・八代(やつしろ)三郡にわたる甲府盆地一帯で構成された領域をいう。ここには、戦国大名武田氏に直接支配されていた領域という歴史的前提があった。

天正十年（一五八二）十月二十九日、天正壬午の乱を終息させた家康は、十一月から十二月にかけて、甲斐国の諸士への所領の保証と給与に「福徳」朱印状を発給した。これは、乱中すでに出されていた保証・給与の証状（一一四頁）の整理と確定のためであった。実は、乱中に行われた所領の保証と給与は、彼らを味方につけるため、彼らからの申し出に沿って進められたものだった。このため、甲斐国の領有が徳川氏に帰したいま、その整理と実情に基づく確定が必要となり、改めて執り行われたのである。それを示すように、乱中の保証と給与の証状は「折紙(おりがみ)」という、料紙(りょうし)を横半分に折ったかたちで出された。この形式は書状などでは略式として用いられ、この場合もとりあえずの措置というニュアンスが強い。これに対して、乱後の保証と給与の証状は「竪紙(たてがみ)」という規格の料紙一枚をそのまま用いたもので、前者よりも保証の確実性が上がる。また、乱中とは異なり、奉者（仲介・担当者）も、諸士を率いる寄親に位置づけられた井伊直政、芝田康忠と吏僚家臣の本多正信、高木広次（一般的には「広正」の名で知られるが、同時代史料では「広次」と見える）、成瀬正一、日下部定吉に限られていったことも、特徴としてあげられる。このように、家康はまず乱後の処理として、甲斐諸士の所領の保証と給与の確定を進めたのであった。

そのうえで、翌年の天正十一年（一五八三）閏正月と三月に、あらためて徳川家直属（旗本）となった甲斐諸士へ所領の保証を、四月には国内寺社領の保証を実施している。この際に出された「福徳」朱印状は、奉者名は記されず、家康からの直接的な認可状（直状）の形式をとり、竪紙で出された。これにより、家康は徳川家とこれらの直属となった諸士と国内寺社との関係を明示したようである。

そして、注目したいのは、諸士に所領の保証と給与の証状が出された地域が、国中領に集中しているという事実である。甲斐国は国中領、鳥居元忠に委ねられた郡内領、そして従属国衆の穴山武田氏の河内領によって構成されていた。このうち、郡内・河内両領は、それぞれ支城領主の鳥居元忠、従属国衆の穴山武田氏の自治領域であった。したがって、徳川氏が直接支配する領域として編成されたのは、国中領である。つまり、この所領の保証と給与の証状は、徳川氏によって、甲斐国の統治の状況に基づき発給されたものであった。このように、家康は国中領を直接支配する領域として整備していったのである。これは、この領域が戦国大名武田氏の直接支配領域としてあった、その歴史的前提をふまえての統治のあり方であった。

次に、国中領の支配実務を見てみよう。同領の軍事は、甲府に配置された譜代重臣の平岩親吉と武田旧臣の岡部正綱（ただし、天正十一年十一月八日に死去、その後は後継の康綱が継承か）の二人が担ったことが、彼らの活動の足跡から見える。一方、同領の所領配置、国役（公税）の賦課・徴収、裁判の判決は、まずは家康の吏僚家臣で国中領の担当とされた成瀬正一・日下部定吉から意向が示され、その意向に基づき、現地で実務に従事した市川家光・桜井信忠・石原昌明・工藤喜盛など旧武田氏の吏僚家臣（甲斐四奉行）が遂行を任された。このほか、蔵米衆が直轄地からの年貢徴収や代官・地頭（給人）からの役税の徴収にあたった。このように軍事・内政、また内政のなかでも担当の分担がなされ、それぞれ家康と直結するシステムが確立されていた。実は、このシステムこそすでに武田氏のもとでとられていた統治形態であり、家康は国中領支配にそのシステムを再現し、同領の支配を進めたというわけである。ここにも、前代の統治手法を活かし、地域支配を進めていく大名徳川氏の姿が見られる。

④　奥平領国・穴山武田領国・信濃国

徳川領国下で自律的な国衆領国だったのが、奥平領国、穴山武田領国と信濃国である。

奥平領国は、長篠合戦の後に奥平定能・信昌父子が織田・徳川両勢の援護のもと、甲斐武田方にあった田峯菅沼氏・長篠菅沼氏・奥平定勝（定能の父）の山家三方衆を追い、三河国設楽郡を中心とした各領域を接収、構成された領域である。天正四年（一五七六）には、三河国新城（愛知県新城市）に城を築いて移転し、同年七月には遅れていた信昌と家康長女の亀姫との婚儀が織田信長の勧めでなされたという（『寛政重修諸家譜』ほか）。この頃から、信昌が家督を継承したと思われ、領国「平和」の維持のため、徳川氏の戦争に従事していく。その一方で、同領国内の統治は奥平氏による自治が保たれ、徳川氏による同地域への文書発給の形跡が見られないなど、直接の関わりは確認されない。この状況は、徳川氏の関東移封まで続く。

穴山武田領国は、本領である甲斐河内領と穴山信君以来の駿河国江尻領で構成された、従属国衆の穴山武田氏が統治する領域である。信君の死後、徳川氏の政治的・軍事的保護のもと、幼少の勝千代が後継の当主として江尻城にあった。同領国で勝千代は、重臣の有泉昌輔・芦沢君次・穂坂君吉・佐野君弘による補佐のもと、父信君の時の権益保証や施策を引き継ぐことで支配を進めた。その遂行にあたり、徳川氏からの指示あるいは同領国への文書発給などの関与は確認されない。このことから、同領国では、穴山武田氏による自治運営が進められていたことがわかる。だが、天正十五年（一五八七）六月七日、勝千代は十六歳にして死去してしまう（「松源院殿一周忌香語」）。これに伴い当主には、穴山信君養女で家康の側室於都摩（下山殿）との間に生まれた五男の満（万）千代（のちの武田信吉）が迎えられる。その際、穴山武田家の相続を認められた代わりとして、江尻領が徳川氏に収公されたが、その後も甲斐河内領は自治運営を認められ、関東移封を迎えている。

信濃国では、天正壬午の乱の最中、家康が同国の国衆らを味方に引き入れるべく、甲斐国中領とは異なり、ほぼ郡規模の所領保証を行い、自治運営を認めていた。そして、乱後は相模北条氏との国分協定による信濃国の領有が認められたことを根拠にして、北条方の国衆を従えていく。その一方、従順しない国衆について、家康は佐久・小県両郡を中心に制圧を進めていく。こうしたなか、佐久郡では天正十一年（一五八三）二月二十二日に、岩尾城（長野県佐久市）の攻略に努めていた依田信蕃が戦死している（『依田記』）。その後、同年四月、従属して程ない小県郡の国衆真田昌幸、伊那郡の国衆保科正直のほか、北条方にあった諏訪郡の国衆諏方頼忠、乱の途中より北条氏に従属した小笠原貞慶らが、甲斐国甲府に滞在していた家康のもとへ出仕した（『当代記』）。このように、信濃の従属国衆は徳川氏の政治的・軍事的統制と従属関係のもとに、表面上はまとまる状況に見えた。だが現実は、信濃制圧のなかで越後上杉氏との緊張関係が生じ、また真田氏との間には、国分協定での取り決めにより、北条氏へ割譲することとなっていた上野国沼田・吾妻両領の処理が残されていた。さらには、よりよい存立の条件を求める国衆の動きが火種となり、徳川氏の信濃国領有の不安定さを露呈していく。

このように、徳川領国はおしなべて均質にあったのでなく、それぞれの領域が持つ地域的・歴史的営みに規定され、そうした複合構造を前提とした惣「国家」のもとで運営されていた。この領国構造の積み上げ方は、大名権力として、地域社会と対峙するにあたり、最良の統治を志向した結果、選択された運営手法だった。天正壬午の乱の後に起こった急速な領国拡大は、徳川氏を一躍、有力大名権力にのし上げていった。しかし、その一方で、信濃国では国衆が火種を燻らせ、それが家康の動向にも影響を及ぼしていく。

「関東惣無事」と遠相同盟

天正壬午の乱は旧武田領国内の戦争にとどまらず、家康と、反北条勢力で常陸佐竹氏を中心とした北関東の大名・国衆との外交にも影響を及ぼした。このため乱の終結後、家康は彼らから、いかにして相模北条氏との対立を鎮めさせるか、対処を求められる。そして、家康が出した指示は、織田信長の生前時のように、互いの対立を止め、「惣無事（そうぶじ）」に努めることだった（『譜牒余録』）。

「無事」とは和平を示し（『邦訳日葡辞書』）、「惣無事」は広域的な和平秩序を意味した。信長は天下一統を進めるなかで、諸大名・国衆へ天下＝中央への政治的・軍事的な統制と従属関係を強い、彼らに対して、それまでのような独自の判断で対処すること（自力行為）を取り締まったのである。これが、甲斐武田氏の滅亡後、織田政権による「東国御一統」における、関東・南奥羽の政情の実態であった（一〇六頁）。

この事態は、関東・奥羽大名や国衆に「窮屈」感を与えたが（『秋田藩家蔵文書』）、彼らは織田権力の強いるこの秩序に応じていく。ところが、本能寺の変とその後の混乱により、その状態は中断され、状況は天正壬午の乱へと至る。さらに、家康は織田権力より事態の解決を求められ、北条氏と和睦を遂げて、乱を終結させた（一一六頁）。そして、家康は信長の示した秩序に戻ることを掲げ、自身と活動をともにした北関東大名・国衆に停戦を求めたのである。

信長生存時の状況を再び取り戻そうと試みた家康だったが、北条氏と北関東の大名・国衆の双方ともに対立の姿勢は止まず、領国「平和」の維持をめぐる地域間戦争の火種は残り続けた。このため、以後も家康は「関東惣無事」の実現に取り組む姿勢を示した（「皆川文書」）。

そうしたなか、家康は信濃国の領有の確保と、それに伴う越後上杉氏との関係解決に向けて、相模北条氏との同盟関係を前進させた。天正十一年（一五八三）七月二十日に予定されていた、北条家当主の氏直と家康次女の督姫（とくひめ）との婚姻である。これにより、同盟の強化が図られた。そして家康は、八月に越後上杉領国の信濃国川中島四郡への出陣を試みる。しかし、降り続く雨による、五〇年来という領国内での大洪水のために、出陣はいずれも延期を強いられる（『家忠日記』）。その後の八月十五日、督姫の入輿が実現し（『藩中古文書』）、徳川・北条両氏の遠相（えんそう）（遠江・相模）同盟が固まった。だが、北条氏との同盟強化とは、同時に、同氏の北関東大名・国衆との対立を、家康が黙認することでもある。これにより、家康の「関東惣無事」活動は後退することとなった。

ところでこの頃、織田権力内の動きに目を移すと、天正十一年四月の賤ヶ岳合戦での勝利により、最有力宿老にあった羽柴秀吉が、信長を継ぐ天下人としての立場を徐々に示し始めていた。また、秀吉はこの時、越後上杉景勝と同盟関係にあったため、「信濃郡割（ぐんわり）」という、上杉氏と徳川氏との信濃国の領有問題を解決する姿勢を示しだす（『景勝公諸士来書』）。

さらに、北関東大名・国衆は秀吉に対して、各々の地域「国家」が存立（領国「平和」）するために、相模北条氏から自分たちの地域「国家」の存立を保護するよう求めてくる。これを受けて秀吉は、彼らに、信長生存時の秩序に基づく統制と従属の関係を求めた（「太田文書」ほか）。一方、家康に対して秀吉は、停滞している「関東惣無事」の実現を促していく（『武徳編年集成』）。

同年十一月十五日、家康は秀吉から督促された「関東惣無事」の指示を相模北条氏に伝え、熟慮のうえ、受け入れるかどうかの判断を示すよう指示した（「持田文書」）。

ここには、天下人を目指す秀吉が、関東の政情に関わり始め、家康の動向に大きな影響を及ぼしつつあるさまが見て取れる。

秀吉の台頭

織田信長を継ぐ天下人の立場を示し始める羽柴秀吉だが、まだこの頃は織田家の最有力宿老という立場を超えてはいなかった。

話は遡るが、天正十年（一五八二）六月十二日の山崎合戦で惟任（明智）光秀が討ち取られた後、各地方で軍事・内政にあたっていた織田権力の諸将は、尾張清須城へ集結した。そして同月二十七日、清須城にて信長・信忠死後の織田権力の運営と領国の配分が、宿老の羽柴秀吉・柴田勝家・惟住（これずみ）（丹羽）長秀・池田恒興（つねおき）らの会合により取り決められた。いわゆる「清須会議」が、同城にて実施されたわけは、同城には本能寺の変に伴う難を逃れた、信忠の嫡男三法師がいたことによる。三法師は天正八年（一五八〇）の生まれで、この時三歳であったが（『多聞院日記』ほか）、唯一の織田宗家（信長嫡流）の嫡男で家督継承者にあった。

信長には嫡男信忠のほかに子息はあったが、この頃、成人していた子息はすべて他家の養子となっていた。これにより、信長は生前、すでに織田家の当主となっていた信忠を天下人である自身の後継者として地位を固めさせ、自身の嫡流である織田宗家が天下＝中央を統治する家としてあるべきことを示していた。こうした信長生前の政治秩序に伴う体制（「織田体制」）は、信長死後も影響力を保っていた。このため、庶家にあった北畠信雄や織田信孝らは、家督継承者にはなり得ず、彼らは三法師が幼少であるための暫定的な家督、「名代」として織田権力を主導していくよりほか、なかったのである。清須会議で所論となったのは、この「名代」を信雄・信孝のどちらが務めるのかということであった。

信長
- 信忠（織田家当主）
  - **秀信（三法師）**
- **信雄**（北畠家当主）
- **信孝**（伊勢神戸氏・三好康長養子）
- 信房（美濃遠山氏養子）
- **秀勝**（羽柴秀吉養子）

織田信長の子息
※太字は清須会議時の生存者

ところが、信雄・信孝は両人ともに「名代」となることを目指し、譲らなかった。このため、羽柴・柴田ら宿老は、信雄・信孝を「名代」とせず、幼少の三法師を当主に据え、宿老を中心に、今後の織田権力の運営を進めることで決した（『多聞院日記』）。

その後、三法師は近江安土城が修築されるまで、叔父

羽柴秀吉像（高台寺像）

信孝の後見のもと、美濃岐阜城に滞在することとなる。三法師を掌中に置き、後見となった信孝は、その政治的立場を背景に、主導力の発揮を試みた。だが、信孝の動きは兄の信雄そして宿老の羽柴秀吉との対立を生じさせていく。これに宿老同士、具体的には秀吉と柴田勝家との間の、運営をめぐる意見の相違も相まって、事態は北畠信雄―羽柴秀吉と、織田家当主の三法師の後見役である織田信孝―柴田勝家の二閥の対立という構図を深めていった。

十月二十八日、秀吉は山城本国寺（本圀寺、京都府京都市山科区）で惟住長秀・池田恒興と対談し、北畠信雄を「御代」（「名代」）として織田家当主に据えることを決めた（『蓮成院記録』ほか）。これにより、信雄・秀吉の陣営は、三法師後見のもと、織田権力内において主導することを試みる信孝・柴田勝家の陣営と対抗する姿勢を鮮明にしたのである。

このうえで十一月、信雄は信孝を攻撃し、これに秀吉・惟住長秀・池田恒興なども応じて、十二月に信孝を降した（「吉村文書」）。その後、三法師を手元に置き、信雄は翌年の天正十一年（一五八三）正月、近江安土城に入城を果たす（『古案』）。この時、当主として認められた信雄は、名字を北畠から織田にあらためたようである。こうして、天下人織田家当主の織田信雄のもと、羽柴秀吉・惟住長秀・池田恒興ら宿老が政務の運営にあたることで、織田権力は再興された。そして、この織田家内部の政争による信雄の当主擁立に、親類大名としてあった徳川家康も賛同の意を示した（「益田孝氏所蔵文書」）。

だが、この運営に反対する柴田勝家は、四月に宿老の滝川一益と手を組み挙兵し、これに復権を図る織田信孝が加わる。信孝・柴田勢の攻勢に対して、秀吉は四月二十一日、賤ヶ岳合戦で柴田勢を破り、二十二日には勝家の本城である越前北庄城（福井県福井市）を攻め落とした（「毛利家文書」）。一方、信雄は美濃岐阜城を攻略し、五月二日、信孝を尾張国内海（愛知県御浜町）の大御堂寺で自害させた（『家忠日記』ほか）。

この反信雄勢の討滅と戦後処理を背景に、秀吉は織田家の有力宿老として、勢威を増していく。その流れのなかから、やがて織田家当主の信雄に代わり、秀吉に天下＝中央政務を求める声が大きくなっていく。これを受けて、秀吉は六月二日、信長の一周忌法要の後、天下を構成する五畿内の要所である摂津大坂城に入った（『多聞院日記』）。そして、自身が信長後継の天下人であるという態度を示し、天下統治を進めていく（「本圀寺宝蔵目録」ほか）。こうして、秀吉は天下人への意志を表わし、ますます台頭する。それに伴い、信雄は尾張・伊勢・伊賀三ヵ国を領有することになった一方で、秀吉から「二度と天下に足を踏み入れぬ」ようにされた。三法師もまた、近江安土城から坂本城（滋賀県大津市）へ移される（『十六・七世紀イエズス会日本報告集』）。

その後、十一月になると、上方で信雄が切腹したという風聞が流れ、秀吉と信雄両者の間は険悪な情勢となったようである（『家忠日記』）。しかし、すぐに対立へと至ったわけではない。そうならなかった背景には、信雄の宿老で親秀吉派の津川雄光・岡田重孝らの働きかけがあったからだ。だが、当主信雄の復権を求める反秀吉派の信雄家臣による動きは収まらず、これを受けて信雄は、天正十二年（一五八四）三月六日、津川雄光・岡田重孝らを伊勢長島城（三重県桑名市）で殺害した（『家忠日記』ほか）。そして、信雄は徳川家康に協働を求め、挙兵する。羽柴秀吉との戦争、「小牧・長久手合戦」がここに始まる。

こうして家康は、織田権力内部の政争に巻き込まれ、秀吉との対立へと向かっていった。

小牧・長久手合戦

天正十二年（一五八四）三月六日に起きた、織田信雄が津川雄光・岡田重孝らを殺害したことは、信雄家中に存在する親秀吉派の抹殺であり、羽柴秀吉との断交を示した政治行為であった。信雄はこれを、徳川家康に相談のうえで実施した（「真田家宝物館所蔵文書」）。家康が応じたのには、当主の信雄を支持した織田親類大名という立場と、関東・信濃の状況に関与し始めた秀吉への対抗が背景にあった（一三〇頁）。

家康は、信雄が家中の粛清を実行すると、翌日の七日に早速出陣し、三河岡崎城に入った（『家忠日記』）。そして、十三日には尾張清須城に着き、信雄と対面する（「吉村文書」）。信雄・家康の行動を敵対行為とみなした秀吉は十日、摂津国大坂を発ち入京、諸勢を参集させた後、信雄討伐に向けて伊勢・尾張両国に出陣した（『兼見卿記』）。信雄の領国である伊賀国は、程なくして、秀吉方の先勢に攻略される（「佐竹文書」）。また、秀吉支持の立場を示す、美濃国の織田諸将の池田恒興・元助（もとすけ）父子と森長可は尾張国へ出陣し、十四日には犬山城（愛知県犬山市）を攻略した。十七日、徳川勢はこの池田・森勢に羽黒（はぐろ）（同前）で衝突、勝利を得ている。その後、家康は信雄とともに小牧山城（愛知県小牧市）に入った（『家忠日記』ほか）。これに対し、尾張国に進軍した秀吉は、楽田（がくでん）城（愛知県犬山市）に陣取り、小牧山周辺に諸勢を配して、織田・徳川勢に対峙した（『生駒家宝簡集』）。

ところで、信濃国では、徳川氏が秀吉と対立することになった情勢を、秀吉方の勢力との境目にあった従属国衆の木曾義昌が不安視し（「本光寺常盤歴史資料館所蔵文書」）、ついに秀吉への従属に転じてしまう（「佐竹文書」）。この義昌の離叛に、伊那郡国衆の知久頼氏は同調する動きを示したようである。そこで家康は、伊那郡とも関わりがあった、三河国衆の田峯菅沼一族の菅沼定利に知久領を平定させた。そのうえで、定利は知久平城（長野県飯田市）に入り、伊那国衆を取りまとめ、木曾義昌に対峙した（「保科文書」）。また、信濃国北部では、徳川方の従属国衆小笠原貞慶と越後上杉勢が、領有をめぐって対戦し続けていた（『笠系大成附録』）。この合戦の背景には、遠相同盟に基づき、相模北条氏に加勢を求める家康に対し、家康と信濃国の領有をめぐり緊張関係にあった越後上杉氏や、常陸佐竹氏を中心とした反北条勢力の北関東大名・国衆が、秀吉との関係を強化することで対抗しようとする構図が見てとれる（「不破文書」「佐竹文書」ほか）。

このように、秀吉との対戦（小牧・長久手合戦）は、徳川従属下の信濃国衆の動向や関東の政情にも大きく影響を与えた。

織田・徳川勢との対峙が続くなか、四月六日、秀吉はこの間隙を縫って、甥の三好信吉（のちの羽柴秀次）、池田恒興・元助父子、森長可、堀秀政など二万四〇〇〇人程の軍勢を三河国岡崎方面の攻略のために進軍させた（「山本正之助氏所蔵文書」）。そして八日、同軍勢は織田・徳川方の尾張岩崎城（愛知県日進市）を攻め落とす（『長久手戦記』）。この事態を受けて家康は、同日夜に小牧山城を出陣（『松井家譜』）し、翌日の九日午前中から正午にかけて、岩崎周辺にて三好信吉らの軍勢を追撃し打ち破った（「徳川美術館所蔵文書」ほか）。いわゆる「長久手合戦」である。

この長久手合戦で、羽柴方は池田恒興・元助父子、森長可が戦死した（「皆川文書」ほか）。また、この時の羽柴方の戦死者数を家康は一万余人（「徳川美術館所蔵文書」）、信雄は七〇〇〇～八〇〇〇人とする（「水野文書」）。ちなみに、畿内周辺では三〇〇〇人程と噂された（『貝塚御座所日記』）。敗戦の報を聞いた秀吉は、すぐに竜泉寺（愛知県名古屋市守山区）に出陣する。だが、すでに家康は撤兵しており、同日夜には小牧山城に帰陣した（『当代記』ほか）。これを受けて秀吉も楽田城へ帰陣、同月末に岐阜方面へ移動する（「吉村文書」）。

五月四日、羽柴勢は織田方の尾張加賀野井城（岐阜県羽島市）を攻撃、六日に同城を落とした後、織田方の将不破広綱が守る竹鼻城（同前）を攻囲した（『家忠日記』）。信雄・家康はそれぞれ広綱に救援を約束するが果たせず（『譜牒余録』ほか）、六月十日、秀吉の水攻めによって広綱は開城した（『多聞院日記』ほか）。一方、家康は十二日、小牧山城の守衛を宿老の酒井忠次に任せて清須城へ移る。そして、その直後から、羽柴方の滝川一益が占拠した蟹江城（愛知県蟹江町）を攻撃、七月三日に一益を降伏させた（『家忠日記』）。六月二十八日に摂津国大坂へ帰陣していた秀吉は、七月十五日、西国・北国勢を率いて、尾張国へ再出陣することを計画していたが（「箕輪又兵衛氏所蔵文書」）、蟹江開城を受け、八月に延期した（「八代市立博物館未来の森ミュージアム所蔵文書」ほか)。ちょうどこの時期、関東では、常陸佐竹氏を中心とした反北条勢力の北関東大名・国衆が、下野国沼尻(ぬまじり)(栃木県藤岡市)で北条氏直と対峙を続けていた。家康は北条氏に援軍の派遣を促していたが、この対峙もあって氏直は、援軍の派遣は果たせずにいた。

こうしたなか、八月十五日に美濃国大垣(岐阜県大垣市)に参着した秀吉は、二十六日に再び尾張国へ進軍した(『貝塚御座所日記』)。羽柴勢の進軍の報を聞き、尾張清須城にいた家康は二十八日、岩倉城(愛知県岩倉市)に入る。両勢は尾張国北部で戦闘となったものの、九月、長期化の兆しがみえたこの戦争に、講和が試みられた。だが、九月七日、講和交渉は決裂し、合戦は続けられる(『家忠日記』)。

その後、羽柴勢は十月下旬、信雄の領国である南伊勢地域を攻略した後、十一月初旬には信雄の本城の伊勢長島城がある北伊勢地域を攻撃した。一度、帰国していた家康だったが、十一月九日、その救援に向かうため、再び尾張清須城に出陣する(『家忠日記』)。だが、信雄は劣勢の状況にあり、十一月六日、すでに秀吉は長島城直近の桑名(三重県桑名市)まで進軍していた(「水口加藤文書」ほか)。この戦況により、信雄は秀吉の陣所へ自ら願い出て、十二日に講和が締結される(『家忠日記』)。そして、信雄は講和の締結にあたり、すでに秀吉方の占領下にあった南伊勢地域と伊賀国を割譲し、人質に自身や叔父織田長益(ながます)(のち出家し、有楽斎を称す）の実子、重臣の実子または母を差し出した。また、家康も人質に二男の義伊（のちの結城秀康）と宿老石川数正の子を秀吉へ差し出している（「伊木文書」）。これにて小牧・長久手合戦は終わり、十一月十五日、家康は帰国した（『貝塚御座所日記』）。

小牧・長久手合戦は、長久手合戦で家康が羽柴勢を破ったことから、秀吉のその後に大きな影響を与えた戦争として評価されている。しかし、長久手合戦での勝利は、局地戦での勝利に過ぎない。そもそもこの戦争は、信長後継の天下人をめぐる織田権力内部の政争から発展したもので、勝者は秀吉であった。秀吉はこの戦争の勝利によって、織田家当主の信雄を、実質的に従属させることに成功した。そして、この結果が導き出した主従の逆転により、織田家に代わる天下人としての立場が、より明確になったのである。

家康は、天下人としての立場を固めた秀吉にどのように対していくか、領国内に抱える諸問題への対処も含め、それが次の課題となっていく。

第五章　羽柴家康——豊臣政権下の徳川氏

信濃国衆真田氏の離叛とその影響

小牧・長久手合戦は、羽柴秀吉の優勢のもとに、劣勢にあった織田信雄・徳川家康は講和することで終結した。これは、秀吉の勝利を意味し、信雄・家康は従属が求められた。

天正十三年（一五八五）二月二十二日、信雄は摂津大坂城の秀吉のもとへ出頭し、秀吉に臣従する姿勢を示した（『貝塚御座所日記』）。これにより、信雄は信長嫡孫である三法師の「名代」という暫定的な家督ではなく（一三二頁）、秀吉に従属する大名織田家の当主として、新たに立場を定められた。そして、自身に味方した家康や越中国にあった織田家重臣の佐々成政を秀吉に臣従させるべく努めていく。

一方、家康は二男の義伊を人質として差し出したものの（一三九頁）、秀吉にはどのような対処をしていくべきか、まだ様子うかがいの最中にあった。なお、徳川家中では、秀吉のもとに行った義伊は「養子」として差し出されたと認識している（『家忠日記』）。

こうしたなか、秀吉は小牧・長久手合戦が終結した直後の天正十二年（一五八四）十一月二十八日に、朝廷からも天下人の立場を認められ、従三位権大納言となる。そして、翌年の天正十三年三月十日には、正二位内大臣へ官位を進めて織田氏を凌駕し、天下＝中央政務を管掌する豊臣権力が本格的に動き出した。さらに七月十一日、秀吉は従一位関白となり（『兼見卿記』ほか）、八月には四国を平定、また佐々成政を従わせ、羽柴家による天下＝中央の「平和」（「天下静謐」）の実現と中央の占有（羽柴領国化）を成し遂げた。

このように秀吉の天下＝中央の掌握が進んでいくなか、家康は相模北条氏から上野国沼田・吾妻両領の引き渡しを求められていた。この引き渡しは、天正壬午の乱が終結した時の国分交渉により、北条氏の領有となることが決められていた（一一七頁）。だが、両領を管轄する信濃国衆真田昌幸は従わず、北条氏はいまだ上野国の領有を実現できずにいた。このため、北条氏は真田昌幸の従属先である徳川氏に引き渡しを求めたのである。

北条氏からの要請を受けた家康は、真田昌幸に沼田・吾妻両領の引き渡しを指示する。だが、昌幸はこの指示を拒否した（『三河物語』）。家康の指示は、昌幸からすれば、自身の領国（地域「国家」）の存立に関わることである。つまり、徳川氏にとっては、すべての領国を含む統合圏である惣「国家」の領国「平和」を維持するために施す処置であろうが、真田氏にとっては、自らの領地の政治的・軍事的保護の役割を「放棄」されるに等しい行為となる。このため、昌幸は天正十三年六月、徳川氏を離叛し、越後上杉氏に政治的・軍事的保護を求めた。そして、七月には上杉景勝から政治的・軍事的保護を約束した起請文を得て、昌幸の従属は明らかになった（「上杉家文書」）。

昌幸の離叛に怒った家康は、八月に甲斐・信濃両国に配置していた重臣の鳥居元忠・平岩親吉・大久保忠世ら諸将を派遣し、真田氏の本城である信濃上田城（長野県上田市）を攻撃させた（『三河物語』）。こうして起きたのが、第一次上田合戦（神川合戦）である。

実はこの上田城は、天正十一年（一五八三）四月に越後上杉氏への対抗と領国「平和」の維持のため、昌幸が徳川氏に築いてもらった城であった。ところが、この城はいま、徳川氏に敵対する勢力の拠点と化していたのである。

天正十三年閏八月二日、徳川勢は上田城を攻撃した。だが、真田勢の挑発による攻撃に撃退され、閏八月十三日の真田信幸（昌幸の嫡男。のち信之に改名）の書状によると、徳川勢は一三〇〇人余の兵士が討たれたという（「恩田文書」）。また、相模北条氏も徳川氏の信濃上田城攻撃に合わせて、上野沼田城（群馬県沼田市）を攻撃したが、真田勢の奮戦を前に、攻略できずに終わった（『覚上公御書集』）。

この後、真田氏は越後上杉氏の保護のもと、信濃国小県郡の領有を確固とする一方、十月には対徳川氏に備えて、秀吉にも政治的・軍事的保護を求め、従属の意思を示した（「真田家文書」）。そして、同時期に徳川氏に従属していた信濃国衆小笠原貞慶も離叛し、秀吉に従属してしまう（「唐津小笠原家文書」）。貞慶のこの動きは、貞慶自身、越後上杉氏との対戦を続けるなか、真田氏に離叛されたうえ、第一次上田合戦で敗退に見舞われた徳川氏を見て、もはや自身の領国「平和」を頼むべき存在ではないと判断したうえでの決断だったのだろう。こうした意識は連鎖し、おそらく地域全体に広がったのではないか。これにより、徳川氏の信濃国における勢力圏は縮減し、その領有自体にも動揺が走りだす。

そして十一月、徳川家内部において思わぬ事件が起きるのである。

石川康輝（数正）の出奔

天正十三年（一五八五）十一月十三日、徳川家宿老の石川康輝（やすてる）（数正）が、家族と、人質になっていた信濃国衆小笠原貞慶の子を伴い、羽柴秀吉のもとへ出奔した（『家忠日記』ほか）。康輝は松平信康事件の後、家康から三河岡崎城代を任された立場にあり、同年三月まではそれまでの数正から名前を改めていた（「上宮寺文書」）。改めた実名の「康」の字は、家康からの一字拝領（いちじはいりょう）である。天正十一年（一五八三）十二月三十日には、康輝はまだ「数正」の実名で見られるので（「上宮寺文書」）、この拝領は小牧・長久手合戦の講和交渉での働きを賞され、与えられたものであろうか。

それでは、なぜこのような立場にあった康輝が、徳川家を出奔したのであろうか。

話は遡るが、天正十三年六月、秀吉による越中佐々成政の征伐が取り沙汰されるなか、家康と成政が通じて、秀吉に敵対しようとしているとの世評がたった。この疑惑を取り除くため、織田信雄は、家康に対し、すでに秀吉のもとにあった義伊や康輝の子勝千世（のちの康勝）とは別に、宿老からの人質を差し出すように勧めた（「久能山東照宮博物館所蔵文書」）。信雄のこの対応は秀吉にも伝わり、徳川氏に秀吉への臣従の意を示すよう、求める催促のきっかけともなった。そこで、徳川氏内部で人質を差し出すよう、主張していたのが康輝であった。康輝は秀吉との外交担当の取次（交渉役）だったのである（「真田宝物館所蔵文書」ほか）。

　この問題は、信濃国衆の真田・小笠原両氏が徳川氏から離叛して秀吉に従属し、徳川氏と敵対すると、次第に緊迫度を増していく。こうした動きのなか、浄土真宗本願寺派の佐々木上宮寺・針崎勝鬘寺・野寺本證寺の三か寺などが還住（帰還）を許された（「上宮寺文書」ほか）。すでに天正十一年十二月三十日に家康は、宿老の石川家成の母で、母方の伯母にあたる妙春尼の働きかけを受け、領国において禁制となっていた浄土真宗本願寺派の活動を許していた（「本願寺文書」）。しかし、三河一揆の後、同国を追放されていた三河三か寺などの還住は許さなかった（六一頁）。それが、天正十三年のこの時期に許されたことには、秀吉との緊迫した情勢が影響していよう。一般に、本願寺門徒による武装行為、いわゆる一向一揆は、織田信長との戦いの敗北によって解体されたと考えられている。だが実際にはその後も、例えば天正十一年四月の賤ヶ岳合戦では秀吉に味方をして戦うなど、活動は健在であった。つまり、家康は秀吉との緊迫した情勢のなかで、本願寺門徒を味方につけるべく、教団の禁制赦免と今後の活動の承認を行ったのである。

さて、家康は松平一族や重臣との談合のうえ、秀吉への人質差し出しについての対処を検討したが、秀吉との融和路線を求める康輝はこの時、徳川氏内部で孤立している状態であった。そして、天正十三年十月二十八日、徳川氏内部では人質の差し出しを拒絶することで決する。同時にまた、同盟国にあった相模北条氏との宿老間での起請文の交換により、今後の秀吉への対応が確認された（『家忠日記』）。つまりこの問題は、徳川氏だけでなく、北条氏にも関わることであったのだ。これにより、秀吉との融和路線を求めていた康輝は、政争に敗北するという事態に陥った。康輝にとってこの敗北は、徳川氏内部での自身の立場はおろか、今後の自家の政治生命が断たれることをも意味したのだった。

康輝が政争に敗北したことには、小笠原貞慶の離叛が大きく影響した。康輝は、本能寺の変直後の動揺のなか、貞慶が旧地の信濃国深志領の奪還を試みた時に、家康へ取り成して以来（一一三頁）、貞慶に対する統制に努め、政治指導や後見にあたる指南の立場にあった。ところが、天正十三年十月に貞慶は徳川氏を離叛、秀吉に従属し敵対してしまう（一四四頁）。この状況は、指南の立場にあった康輝の責任と合わせ、政策決定への発言力を失わせることになった。その結果、康輝は孤立化を深めていき、政争に敗北したのである。実はこの時期、各地において、康輝と同じような境遇の重臣が数多見られ、彼らは出奔して新たな仕官先を求めるか、または再起をかけて、現状のありようを打破するべく謀叛に向かうか、おおよそいずれかの選択をするしかなかった。政争に敗北した康輝が取った道は、このうち前者だったということだ。

こうして康輝は、秀吉のもとへ出奔した。それを受けて、康輝が出奔した翌日の十四日には宿老の酒井忠次らが、十六日には家康自らが、康輝が城代を務めていた三河岡崎城に赴き事態の収拾を図っている（『家忠日記』）。秀吉のもとへ出奔した康輝はその後、秀吉から一字拝領を受けて実名を「吉輝（よしてる）」と改め、羽柴家の家臣として活動していく。

そして、徳川氏の人質差し出しの拒否と、担当交渉者である康輝の出奔を受けて、秀吉は「家康成敗」として、来春の出陣の意向を示す（「松丸憲正氏所蔵文書」）。これに対して家康は、康輝出奔による領国（惣「国家」）内の動揺を鎮静させることに努め、三河東部城（とうべ）（愛知県幸田町）などの普請を実施し、秀吉来襲への備えに追われることとなる（『家忠日記』）。

秀吉への臣従

相次ぐ領国の動揺に加え、秀吉の来襲が迫る緊迫した情勢は、徳川家康を危機的状況に追い詰めた。そこに、天正十三年（一五八五）十一月二十九日の夜半、大地震が起きた（『兼見卿記』ほか）。この地震による徳川領国内での被害は少なかったようであるが、畿内周辺では建物が倒壊し、多数の死者が出るなど甚大な被害に及び、伊勢国では織田信雄の伊勢長島城の天守閣が焼け落ちた（『黄薇古簡集』ほか）。

いわゆる「天正地震」といわれるこの地震が、家康を危機から救った。秀吉は、地震で受けた被害のため、出陣を延期し、融和路線に切り替えたのである。

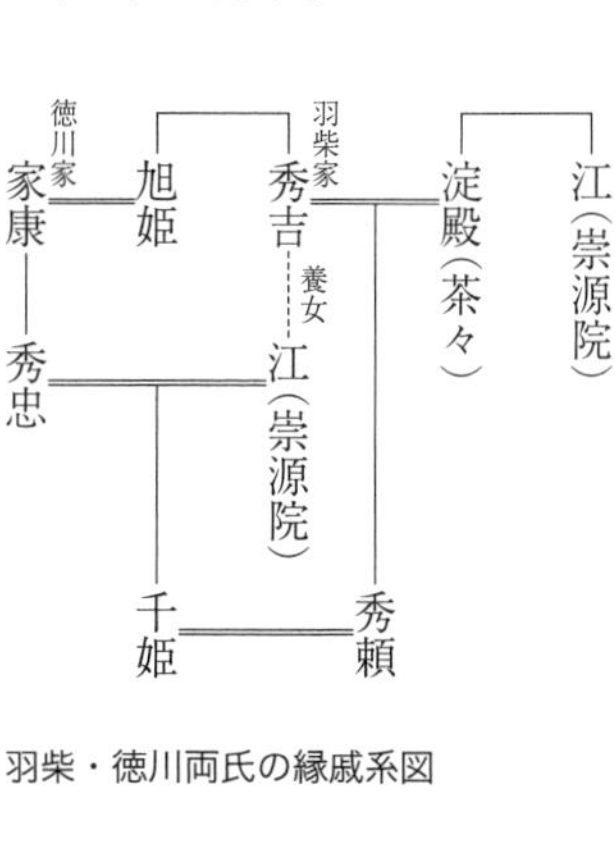

羽柴・徳川両氏の縁戚系図

これを受けて、天正十四年（一五八六）正月二十四日、信雄は三河岡崎城に出向き、二十七日には家康と対面して秀吉との和睦を図った（『貝塚御座所日記』『当代記』）。家康は信雄の和睦調停に応じた。信濃国衆の相次ぐ離叛と、石川康輝の出奔による惣「国家」の動揺の影響がいまだ残り、このうえ秀吉の来襲など受ければ、領国「平和」をさらに脅かす危機に陥ることは、火を見るよりも明らかだった。よって、秀吉と和睦を結び臣従を受け入れることは、徳川氏が事態の打開のために取った政治対応であったのだ。

　こうして家康は秀吉へ和睦を請い、二月に秀吉は家康を赦免する（「一柳文書」）。そして、秀吉は同月三十日、信濃国の真田昌幸ら反徳川勢力に停戦（「矢留」）を命じた（「真田家文書」）。一方、家康は三月、相模北条氏の最高権力者である北条氏政（当主は嫡男の氏直、氏政は北条家内では「御隠居様」と称されていた）と伊豆国三島（静岡県三島市）・駿河国沼津（同沼津市）で二度にわたり会見し、両者の関係を確認し合った（「西山本門寺文書」ほか）。

　家康は臣従に際し、条件として秀吉との縁戚関係を求めた。これを受けて秀吉は四月、妹の旭姫を家康のもとへ輿入れさせることに決めた。ところが、家康は御礼のため、家臣の天野景能（のちに康景に改名）を秀吉のもとに遣わしたところ、秀吉自身の知らない家臣を遣わしたと怒らせてしまった。そして、秀吉は酒井忠次か本多忠勝、榊原康政を遣わすよう求め、二十八日の旭姫の輿入れを延期させてしまう。

　このいきさつがあって、家康は秀吉との関係を絶とうとしたが、使者として来ていた織田信雄の重臣土方雄良が、それでは両者の仲を取り持った主君の信雄が面子を失ってしまうと説得し、二十三日に本多忠勝を遣わしたという。そして、旭姫は五月十一日に三河国知立（愛知県知立市）で徳川氏の迎えを受け、十四日になって遠江浜松城の家康のもとに輿入れした（『家忠日記』）。こうして家康は、天下人秀吉と親類になったのだった。

この動きに合わせて、この頃家康は秀吉の意向を受けた近衛前久の仲介により、それまで従五位下三河守・左京大夫（従五位下三河守の叙位・任官については六四頁、左京大夫には永禄十一年〔一五六八〕正月十一日に任官〔「日光東照宮文書」〕）にあった官位を、天正十二年二月二十七日の日付で従三位参議・左中将に進めている（「晴豊公御記　家康公任叙口宣案」）。この後の叙位・任官については、家康が天正十四年九月七日、遠江国井伊谷の龍潭寺（静岡県浜松市北区）に対し、井伊直盛の菩提所として諸役免除などの特権を保護した際、「三位中将藤原家康」と署名していることからも確認できる（「龍潭寺文書」）。

また、秀吉は家康の臣従に際して、離叛した信濃国衆の真田・小笠原・木曾の三氏について、帰属させることを約束する。しかし、これに真田昌幸は従わず、秀吉への人質も差し出さなかった。そこで、秀吉は家康に「真田成敗」を行うことを許す（「唐津小笠原家文書」）。秀吉の承認を受けた家康は、七月に「真田成敗」の出陣を進める（『家忠日記』）。ところが秀吉は、秀吉に臣従していた越後上杉景勝の取り成しによって、八月に真田氏を赦免した（「上杉家文書」）。そして、同じく八月、秀吉の指示を受けたことで、家康による「真田成敗」は中止となった（『家忠日記』ほか）。

十一月には正親町天皇の譲位式の開催を控えていることから、秀吉は家康に、臣従の証として一刻も早い上洛を求めた。それを受けて、九月二十六日、徳川氏は三河岡崎城で、上洛の返事を求める羽柴方の使者浅野長吉（のちの長政）らを交えて協議、秀吉の要請に従い、家康の上洛を決めた（『家忠日記』）。そこで家康は秀吉に対し、上洛要請に応じるにあたって、上洛中に危害などが及ばぬよう、家康の身の安全に対する保証を求めた。家康の求めに秀吉は、母大政所を保証の人質として差し出すことにする（『多聞院日記』ほか）。この後、十月十八日、大政所は徳川方の迎えを受け、三河岡崎城に入った（『家忠日記』）。

大政所の三河入りを確認した家康は、十月十四日、遠江国浜松を発ち、上洛の途につく。二十六日、家康は摂津国大坂へ着き、宿所である秀吉の弟羽柴秀長の屋敷に入った。到着したばかりの家康を秀吉は歓迎し、その夜、宿所の秀長の屋敷を訪れて自らもてなした（『家忠日記』）。そして翌日の二十七日、家康は秀吉に正式対面して臣従を誓う。

この後、家康は京都に赴き、十一月五日には秀吉に従って参内し、正三位権中納言に官位を進めた（『兼見卿記』『家忠日記』）。この官位は、秀吉弟の羽柴秀長と同位であった。ここから、秀吉が義弟である家康を羽柴一門衆に匹敵する親類として扱っていたことがわかる。そして、家康は七日、正親町天皇の譲位式に参列を果たし、八日には上洛による一連の活動を終え、帰国した（『兼見卿記』）。

かくして家康は、天正十四年の上洛を経て、秀吉に従う親類格の豊臣大名となったのである。

秀吉の天下一統事業と惣無事令

家康が上洛した頃、秀吉には九州の政情への対応が求められていた。天正十三年（一五八五）七月に秀吉は関白となり、八月には四国・北陸の平定による「天下静謐」を実現し、天下＝中央の占有（羽柴領国化）を成し遂げた（一四三頁）。なお秀吉は、その後「豊臣」に改姓するが、これは関白任官に際して改めた藤原姓からの氏の改姓で、名字は終生「羽柴」のままである。通常、例えば本書の主人公である徳川家康を「源家康」とはいわないように、武家の場合は氏ではなく、名字を冠して呼ぶ。したがって、本書では秀吉とその親族（秀長、秀次、秀頼など）を羽柴名字で表記する。ただし、中央権力としての羽柴氏、さらには天下一統により羽柴氏のもとに展開した政権については、「豊臣権力」「豊臣政権」とする。

さて、天下の占有を成し遂げた秀吉は続いて「天下静謐」の維持のために、各地の戦国大名・国衆の政治的・軍事的統制と従属関係の構築に取りかかった。これは、織田信長が天下人として努めた天下一統事業の継承であり、信長と同様、秀吉も各地の地域「国家」を天下のもとに従え、まとめる方針で、国内統合を進めていったのである。そこで、まず秀吉が取りかかったのが、九州情勢への対処であった。

本能寺の変が起きた頃、九州では豊後大友・薩摩島津・肥前龍造寺の三氏の勢力が鼎立していたが、天正十二年（一五八四）三月に龍造寺隆信が戦死し、また信長によってなされた大友・島津両氏間の和平（豊薩和平）が破れ、九州の政情は島津氏の優勢にあった。こうしたなか、天正十三年十月に秀吉は天下人として、大友・島津両氏に停戦命令を下す（「島津家文書」）。ここに、秀吉による天下一統のための国内「惣無事」活動＝「惣無事令」の発令が開始される。

惣無事令とは、秀吉が国内統合事業である天下一統を進めるために、各地の戦国大名・国衆に私戦の禁止を求め、紛争解決については、天下人である秀吉に委ねることを求めた行動準則である。秀吉はこの行動準則を通じて、各地の戦国大名・国衆との政治的・軍事的統制と従属関係の構築を進めた。そして、天下人秀吉による軍事征伐は、この行動準則に基づく最終的解決手段として行使された。

注意したいのは、この行動準則が秀吉の独創ではないことである。例えば、一五四八年（和暦では天文十七年）の夏に、インドのゴアにあったキリスト教・イエズス会宣教師ニコラオ・ランチロットがポルトガル領インド総督のガルシア・デ・サーに宛てた報告書に注目しよう（『イエズス会日本書翰集』譯文編之一上）。そこには、同地にあった薩摩出身のアンジローから聞いたという、「日本国」での戦争についての記載があるが、そのなかに、各地方で諸大名間における戦争が起きた時、「私たちの間にいる皇帝の如き存在であり、彼等の間ではグォシー（御所）と呼ばれる最高の王（将軍）が彼等に宥和するように命じます。そして、前述の領主の誰かが頑冥であるならば、前述のグォシー（御所）は彼に戦いを挑み、その領国を彼から取り上げてしまいます」と見える。

ここから、戦国時代の室町幕府将軍が当事者の大名に停戦を命じ、従わない場合は軍事的制裁を行う中央権力として認識されていたことが確認できる。実際に、室町幕府将軍は天下人として「日本国」内の秩序を維持するため、各地の戦国大名・国衆の戦争に停戦命令を出していた。だが、戦国大名や国衆にとっての優先事項は、領国「平和」の維持であり、もし停戦命令がその原則に支障をもたらすと考えられた場合、室町幕府将軍の意向であろうと拒絶することも見られた（一五頁）。そのため室町幕府将軍は、結果として、天下のもとに諸地域「国家」を従えて取りまとめることはできないという状況にあった。

織田信長は、この室町幕府将軍の天下人としての本来の務めを継承して、各地の戦国大名・国衆との政治的・軍事的統制と従属関係の構築をもとに、天下一統事業を進めていった（一〇六頁）。それは信長の死後、織田家に代わり天下人となった秀吉に受け継がれ、いま豊臣権力による惣無事令として行使されるに至ったのである。なお秀吉は、小牧・長久手合戦で家康に敗北したために、信長以来の武力制圧路線から惣無事令による天下一統路線へ変更したといわれることがある。しかし、ここまで見てきたように、信長・秀吉両者の天下一統事業に路線変更はうかがえない。いずれも、戦国時代以来の天下人に求められた役割を継承したうえで進めている。

また惣無事令をめぐっては、成文法としてないことや、それを受けた大名側の動きが個別的・時事的なことから、近年はその存在を疑問視する見解が出されている。だが、秀吉の惣無事令は、戦国時代の室町幕府将軍や信長に見られた天下人の務めを継承し、天下人秀吉のもとで執り行われた紛争解決と、地域「国家」間の私戦を禁止する動きは間違いなくあったし、認識もされていた(「伊達家文書」)。つまり、当時の人々には決まり=法として意識されていた(いわゆる成文を前提としない「中世法」としてあった)のである。このことから、この行動準則のもとでの法秩序を、本書では「惣無事令」とし、またそれに基づく政治活動を「惣無事」活動」とする。

さて、秀吉の停戦命令に豊後大友氏はすぐに応じ、また薩摩島津氏は翌年の天正十四年正月にとりあえずの使者を秀吉のもとに派遣した。大友・島津両氏の動きを受け、秀吉は国分(領土裁定)案を提示するが、それは島津氏優勢の九州を豊臣権力・安芸(あき)毛利氏・豊後大友氏とともに領有するというものであった(『上井覚兼日記』)。この国分案は薩摩島津氏にとっては、当然のことながら領国（惣「国家」）の縮減となる。そのため、島津氏は秀吉の提示した国分案に応じず、大友氏勢力との戦争を続行する。これに対して、七月に秀吉は大友氏を救援すべく「征伐」の意向を示し、長宗我部元親ら四国勢を先勢に、さらには毛利氏の軍勢にも出陣を命じる（『大友家文書録』）。家康への臣従を求める対処は、こうした九州の政情への「惣無事」活動と並行して進められていたのである。

秀吉は、上洛を遂げた家康に、家康から離叛した信濃国衆の真田・小笠原・木曾の三氏を帰属させて、徳川領国（惣「国家」）の領国「平和」を保証する一方、「関東・奥両国惣無事」を委ねた（「上杉家文書」『秋田藩家蔵文書』ほか）。そして自身は、九州の政情の解決（九州平定）を図るべく、出陣の準備を進めていく（「大阪城天守閣所蔵文書」ほか）。

家康は秀吉から、自らの領国の政治的・軍事的保護を得る一方で、自身が従う豊臣権力が進める天下一統事業のため、「関東・奥両国惣無事」活動に携わっていく。

豊臣政権下の徳川氏の立場と「関東・奥両国惣無事」活動

天正十四年（一五八六）十一月二十日、上洛を遂げ、豊臣権力に臣従した家康は、遠江浜松城に帰着した。そして十二月四日、家康は駿河駿府城（静岡県静岡市）へ本城を移した

(『家忠日記』)。豊臣権力への臣従により、五ヵ国におよぶ領国(惣「国家」)の政治的・軍事的保護を得た徳川氏が駿府城を本城としたのは、駿府が政治・経済の中枢地に位置していたためである。

また豊臣権力への臣従により、家康には「関東・奥両国惣無事」活動が課せられた(『秋田藩家蔵文書』)。家康は豊臣権力に従う東端の政治勢力として、関東・奥羽方面の政治経略に携わる存在ともなり、その活動に努めるためにも駿府は適していた。

天正十五年(一五八七)二月、徳川氏への帰属を命じられた信濃国衆の真田昌幸・小笠原貞慶の両人は、摂津大坂城の羽柴秀吉のもとへ出頭し、命令を受け入れた(『思文閣古書資料目録』二二三号所載文書」)。そして三月十八日、同伴した徳川家宿老の酒井忠次に連れられて、駿府城の家康のもとへ出頭し、徳川氏に付属させられた与力小名(よりきしょうみょう)の立場を確認した(『家忠日記』)。与力小名とは、秀吉直臣の郡規模を領有する地域的領域権力(小名)でありながら、徳川氏のもとで軍事的な行動に従事する存在をいう。この立場に、真田・小笠原両氏とともに、家康を離叛した信濃国衆の木曾義昌も属することとなった。これをもって、家康を苦しめた真田・小笠原・木曾の三氏による信濃国の情勢の不安定さは解消し、徳川氏は惣「国家」の領国「平和」を成し遂げたのである。

こうして惣「国家」の領国「平和」を成し遂げた徳川氏は、豊臣権力からその代償として

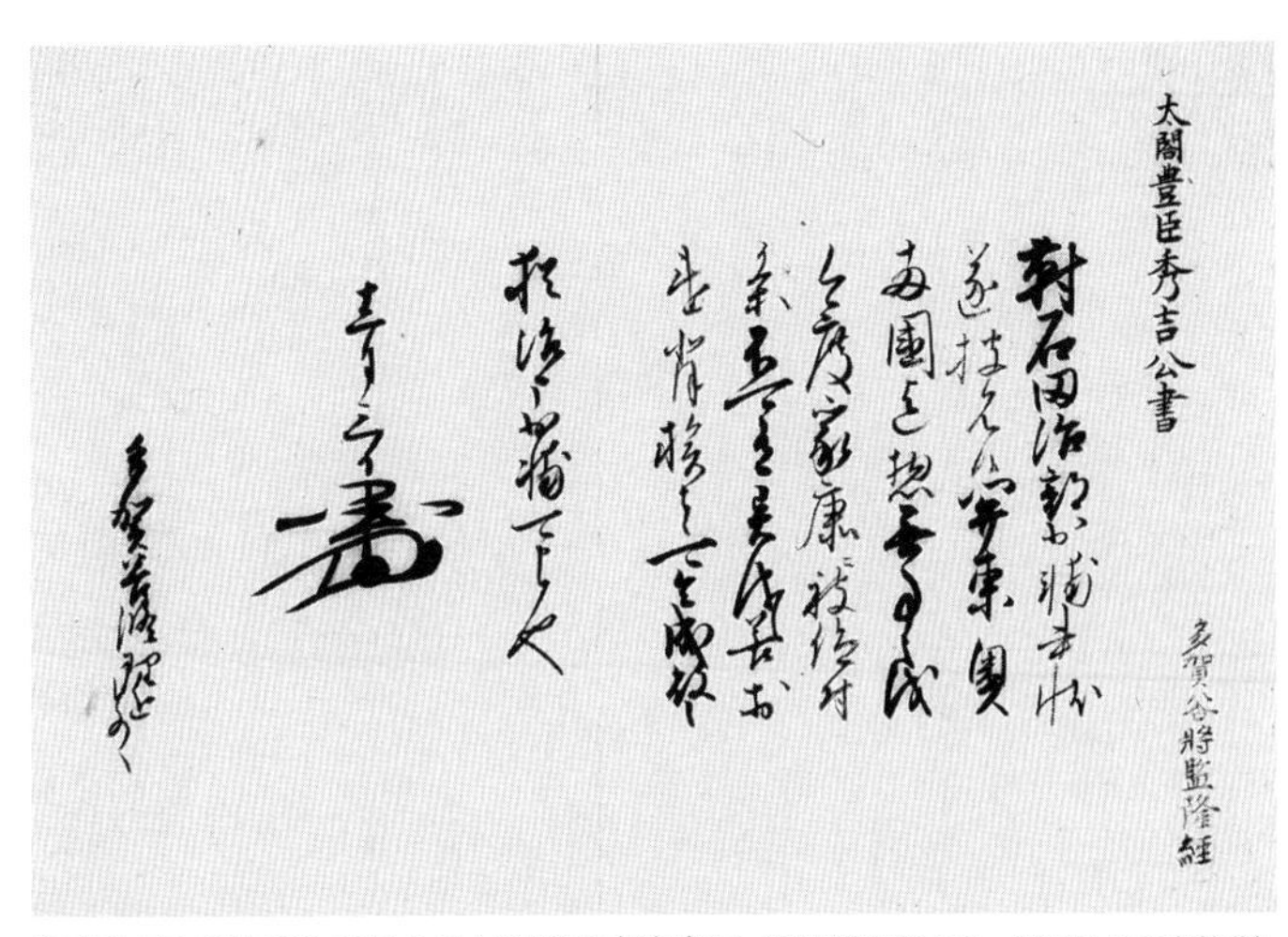
太閤豊臣秀吉公書

多賀谷將監隆經

（天正14年〔1586〕）12月３日付羽柴秀吉直書写（秋田藩家蔵文書　秋田県公文書館蔵）
秀吉が「関東・奥両国惣無事」活動を家康に課したことを伝えた文書。

課せられた奉公（務め）として、「関東・奥両国惣無事」活動に専念していく。読者諸賢は覚えているであろうか。天正壬午の乱の後、家康は「関東惣無事」に努めていた（一二八頁）。とすると、この「関東・奥両国惣無事」活動は、その「再動」という位置づけになる。だが、家康を「赦免」した際、秀吉はすでに関東・南奥地方の大名・国衆へ、秀吉自身が主体となって関東の領土問題の解決を行う意向を示し、停戦を命じていた（「白川結城文書」ほか）。つまり、「関東・奥両国惣無事」を主導する主体は、秀吉にあった。ただし徳川氏には、織田権力に従属するなか、相模北条氏、北関東大名・国衆、陸奥伊達氏、出羽最上氏などと外交関係を築いてきた実績があった。

そこで豊臣権力は、徳川氏が持つこの実績を活用したのである。したがって、家康の活動は「再動」ではなく、あくまでも秀吉の「関東・奥両国惣無事」実現のための状況整備・助勢であった。

実際、「関東・奥両国惣無事」活動に取りかかった家康の動向を見ると、専らの務めとは、相模北条氏に対して豊臣権力への従属を促すことであった。北条氏は、徳川氏と同盟(遠相同盟)を結んでいた関係から(一一九頁)、小牧・長久手合戦の時以来、豊臣権力に従わない勢力だった。一方、この時に常陸佐竹氏を中心とする北関東大名・国衆や安房里見氏は、豊臣権力に従属していた。このため、秀吉にとって「関東・奥両国惣無事」を実現するにあたって、北条氏を従えることこそが喫緊の政治課題であったのだ。そこで、豊臣権力へ従属した家康に、この政情を引き起こした責任を負わせることも兼ねて、北条氏に対する従属要請の交渉にあたらせたのである。そして、この北条氏の従属について、秀吉は天正十五年五月までには目途をつけるよう家康に指示した(『思文閣古書資料目録』二三二号所載文書)。こうして、家康の「関東・奥両国惣無事」活動=北条氏に対する従属交渉が開始されることとなった。だが、北条氏は態度を明確にせず、それどころか、豊臣権力の来攻に備え、領国全域にわたる防衛体制の整備を進めていく。

一方、天正十五年三月に九州へ出陣した秀吉は、五月に薩摩島津義久を降伏させて、同地方を勢力下に置く。そして、七月に帰国した秀吉のもとに、家康は上洛した（『家忠日記』）。その上洛中の八月八日、秀吉の執奏によって、家康は羽柴秀長とともに、官位を従二位権大納言に進めた（「日光東照宮文書」『公卿補任』）。ここでも、家康が秀吉弟の秀長と同待遇にあり、ますます豊臣政権下の大名としての立場を強めていったことが確認される。

秀吉は九州平定がなったいま、あらためて「関東・奥両国惣無事」の実現を進めていく意向を示す（「東京大学文学部所蔵白川文書」）。そうしたなか、依然として従属を受け入れようとしない相模北条氏に対する秀吉の来襲が囁かれ、北条氏は領国内に臨戦態勢を敷いていく（「大道寺文書」ほか）。両勢力による戦争という事態は、天正十六年（一五八八）三月、「無事成就」（和睦の成立）ということでいったん回避されるが（「遠藤文書」）、その後も緊張を孕みつつ、情勢は推移していた。

天正十六年四月、秀吉は山城聚楽第（京都府京都市上京区）に後陽成天皇を行幸させ、天皇の面前で、供奉した織田信雄・徳川家康ら諸大名に、秀吉への臣従を誓約させた（『聚楽行幸記』）。その際、家康は起請文（誓約書）に「源家康」と署名している。ここから、この時の家康の氏が「源」であることがわかる。家康は、天正十四年（一五八六）九月に「藤原家康」と藤原姓を称していたので（一五一頁）、その後に「源」姓へ氏を改めたことになる。おそらく、その時期は天正十四年十一月五日の正三位権中納言への叙位・任官時で、そこには家康の申請を受けた秀吉の働きかけがある。この時の起請文に注目すると、家康のほかに、大名では織田信雄とその叔父信兼がそれぞれ「平信雄」「平信兼」、土佐国（高知県）の長宗我部元親が「秦元親」の署名で見られる。前田・丹羽・蒲生・細川など旧織田家臣の諸大名や備前国（岡山県）の宇喜多秀家・豊後国（大分県）の大友義統が「豊臣」姓の署名で見られるなか、織田氏の平姓、家康の源姓などが許されたのは、こうした他姓を従えた豊臣姓の優越性を示す秀吉の政治的意図によるのであろう。ただし、この行幸を境に、以後、秀吉に従属した諸大名には羽柴名字・豊臣姓の授与が進められていく。家康も、文禄三年（一五九四）九月までには「羽柴家康」となり（「地蔵院文書」）、氏もこの羽柴名字の授与と対で「豊臣」へ改姓していく。

また、この行幸の直前に、家康は秀吉の弟秀長・甥秀次、親類の宇喜多秀家（養女豪姫の婿）とともに、「清華成」している（『院中御湯殿上日記』）。清華とは、摂関家に次ぐ太政大臣を極官（最高の官職）とする公家の家格である。行幸時に「清華成」大名であったのは、羽柴一門大名の秀長・秀次のほか、織田・徳川・宇喜多三大名のみであり、行幸後、越後上杉氏と安芸毛利氏、のちに加賀前田・筑前小早川の両氏が加わる。秀吉は官位とともに公家の家格を用いることで、従一位関白太政大臣（太政大臣には天正十四年十二月に任官）にある自身の下に武家を序列化して配し、そのもとに豊臣政権による「日本国」の統治を進めた。

こうして、家康も豊臣政権の一員としての立場を強めていったのである。

この聚楽第行幸のなかで、秀吉の執奏により徳川家臣の井伊直政、本多忠勝、榊原康政らが叙位・任官を遂げている。このうち井伊直政は、従五位下侍従(じじゅう)の官位を得て、「公家成」大名に列する徳川筆頭家臣に位置づけられた。また、この叙位・任官に際して、彼らも氏を豊臣姓にあらためている。ただし、彼らは徳川家の家臣という陪臣(ばいしん)のため、主君の家康と異なり、羽柴名字を授与されていない。

この時期の徳川氏については、豊臣政権から逸脱した独自の存在として説かれることがある。しかし、これまで見てきたように、その立場は家臣ともども政権内の政治秩序の下に位置づけられ、活動の実態はやはり、政権から領国「平和」の政治的・軍事的保護を受けつつ、政権の存立＝天下一統の達成と維持のための活動に従事する、というものであった。このように、徳川氏は政権内に位置づけられた、羽柴家親類の有力臣下大名としてあったのである。

これは、秀吉との書札例にも確認される。秀吉は諸大名に対して、署判が朱印押捺のみで敬称に「とのへ」書きの書状を出していた。家康に対しても、署判は朱印押捺のみであったが、敬称は「殿」書きとされ、諸大名と比べて厚礼であったことが明らかにされている。ここにも、政権内における家康の地位の高さが見られる。

ただし、その徳川氏にあっても、秀吉への意向伺いや上申は、秀吉の側近を経なければならず、また政策指導や後見にあたる「指南」には浅野長吉をつけられていた(「浅野家文書」ほか)。これは、毛利・上杉などの有力諸大名でも同じで、徳川氏は親類として地位は高くても、政権内において決して特別な存在であったわけではなかったのである。

さて、聚楽第行幸の供奉など豊臣政権への従事を終え、天正十六年(一五八八)四月二十七日、家康は駿府へ帰着した(『家忠日記』)。帰着した家康を待ち構えていたのは、相模北条氏が示した豊臣政権への不臣従に対する対応であった。

北条氏が示した不臣従に対して、五月二十一日に家康は北条氏政・氏直父子へ起請文を遣わした(「鰐淵寺文書」)。そこでは、北条領国の保証を約束するとともに、臣従して秀吉のもとへ「兄弟衆」を上洛させるよう促している。そして、これに応じないならば、氏直に嫁した娘の督姫を返してもらい、遠相同盟を破棄することを通達した。ついに家康は、北条氏に対して、臣従の「最後通告」を行ったのである。

北条氏にとって、徳川氏との同盟関係が絶たれることは、自らの孤立を深め、領国「平和」の危機を高めることになりかねない。この事態に、北条氏は屈し、閏五月に秀吉に従う態度を示した(『家忠日記』ほか)。

七月、家康は上洛し、北条氏従属を受けての対応に努める一方、北条氏には、遅れている氏直の叔父氏規(うじのり)の上洛を促す(『記録御用所本古文書』)。これを受け、八月に氏規は上洛し、二十二日には、山城聚楽第で諸大名や公家が列するなか、秀吉に対面し、北条氏の臣従の意を示した（『輝元公上洛日記』）。これでようやく、北条氏は豊臣政権に従う大名となり、関東は豊臣政権の影響下に置かれることとなった。これを受け、常陸佐竹氏ほか北関東大名・国衆らに対しても、秀吉からの上洛の指示と各領国（地域「国家」）の国分執行が通達され、関東の「惣無事」実現が進むこととなる（「潮田文書」）。こうして、家康は「関東・奥両国惣無事」活動に関わる専らの務めであった、北条氏の豊臣政権への従属を成し遂げたのである。

ところで、この頃奥羽では、陸奥伊達政宗と、出羽最上義光を中心とした反伊達勢力が戦争をしている状況だった。伊達・最上両氏をはじめとした南奥羽諸大名・国衆に対しては、政権の取次（外交交渉役）として、すでに羽柴家重臣の富田一白（とみたいっぱく）が活動していた。しかし、奥羽の「惣無事」を実現するにあたり、天正十六年十月、秀吉は伊達・最上両氏との外交関係を持つ家康にその任を委ねた（「伊達家文書」）。だが、秀吉の指示を受けた家康が取り扱う前に、この戦争の和睦は伊達・最上両氏の間で成し遂げられる。ここでも、家康は秀吉に奥羽「惣無事」活動をするための状況整備と助勢を求められたから携わっているに過ぎない。つまり、豊臣政権による「関東・奥両国惣無事」活動は、万事が家康に委託されるというかたちで進められたのではない。あくまでも、秀吉が家康の助力を必要とした時のみ発動されたのである。

このように、豊臣政権による「関東・奥両国惣無事」活動における徳川氏の関わり方とは、徳川氏の領国が政権と関東・奥羽地方との最前線（境目）にあることによる、「惣無事」活動を遂行するための状況整備と助勢の役割としてであった。そこには、徳川氏がそれまでに築いた外交関係と軍事力を有効活用したいという秀吉の思惑がある。したがって、豊臣政権による「関東・奥両国惣無事」活動に支障が生じた場合、家康は真っ先に軍事的解決に努め、さらには制圧した地域の統治にあたる役割（責任）が求められることになるのである。

「国家」改革の実施へ

豊臣権力への従属後、徳川氏は豊臣政権下の有力親類大名として活動した。だが、そのために生じる上洛と上洛中になされるさまざまな人々との交流、さらには政権より課された「関東・奥両国惣無事」活動のための状況整備と助勢の役割は膨大な経費負担を強い、領国の運営も合わせると、財政を大きく圧迫した。すでに従属前より、天正十一年（一五八三）七月二十日～二十四日の大雨と大洪水、天正十三年（一五八五）七月五日の大地震など相次ぐ災害の発生、そして天正壬午の乱、小牧・長久手合戦をはじめとする戦争の連続が、多くの被害や負担を生じさせ、徳川領国（惣「国家」）を疲弊させていた。

しかし、豊臣政権のための政治・軍事活動、経費負担は、徳川氏にとって、その領国（惣「国家」）の政治的・軍事的保護＝領国「平和」の維持のために務め続けなければならない「奉公」であった。また、天正十四年（一五八六）十二月以降、駿河国駿府を本拠とした領国運営の一番の課題は、疲弊した領国の立て直しを図ることであった。それを続けるためには、財政補塡の緊急措置が必要であった。このうえ、豊臣政権のもとでの課役・交流と領国運営による支出増があったとなれば、領国財政に重くのしかかったであろうことは想像に難くない。

このようななかで、天正十五年（一五八七）から翌年の同十六年にかけて、家康は領国財政を補塡するための追加徴税として、「五十分一役」の賦課を実施した。五十分一役とは、蔵入地（直轄地）・給人領・寺社領の区別を問わず、駿河・遠江・三河の三ヵ国では定納（年貢・諸役賦課基準）高、甲斐国国中領では知行高から五十分の一（二％）の額を徴収するという税である。ただし、賦課対象の地域は、徳川氏が直接運営する駿河・遠江両国と奥平領国（設楽郡）を除く三河国、甲斐国国中領に限っている。つまり、国衆領である信濃国や甲斐国河内領（穴山武田領国）、奥平領国、鳥居元忠の支城領国にあった甲斐国郡内領は、それぞれが自治領域として運営されていたため（一二一～一二二、一二五～一二七頁）、賦課の対象外であった。したがって、徳川領国の惣「国家」全体ではなく、徳川氏の本領国（「国家」）に課された追加徴税であったことがわかる。

また、地域により実施状況が異なり、三河国では一年遅れの天正十六年・同十七年に賦課された。さらに甲斐国国中領では、知行高に賦課され、地域で活用されていた甲州枡（弐斗枡）によって、米の分量を示す「俵」を単位とした「俵高」に換算された後、籾米にて納入されたことが確認されている。こうして、五十分一役の賦課は、それぞれの地域事情や慣行のもとに進められ、領国財政の補塡にあてられた。

だが、いつまでも補塡を繰り返し続けるわけにはいかない。そこで、徳川氏は領国財政を立て直し、「国家」存立を図るために、本格的な構造改革（「国家」改革）に乗り出す。まずは、知行高の確定や税を賦課する基準を新たに定めることに取り掛かった。そのための事業が、天正十七年二月から翌年の同十八年正月にかけて施行された検地（土地調査）である。徳川氏の領国では、これ以前にも検地は実施されてはいたが（「穂積俊行氏所蔵文書」ほか）、この時と同じほど大規模の検地が行われることとなった。なお、検地については、村からの申告をもとにした戦国大名の検地は指出検地、検地役人が実地に赴き実測をした豊臣政権の検地は丈量検地（実際は大半が視察程度）と区別されてきた。しかし、このとらえ方は誤りで、現在では、戦国大名は村からの申告をもとに検地役人を現地に赴かせ、実測による検地を実施しており、豊臣政権以降の検地とも変わらなかったことが明らかとなっている。つまり、徳川氏の検地の手法もこれ以前と異なるものではない。

この時の検地について、徳川領国（惣「国家」）の全域となる駿河・遠江・三河・甲斐・信濃の五ヵ国に見られることから、「五ヵ国総検地」と呼ばれている。だが、この呼称は、徳川氏によるこの検地の実態をとらえるのにふさわしくない。

例えば、信濃国での「五ヵ国総検地」の事例として、天正十七年九月に実施された信濃国虎岩郷（とらいわごう）（長野県飯田市）の検地を取り上げてみる（「平沢家文書」）。同検地は信濃国伊那郡に配置された従属国衆の菅沼定利による検地である。定利は、小牧・長久手合戦による信濃政情の不安定ななかで、知久平城に入った（一三六頁）。その後、天正十五年三月以降に定利は飯田城（長野県飯田市）へ移る。定利が管轄する飯田領では、菅沼氏の自治が進められていた。このため、徳川氏から同領内へ出された文書は見あたらない。また、天正十七年九月に信濃国虎岩郷で実施された検地は、俵高制（一反＝三六〇歩制）の採用という点では徳川氏の検地と同様であるが、基準に使用された枡は信濃国の国枡（くにます）（二合枡）であり、菅沼氏独自の采配でなされていた。これらのことから、この検地については、徳川氏が実施した検地には含められない。

さらには、検地帳の残存状況からも、徳川氏による検地が甲斐国河内領（穴山武田領国）、奥平領国、鳥居元忠の支城領国であった甲斐国郡内領で行われたことは確認されない。このことについて、これまでは、これらの地域が山間部であるために検地の手が及ばなかった、または検地自体が途中で終わってしまったためとされてきた。だが、こうした見解はここまで見てきた徳川領国の重層的複合構造を考慮に入れていない。つまり、徳川領国は徳川氏のもとに一元化されていたという視点のもとに説かれてきた見解なのである。しかし、検地の実施地域が五十分一役の賦課と同じく、徳川氏の本領国(「国家」)に限られていることを重視するならば、この検地は「徳川本領国検地」として見ていくことが求められよう。

本領国検地と七ヵ条定書

本領国検地は、伊奈家次(いないえつぐ)(のち忠次)・原田種雄(はらだたねかつ)・彦坂元正(ひこさかもとまさ)ら奉行人(政策執行者)のもとで、本領国内の蔵入地と給人・寺社領の区別を問わず、村ごとに一反＝三六〇歩・大半小制(「大」は一反の三分の二である二四〇歩、「半」は二分の一である一八〇歩、「小」は三分の一である一二〇歩)により、土地の面積を把握することで実施された。そして、この結果をまとめた検地帳(土地台帳)には、土地の等級(上・中・下)、面積、田畠の別、年貢納入の責任者である名請人(なうけにん)が記載された。ただし、名請人の記載は、その土地における本来の年貢納入者と、実際に年貢納入にあたる耕作者とが異なることがあるので、その実情を示すために「〇〇分〇〇作」という分付(ぶんづけ)記載で表記されることもあった。

そして、この検地結果によって把握された各村の田畠面積を集計し、俵高に換算して、年貢賦課基準高が算出された。また、合わせて屋敷地などについても、負担すべき棟別銭（むねべちせん）の額が確定された。この各村の年貢賦課基準高と棟別銭額は、検地を実施した奉行人から各村へ「年貢目録」として通達された（「大場文書」ほか）。これに合わせて、村側からは、検地結果を確認したうえで、了承の証として請負状が提出された（「鳥居家文書」）。

村からの請負状が必要とされたのは、その背景に村請（むらうけ）というシステムがあったからだ。村請とは、室町時代後期より地域団体である村が課せられた年貢・諸役を村の責任で負い、領主へ納入するシステムである。これにより、村は領主と対峙し、地域的領域権力である大名・国衆は、村との関係を体制化してきた（村請制）。このように、大名・国衆は、村との関係に規定されて税を収取（しゅうしゅ）してきたのである。こうした村請制のあり方は、今川領国下の東海地方においても確認される（「東観音寺文書」）。そして、徳川氏もこの村請制のもとで税を収取してきた。したがって、今後の収取にあたっても、検地結果への了承＝「合意」を得る必要があったのである。こうして「合意」を得た年貢賦課基準高は、収取基準として機能し始める。そして、この請負状が提出され、村の年貢賦課基準高が確定したうえで、給人・寺社への知行が保証された。

この検地を通じ、東海地方において公定枡とされている下方枡（しもかた）（三合枡）による俵高制が基準とされた。ただ、甲斐国国中領では、武田氏時代からの地域慣行を活用し、同じ俵高でも甲州枡が採用された。これは甲州枡を採用しても、基準枡となる下方枡との間には「六合摺」(「六合引」、六〇パーセントの割合)の換算率が設定され、その換算をすればよかったためである。こうした換算方式は、すでに戦国大名が採用していて、徳川氏も採用し、それは豊臣大名となっても変わらず継続していた。ここにも、一元化でなく、各地域の地理的・歴史的事情や慣行を重視し、重層的複合構造のもとに運営された戦国・織豊期の大名権力の特徴がうかがえる。

また、徳川氏が採用した俵高制に独自の特徴を認め、豊臣政権下の検地からの相対的な自立性が説かれることがままある。これは、豊臣権力の一反＝三〇〇歩・畝制(一畝＝三〇歩)により土地面積を把握し、京枡を基準とした石高制を用いた、いわゆる「太閤検地」に対して、独自の検地を実施したことを評価した見解である。その一方、この本領国検地が秀吉の命令によるもので、太閤検地の一環としてとらえるべきとの見解もある。

しかし、すでに明らかにされているが、この時期、加賀前田氏や安芸毛利氏なども独自の基準で領国に検地を実施しており、徳川氏に限った特別なことでもない。徳川氏など豊臣政権下の大名権力による領国支配は、豊臣政権の領国(惣「国家」)の政治的・軍事的保護のもと、それまでと変わらず、引き続き自治運営(「自分仕置」)が行われていた。そして、その領国運営に支障があり、存立が危ぶまれた場合にのみ、領国再建のための政権介入がなされた。しかも、この動きは大名側の要請を受けてのことであり、例えば、薩摩島津氏や常陸佐竹氏などで見られた。したがって、豊臣政権のもと、大名領国は均質化されたわけでなく、領国内においては貫高や俵高など独自の基準を設けることができるのが本来のあり方（態様）であり、これは政権の「不徹底」や「限界」ではない。

その一方、この本領国検地が徳川氏による独自の基準のもとで進められたのは間違いない。よって、「太閤検地の一環」とする見方も、太閤検地をどのようにとらえるかを含め、検討の余地がある。実は、豊臣政権の京枡を基準とした石高制と徳川氏の下方枡を基準とした俵高制の間でも、換算ができたことが知られている。つまり、豊臣政権にとって、独自の基準が各領国内で展開しようとも、政権の基準とする石高制に基づくその領国の石高さえはっきり把握できれば、なにも問題はなかったのだ。そもそも俵高は、貫高や石高の積算基準である。だから、俵高さえ把握していればどちらに換算することも可能であった。徳川氏はこの利便性から、俵高を採用したのであろう。

さて、徳川氏は検地の実施と並行して、天正十七年（一五八九）七月七日から翌年の同十八年二月十五日にかけて七ヵ条定書（さだめがき）を各村に出し、今後の大名・給人・村の三者のあり方を定めた（「夏目文書」ほか）。七ヵ条定書は現在、二一〇余通ほど確認されている。その発給地域はやはり、駿河・遠江両国と奥平領国（設楽郡）を除く三河国、甲斐国国中領に限られ、改革事業の対象が徳川領国全体（惣「国家」）ではなく、本領国であったことを裏づけている。同定書は、袖（左端）部分に「福徳」朱印が押捺、年月日記載の下に奉者（担当交付者）の署判が記され、発給された。奉者は、伊奈家次・原田種雄・神屋重勝・彦坂元正・島田重次ら二〇人が確認され、彼らは発給地域の検地を担当した奉行人と同一である。

七ヵ条定書に記された内容について、以下にその概要を示す（『新編岡崎市史』中世2を参考にした）。

第一条、年貢納入については、各村からの「請納之証文」（請負状）に明確なので、少しでも怠ることはあってはならない。地頭（給人）が遠くに居住している場合は、五里以内ならば届けよ。地頭が知行地にあるならば、その所へ納めなさい。

第二条、戦時の陣夫役は、各村に課せられた賦課基準高二〇〇俵につき馬一疋と人夫一人を出しなさい。荷物は下方枡で五斗俵を基準とし、人夫の扶持米は一日六合、馬には大豆一升を地頭が負担しなさい。馬がない場合は人夫二人を課すこととする。そのための費用は「請負一札」の通りに一斗ずつ差し引いて充てる。

第三条、百姓屋敷の分として、一〇〇貫文につき三貫文（三パーセント）の割合で、中田を年貢免除地とする。

第四条、地頭が百姓を家別に人夫として雇うのは一年に十日、代官の場合は三日とする。

第五条、四分一人足役は、各村に課せられた賦課基準高一〇〇貫文につき二人を出しなさい。

第六条、村が請負った年貢は、大風・大水・大旱の時は、検見により定める。その際は生籾で算出を行う。

第七条、村に竹藪があれば、一年に竹木を「公方」（徳川氏）へ五〇本、地頭へ五〇本出しなさい。

以上、右の七ヵ条を定める。地頭がこれを守らない場合は、「目安」（訴状）にて徳川氏へ言上しなさい。

この七ヵ条定書の交付により、給人への年貢納入は各村が提出した「請納之証文」に基づき、村請制のもとで進められること（第一条）、控除分（第三条）、風水害や日照りによる凶作時は、作柄を調査したうえで、その年の年貢額を定める（第六条）ことが確認された。また、各村が戦場への物資の運搬に従事する陣夫役や家屋の四間に一人の割合で負担する四分一人足役も、検地を経て確定された基準高に応じて賦課されることになった（第二条、第五

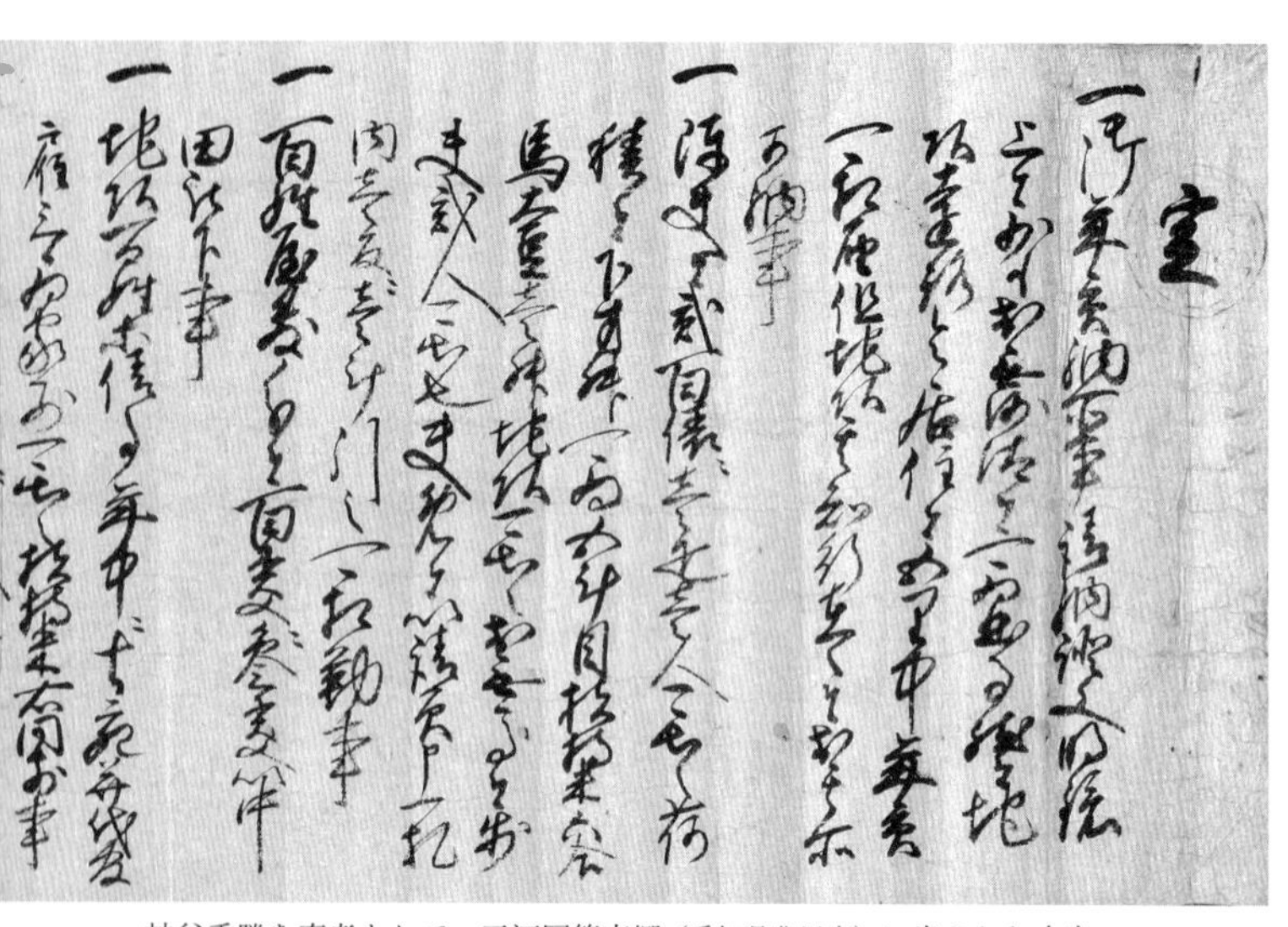

神谷重勝を奉者として、三河国篠束郷（愛知県豊川市）に出された文書。

条）。そして、給人や代官による人夫雇用は期間が設けられ（第四条）、徳川氏や給人に納める竹木の負担にも定数が定められた（第七条）。そして、こうした取り決めに給人が従わず、恣意的な賦課を行う場合は、徳川氏に訴え出て解決するよう指示した。

ここまで述べたことを整理しよう。年貢と諸税・労役の収取は、本領国内では直轄領や給人・寺社領を問わず、村請制を前提とし、検地を経て確定した賦課基準値のもとで実施されるようになった。これにより、年貢や諸税・労役の規定額や人数の確保が明確となり、それまで収取に支障をもたらしていた給人や代官の恣意的な賦課は排除された。

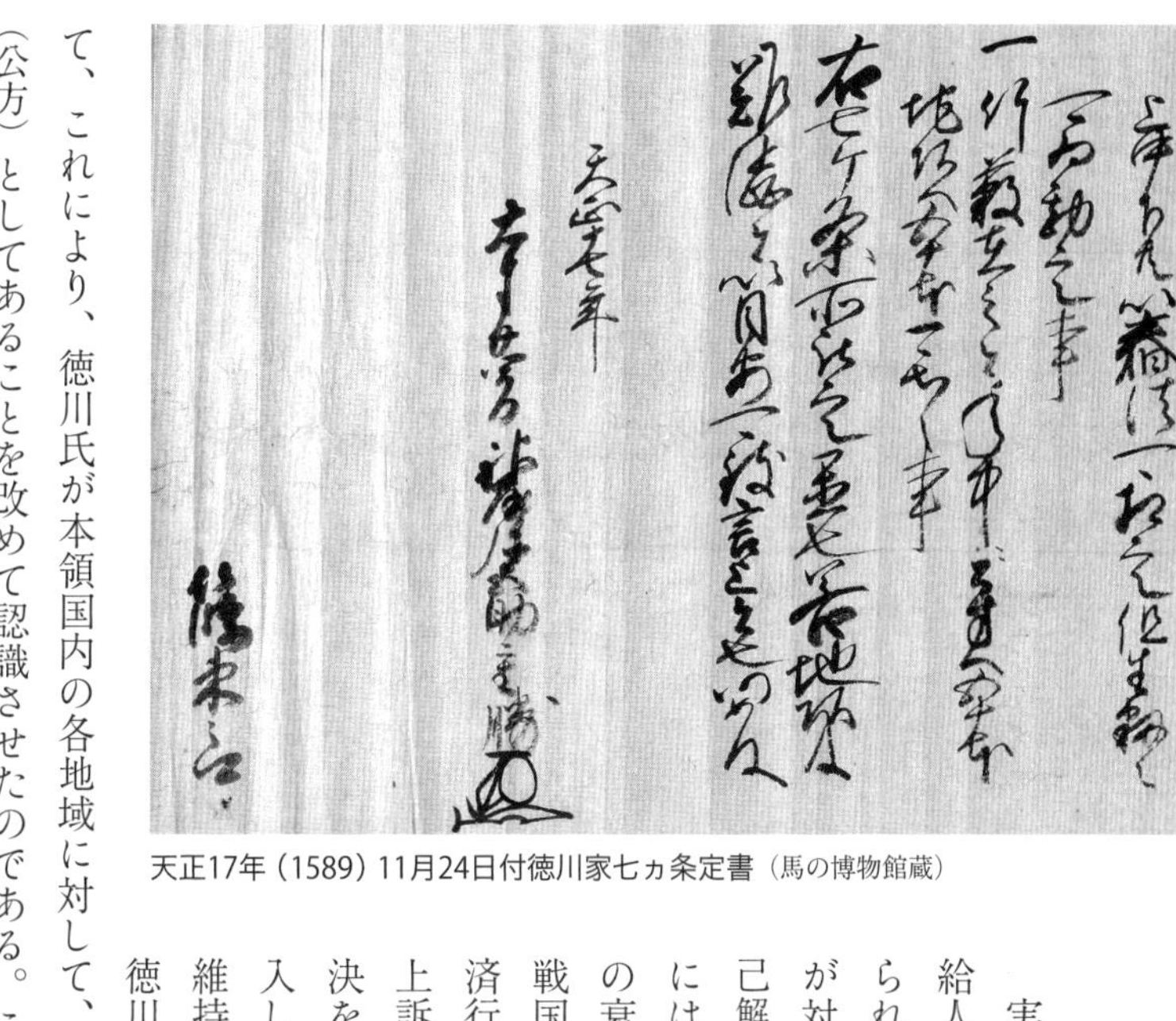
天正17年（1589）11月24日付徳川家七ヵ条定書（馬の博物館蔵）

　実はこうした基準が明確になる前は、給人らによる恣意的な賦課がたびたび見られた。恣意的な賦課を行う給人と村とが対立すると、当時は自力救済（じりききゅうさい）行為（自己解決を前提とした行為）が慣習で、時には武器を伴った紛争に至り、地域社会の衰退を招くことすら珍しくなかった。戦国・織豊期の大名は、こうした自力救済行為に基づく紛争行為を取り締まり、上訴に基づく裁判（「目安」制）による解決を強いた。徳川氏も、「目安」制を導入し、本領国内における領国「平和」の維持に支障をもたらす紛争については、徳川氏自ら解決する姿勢を示した。そして、これにより、徳川氏が本領国内の各地域に対して、領国「平和」の維持にあたる公権力（公方）としてあることを改めて認識させたのである。ここに、徳川氏がこの時に行った「国家」改革の意義がある。

　そして、この改革事業が、すでに徳川氏のもとに給人化（譜代化）しつつあった三河国衆らの支配領域（「国家」）にも及んだことが特記される。本来、彼らの支配領域は自律的なものであり、大名権力が介入すべきものではない。このため大名権力の介入は、彼らが独力で「国家」存立にあたれない場合にのみ、要請されるものであった。したがって、この動きは、三河国衆らが、独力ではもはや「国家」存立を維持できなくなり、徳川地域「国家」（本領国）に「合併」されたことを意味する。

　こうして、この「国家」改革により、給人と村の互いの存立は保護され、そのうえに本領国の領国「平和」が維持された。なお、この改革は、村にあった大名に仕える兵士と住人を分離させ、兵士を城下に集住させるという、いわゆる「兵農分離」政策としてなされたものではない。そもそも、村人らが兵士を勤めたのは、恒常的な戦争状況にあって、生き残るための「非常勤働き」であった。このため、兵農分離とされる現象は戦場が閉鎖（「平和」の実現）され、本来の生業が安定する社会が実現することで、おのずと解決していった「結果」なのである。

　この「国家」改革を経て、徳川氏は領国の財政難に伴う存立の危機をなんとか対処し、俵高制を基準とした賦課体系のもと、豊臣政権下の大名として、よりいっそう活動基盤を確固たるものにした。

上野国沼田・吾妻両領問題への対応

徳川氏が本領国の「国家」改革に取り組み始めた頃、豊臣政権のもとでは、従属した相模北条氏と信濃真田氏との間で争われていた上野国沼田・吾妻両領の領有問題の解決に向けて動きがあった。沼田領と吾妻領は、甲斐武田氏の時から真田氏の支配領域だったが、天正壬午の乱が終わったことで、徳川氏と北条氏の間で結ばれた国分協定により、北条領国に併呑されることが決まった（一一七頁）。だが、その実現をめぐっては係争中のままとなっていた。すなわち、同領を北条氏に割譲されてしまった真田氏にとって、この措置は受け入れがたいことであったのだ。

このため、真田昌幸は北条氏との交戦を決意し、当時従属していた徳川氏から離叛した。そして、天正十三年（一五八五）閏八月の第一次上田合戦が起こったのだが（一四四頁）、徳川氏は戦いに敗れてしまう。この敗戦は、徳川氏の領国（惣「国家」）を動揺させたため、家康は豊臣権力への従属を明確にし、その政治的・軍事的保護のもと、真田氏を麾下の与力小名とすることで事を収めた（一五八頁）。そして、天正十六年（一五八八）八月、北条氏が豊臣政権に従属したことで、「関東・奥両国惣無事」の実現に向けて、その解決が図られることになったのであった。

まず秀吉は、翌年の天正十七年（一五八九）二月、北条氏の使者として派遣された板部岡江雪から国分交渉の内容と経緯を聴聞した。それをふまえて、北条氏政の上洛・出仕と引き替えに領土の裁定を下した（「北条文書」）。その内容とは、沼田・吾妻両領のうち三分の二にあたる領域と沼田城を北条氏の領有とし、三分の一を真田氏に残すものであった。これは、沼田城が属する上野国利根郡（沼田領）の過半を北条氏、吾妻郡（吾妻領）を真田氏の領有とする郡割の解決でもある。そのうえで、秀吉は家康に真田氏へ割譲分の代替地を渡すよう指示した。

天正十七年七月、秀吉の下した裁定を実行するために、羽柴家臣の津田盛月・富田一白の両人が上使として、上野国沼田へ派遣された（「真田家文書」）。徳川氏も重臣の榊原康政を派遣し、二十一日には豊臣政権の上使の立ち会いのもと、上野沼田城は北条氏に渡された（『家忠日記』）。榊原康政が立ち会ったのは、徳川氏もこの問題の当事者であり、その執行を見届ける必要があったからであろう。また、この割譲に合わせて、真田氏には家康から信濃国箕輪領（長野県箕輪町と周辺）が与えられた（「折田文書」ほか）。箕輪領は、飯田城主の菅沼定利が管轄する領域であったが、家康は収公し真田氏への代替地に宛てた。これにより、天正壬午の乱から続いてきた上野国沼田・吾妻領問題は解決し、年内に予定された北条氏政の上洛・出仕が待たれることとなった。

そして九月、豊臣政権は諸大名に対し、妻子を人質として在京させることを命じる（『多聞院日記』）。家康は三男の長丸（のちの徳川秀忠）を差し出す意向を示した。長丸は、天正七年（一五七九）四月七日に別妻の「西郷殿」（『家忠日記』。天正十七年五月十九日死去）との間に生まれた男子で、長男の信康は亡く、二男の秀康は秀吉の養子、同母弟の次（福松）は東条松平氏、五男の満（万）千代は穴山武田氏を継いでいたため、徳川家の嫡子の立場にあった。

秀吉は家康のこの対応を受けて、長丸の差し出しに少し猶予を与える一方、在京中の活動を賄う知行地（「在京賄領」、ただし、当年分は年貢の授与のみ）を、近江国内に与えた。これに対して、家康は秀吉に御礼を述べるとともに、長丸の上洛は少々の猶予を得ながらも、近いうちに上洛させることを伝えている（片山正彦『豊臣政権の東国政策と徳川氏』所載某氏所蔵文書）。なお、この書状は秀吉の側近木下吉隆・長束正家宛てで、秀吉への伝達を願う披露状の様式をとっている。この様式は最敬意を示す書式で、そこに天下人秀吉と自らの立場の差が表われている。

ところが十一月三日、北条氏の家臣で上野沼田城にあった猪俣邦憲が、沼田領内の真田氏の領有にあった上野名胡桃城（群馬県みなかみ町）を奪い取ったという知らせが、徳川氏のもとへ伝わったのである（『家忠日記』）。家康はこの報を真田信幸（この時上野国沼田・吾妻両領を管轄する立場にあった）から受け、上野国沼田・吾妻両領問題の解決を担当した津田盛月・富田一白の両人に伝達し、秀吉にこのことを披露してもらうよう指示した（「真田家文書」）。また、家康からもこの事件は津田盛月・富田一白の両人を通じて秀吉へ伝えられた（「富岡文書」）。

秀吉は、すでに北条氏政の上洛・出仕を待ちかねていたところに、名胡桃城奪取の事件を聞き及ぶ。そして十一月二十四日、北条氏とのこれまでの経緯をふまえ、征伐の意向を示した（「北条文書」）。また、同日には秀吉から家康に書状が遣わされ、翌春には北条氏を征伐する意向を伝えるとともに、相談のため、一刻も早い上洛を求めた。一方、北条氏から申し開きのために来ていた家臣の石巻康敬（いしまきやすまさ）を、津田盛月・富田一白の両人とともに、北条領国との境目に位置する駿河三枚橋城に抑留させ、北条氏には軍事征伐の意向を示し、その返答を伝えるよう指示した（「富岡文書」）。これは、北条氏に対して、氏政の一刻も早い上洛・出仕を強いた最後通牒ともいうべき動きであったが、北条氏側は政権に対して、氏政の上洛・出仕が遅れることと名胡桃城奪取の申し開きを述べ、家康に対しては、政権への取り計らいを依頼するばかりであった（「武将文書集」『古証文』ほか）。

こうした状況に十二月、秀吉は北条氏に対する軍事征伐の実施を決意し、事態は「小田原合戦」へと発展していくことになった。

小田原合戦

天正十七年（一五八九）十二月上旬に上洛した家康は、秀吉より、小田原合戦には翌年の天正十八年正月二十八日（その後二月一日に変更）に先陣として出陣するよう命じられる（『家忠日記』ほか）。また、この時率いる軍勢数として、一〇部隊で三万人が課された（「伊達家文書」ほか）。当時、豊臣政権は諸大名に、石高一〇〇石につき五人の基準で軍役を負担させていた。したがって、徳川氏には六〇万石に応じた軍勢数での出陣が命じられたのであった。この出陣は、豊臣政権による「関東・奥両国惣無事」活動に支障が生じた場合、家康が真っ先に軍事的解決に努めることを役割（責任）とする「奉公」であった（一六六頁）。

その後、帰国した家康は、天正十八年正月三日、嫡男の長丸を上洛させる（『家忠日記』）。家康はまず豊臣政権から求められていた長丸の差し出しを行うことで、政権への臣従の態度をはっきりと示した。また、長丸の上洛は、秀吉の養女となっていた織田信雄の娘小姫君（こひめぎみ）との婚姻（実質は婚約）が目的でもあった（『家忠日記』）。正月二十一日、上洛した長丸と小姫君は、山城聚楽第で祝言をあげる（『多聞院日記』）。小姫君はこの時六歳で、二、三歳の頃より秀吉の養女として鍾愛されて育った。この婚姻は、長らく病床に臥し、正月十四日に死去した秀吉妹で家康正室の旭姫に代わる、羽柴・徳川両氏の縁組みであり、関係の強化に狙いがあった。長丸はこの婚姻の後、正月下旬に帰国する（『家忠日記』）。なお、小姫君は翌年の天正十九年（一五九一）七月九日に死去し（『時慶記』）、この婚姻関係は短期間にして終わってしまう。

さて、徳川氏の出陣は当初正月二十八日、その後二月一日となっていたが、雨天によりさらに延びて、二月上旬から始められ、家康自身は二月十日に出陣した（『家忠日記』）。出陣する徳川勢の部将に対して家康は、戦陣中における軍勢の行動規制を定めた軍法を遣わし、統制ある軍事行動を求めている（「鳥居文書」ほか）。もはや戦争が、大名徳川氏としてでなく、豊臣政権のもとで大規模に行われるなか、諸将にはこれまで以上に統制ある軍事行動が求められることとなった。そのことを、この軍法の発給は示したのである。

出陣した徳川勢は、東海道筋の領国内の諸城を後続の豊臣軍に明け渡し、北条領国との境目である駿河国駿東郡へと進軍した。これに対して相模北条氏は、すでに前年十二月から領国内の防備を固め始め、本城の相模小田原城には一門衆や従属国衆を参集させていた。そして三月三日、伊豆国三島（静岡県三島市）にて戦端が開かれる（「永勝寺文書」）。

一方、三月一日に京都を出陣した秀吉は、同月十九日、徳川氏の本城である駿河駿府城に着いた。翌日の二十日、家康は駿府城の秀吉のもとへ出向いている（『家忠日記』）。二十七日、秀吉は駿河国沼津へ進軍、二十九日には羽柴秀次を大将に、徳川勢を含む軍勢の攻撃によって、北条方の要衝にあった伊豆山中城（静岡県三島市）を攻略した。さらに豊臣軍は小田原へ進軍し、四月には小田原城を攻囲する（「本願寺文書」ほか）。豊臣軍が小田原城の攻囲状況を記載した絵図（「小田原陣仕寄陣取図」）によると、徳川勢は山王川南部対岸に陣し、攻囲にあたったことがわかる（「毛利家文書」）。

この包囲のさなか、四月八日には、北条方として小田原城内にいた下野国衆の皆川広照が助命を願い出ている。秀吉は、広照が以前、従属の態度を示していたことから特別に赦し、家康に従わせた（「真田家文書」）。また、この攻囲の最中、伊豆国（静岡県伊豆半島）が徳川氏に与えられていて、四月二十三日、家康側近の本多正信は下田（静岡県下田市）など攻略を終えた地の土豪に、復興に努めるよう指示している（「星谷文書」）。

この頃、東山道方面からは、越後上杉景勝や加賀前田利家の率いる北陸・信濃勢が、上野国の北条方諸城を攻略し、武蔵国へと進撃していた。また四月末から、浅野長吉・木村一の両人を大将に、徳川家重臣の本多忠勝・平岩親吉・鳥居元忠の三将を配した軍勢が、武蔵国南部、下総・上総両国（東京都葛飾区・江戸川区、千葉県北部から中部の地域）の平定に遣わされ、北条方諸城の攻略を進めた。そのうえ、豊臣政権に従属していた北関東の佐竹・結城・宇都宮諸氏の大名・国衆と安房里見氏が豊臣軍の攻勢に呼応して進撃していた。

各方面からの攻撃は激しく、北条領国（惣「国家」）は劣勢に立たされる。五月二十二日には武蔵岩付城（埼玉県さいたま市）、六月十四日には武蔵鉢形城（埼玉県寄居町）、さらに六月二十三日には武蔵八王子城（東京都八王子市）と、いずれも北条一門衆が管轄する要城が攻落し、いよいよ追い詰められる状況となっていった。

豊臣方が圧倒的な攻勢をかけるなか、六月には、徳川氏の関東への移封、織田信雄の旧徳川領国への移封という、小田原合戦終結後の統治構想についての噂が現実味を帯びるような状況になっていた（「『源喜堂古文書目録』所収小幡文書」『家忠日記』）。一般に、徳川氏の関東への移封は、秀吉にとって脅威の存在であった家康を、この機会を狙って、平定されたばかりの関東へ追いやった動きといわれる。しかし、徳川氏はいまだ、豊臣政権の政治的・軍事的保護のもとにあり、そこでこそ自らの権勢が維持されるような段階にあった。先のような見方は、のちに徳川氏が天下に覇権を確立したという結果論によるものである。これまで見てきたように、徳川氏は豊臣政権の「関東・奥両国惣無事」活動に軍事・外交面で助勢し、それに支障が生じた場合は真っ先に軍事的解決に努め、その後の制圧地域の統治にあたることが役割（責任）として課せられていた（一六六頁）。いま、北条領国の制圧が迫るなか、徳川氏が果たす役割（責任）が関東移封という処遇だったというのが実情である。

また、信雄は北条氏を従属させた働きの後も、豊臣政権の「関東・奥両国惣無事」活動において支障が生じた場合は、徳川氏を補佐する立場にあった。それは、信雄が小田原合戦で徳川氏の後となる二番勢として出陣を命じられたことにも表われている。したがって、徳川氏が関東移封となれば、信雄も同様に、徳川関東領国の後方にある旧徳川領国へ移封されるのは必然であった。つまり、これらの移封は、豊臣政権の政治的・軍事的保護のもと、大名権力としてあった徳川・織田両氏に求められていた役割に基づき、処置されたのである。

さて秀吉は、六月二十六日に築かれた相模石垣山城（神奈川県小田原市）へ入り、小田原城内の北条勢に圧迫を強めていく。豊臣方優位の情勢に、七月五日、当主の北条氏直は投降した。翌日の六日、小田原城は開城し、十一日には戦争の責任を取らされた北条氏政、同氏照（氏政の次弟）らが切腹、当主の氏直は家康の娘婿であったことから助命され、高野山へ遣わされることになった（『家忠日記』ほか）。ここに小田原合戦は終結し、関東に覇を唱えた有力大名の相模北条氏は滅亡したのである。

なお、この合戦中に、奥羽にあって、豊臣政権の惣無事令に抵触していた陸奥国の伊達政宗が参陣、秀吉への臣従の態度を示している。この後、秀吉は「関東・奥両国惣無事」の実現に総仕上げを施すべく、下野国宇都宮（栃木県宇都宮市）、さらには陸奥国会津（福島県会津若松市）に入り、今後の統治を進めるための体制化（関東・奥羽仕置）を図る。この関東・

奥羽仕置を経て、豊臣政権の「関東・奥両国惣無事」は実現し、念願の国内統合である天下一統が成就した。そして、家康は新たな領国となった関東を舞台に活動していく。

関東移封と奥羽の政治状況

ここまでの流れをまとめておこう。天正十八年（一五九〇）の小田原合戦とそれに続く関東・奥羽仕置を経て、豊臣政権による天下一統（国内統合）は成し遂げられた。これにより、豊臣政権は「日本国」を統治する政権として、天下一統後の国内「平和」の維持に努めることになる。七月の相模小田原開城を受け、秀吉から関東移封を命じられた家康は、以後、関東を領国として活動する。

豊臣政権に従属する以前から、「関東惣無事」（関東の大名・国衆の紛争解決や統制）に携わっていた家康だが、従属後は天下人である秀吉が掲げる「関東・奥両国惣無事」のもと、相模北条氏に対して従属交渉したり、奥羽の紛争解決に道筋をつけるなど、助勢することに従事した。この時期の徳川氏は、あくまで秀吉の傘下で活躍してこそ、権勢を誇れる大名権力（豊臣大名）であった。

したがって、徳川氏の関東移封も、豊臣政権による「関東・奥両国惣無事」の一環として行われたのである。結果として、北条氏が豊臣政権への臣従を拒否し、小田原合戦が勃発すると、徳川氏はその軍事的解決を担うべく先陣を務めた。そして合戦後、徳川氏は関東の安定と奥羽への押さえとして、これまでに積み上げた政治活動の実績が買われたことに加え、北条氏が敵対したことによる始末をつける意味で戦後処理を負わされた格好となり、関東に移封されたのである。この移封は、豊臣政権から政治的・軍事的保護を得ている以上、徳川氏としては受け入れなければならない「義務」であった。もし、拒絶した場合は、織田信雄が豊臣政権からの「国替（くにがえ）」命令に領国内の反発を鎮めることができずに拒否し、改易となったように、豊臣政権下の大名としての立場を失くすということであった。こうして関東移封直後は、徳川氏は奥羽への押さえとして、奥羽仕置に従事する。

天正十八年九月一日、羽柴秀吉は陸奥国会津での奥羽仕置を終え、京都へ着いた（『お湯殿上の日記』ほか）。だが、奥羽では豊臣政権によってなされた仕置事業に反発した武士・百姓による一揆が蜂起し始めていた。そして十月十六日、奥羽仕置により改易となった陸奥大崎・葛西両氏の旧臣らが、秀吉が旧大崎・葛西領（宮城県北部・岩手県南部）に配置した木村吉清（よしきよ）に対して一揆を起こす（大崎・葛西一揆）。この大崎・葛西一揆の鎮圧に、伊達政宗や、奥羽仕置によって会津に配置された蒲生氏郷（がもううじさと）が出陣した。また、十一月上旬に一揆蜂起の報を得た家康は、同じ報を聞いて引き返した仕置事業の担当者の浅野長吉と、本城の武蔵江戸城で対策を協議し、徳川家重臣の榊原康政と結城秀康（関東・奥羽仕置により結城家を継承）らの軍勢を派遣することにした（「福島県立博物館所蔵文書」）。奥羽の押さえとして関東に構えていた徳川氏は、早速、陸奥国の紛争解決にあたったわけである。

だが、大崎・葛西一揆による陸奥国の情勢は、伊達政宗と蒲生氏郷との不和から、その後、思わぬ状況に展開する。政宗と氏郷は、政宗が、自身が陸奥蘆名(あしな)氏を滅ぼして得た会津領（福島県会津若松市を中心とした地域）に氏郷が配置されたことや、氏郷が、大崎・葛西一揆の背後に政宗の影響を疑っていたことから関係は悪化、両者の間は緊迫した状況となっていた。

そして、十一月二十四日に氏郷は秀吉に「政宗別心」を訴える（「伊達家文書」）。政宗に謀叛の疑惑ありとの報告を受けた秀吉は、十二月十五日、徳川・結城両氏や、甲斐・信濃・駿河・遠江各国に配置した諸大名、常陸佐竹氏に、また十八日には羽柴秀次にも出陣を命じた（「徳富猪一郎氏所蔵文書」）。ところが、政宗は十一月二十四日、一揆勢により陸奥佐沼(さぬま)城（宮城県登米市）を攻囲されていた木村吉清を救出し、さらには、政宗のこの軍功を氏郷が秀吉に報告している。このことから、いったん出陣は取りやめとなり、二十七日にあらためて、秀次・家康へ出陣を命じた（「伊達家文書」）。これにより、家康は翌年の天正十九年（一五九一）正月十一日に江戸を出陣するが、同日、政宗と氏郷の不和が解消した（「奥州無事」）との報を受け、十三日、出陣中の武蔵国岩付から江戸へ引き返した（『家忠日記』）。

さて、豊臣政権は政宗に、この情勢を招いたことに対する処置を下すため、上洛を命じた。家康も政宗に一刻も早く上洛するよう促し（「伊達家文書」）、しかも、政宗の上洛に際しては、家康自身、翌月の閏正月三日に江戸を発ち、上洛することを決め（『高山公実録』）、予定通りに上洛した（『家忠日記』）。正月三十日に出羽国米沢（山形県米沢市）を発った政宗は、尾張国清須で鷹狩りに来ていた秀吉に謁見した後、京都に入っている。

これにより、秀吉から処置が下されることとなった政宗だが、その間、二月六日の話として、江戸の徳川家中では、秀吉からまた国替を命じられるとの噂が立っている（『家忠日記』）。つまり、この時の秀吉の処置次第では、徳川氏は陸奥国へ移封される可能性があったのだ。これは、関東移封の時と同じく、政宗の関わった陸奥国の混乱した情勢を平らげる処置を、徳川氏が負わされるという意味での移封ということになる。こうしたことから、徳川氏はいまだ関東に本格的な領国支配を敷けるような状況ですらなかった。だが、秀吉は二月、政宗に対し、木村吉清が改易となった大崎・葛西領への移封の処置を下し（「伊達家文書」）、徳川氏の陸奥国への移封は避けられた。ここから家康は、関東領国の支配を本格的に始める。また、伊達氏は秀吉の処分に従い、まずは大崎・葛西一揆の制圧に努めていく。

こうしたなか、天正十九年三月、陸奥国では陸奥南部氏の一族九戸(くのへ)政実(まさざね)らが一揆を起こし、南部信直(のぶなお)に叛旗を翻した（九戸一揆）。信直は鎮圧のため、豊臣政権の援軍を求めた。これを受け、秀吉は六月二十日、羽柴秀次を総大将として、徳川家康、上杉景勝、佐竹義宣、蒲生氏郷、伊達政宗に出陣を命じる（「尊経閣文庫所蔵文書」）。

すでに家康は、秀吉から出陣の指令を受け、六月七日に徳川諸将に対して七月下旬の出陣を指示していた。そして、秀吉からの正式な命令を受け、七月十九日に出陣する（『家忠日記』）。陸奥国白川（福島県白河市）を経て、八月七日には秀次とともに二本松（福島県二本松市）に到着した家康は、政宗によって一揆が制圧された大崎・葛西旧領における伊達・蒲生両氏の知行割（「郡割」）にあたっている（「伊達家文書」）。これは、六月四日に秀吉から秀次とともに実施するよう命じられていたことで、それに従っての行動だった（『御感証文集』）。

その後、家康は政宗の陸奥国岩手沢（宮城県大崎市）への入部につき、同地に入り、伊達氏の本城となる岩出山城や佐沼城の修築に尽力した（「伊達家文書」）。また、新たに伊達領国となった地域の整備には、重臣の榊原康政があたっている（『伊達政宗公記録事績考記』）。徳川氏は伊達領国の整備に努め、伊達氏の存立のために尽くした。一方、九月四日に九戸一揆は蒲生氏郷、堀尾吉晴、徳川重臣の井伊直政など豊臣軍の攻勢によって平定された（「浅野家文書」）。これを受けて同月中旬、家康は秀次と平泉（岩手県平泉町）を訪れた後（「関家文書」）、十月二十九日に江戸へ帰った（『家忠日記』ほか）。

こうして奥羽の政治状況は、豊臣政権の奥羽仕置により「平和」（安泰）を遂げる。これを受けて、家康は関東領国の運営を、より一層進めていくのである。

関東領国の構造と支配

天正十八年（一五九〇）七月、相模小田原城が開城した後、正式に関東移封を命じられた家康は武蔵江戸城に入り、関東における新たな領国（以下、この領国を「関東領国」とする）の統治を始める。なお、家康の江戸入部は、一般に八月一日といわれる。だが、七月十八日には江戸に入っていたことが確認できる（『家忠日記』）。ただ、その後、七月二十八日から八月四日の間に行われた下野宇都宮城での関東仕置によって、関東の諸大名ともども、領国の範囲が確定されている。そして、常陸佐竹氏の領国確定は八月一日付となっている。このことから、八月一日とは、豊臣政権の関東仕置により、徳川関東領国の範囲が政治的に確定したと位置づけられた日付であったようだ。それが、新穂を祝う八朔の祝いと結びつき、徳川将軍家の創成を前提とした「松平・徳川中心史観」のもと、家康が関東入国した日として、江戸幕府による参賀儀礼や江戸庶民の祝賀行事が催されるようになり、今日の認識に至ったと思われる。

さて、関東領国は、徳川氏が担う豊臣政権の「関東・奥両国惣無事」に基づく関東・奥羽の押さえという役割を受けて、形成されていった。例えば、領国の範囲も豊臣政権から旧北条領国をそのままに与えられたわけではなかった。豊臣政権から与えられた徳川の関東領国は、旧北条領国のうち、伊豆・相模・武蔵各国、上野・下総両国の大部分、下野国の一部、安房里見氏より没収した南半分の領域を合わせた上総一国がその範囲として設定されている。これは、豊臣政権のもと、徳川氏が関東・奥羽統治の軍事・外交の要の役割を担い、その立場に見合う権威ある大名として、関東領国が北関東・奥羽方面に対する前線領域として設けられたことによる。慶長元年（一五九六）頃の諸大名の知行高を示したと思われる『当代記』所載の「伏見普請役之帳」によると、その知行高は、豊臣政権の基準とする石高で二四〇万二〇〇〇石にのぼる。このほかに、天正十七年（一五八九）から与えられていた近江国での在京賄領（一八一頁）などを含めると、二五〇万石余であったといわれる。徳川氏の知行高はいまや、豊臣政権内の諸大名のなかで最大のものとなっていた。

そして、武蔵江戸城は徳川関東領国における本城とされた。江戸は、江戸時代の「松平・徳川中心史観」による家康神話では、入部前は寂れた寒漁村だったが、家康によって開かれたとして描かれてきた。しかし、すでに同地は、中世の関東における水陸交通の要地だった。十五世紀、関東を舞台とした享徳(きょうとく)の乱（一四五四〜八三）の時に、太田道灌(どうかん)によって江戸城が築城されたが、そのことで江戸の政治性は高まった。天正年間後半（一五八〇年代）には北条氏政が政治の拠点とし、さらに小田原合戦になると、北関東・奥羽地方への進軍に備える秀吉が、早くも江戸城に「御座所」設置を指示している。これは、東海道の掌握を図るためだった（「富岡文書」）。

　徳川氏の江戸入部は、こうした地理的・歴史的前提のもとに行われた。ここから、江戸は徳川氏だけでなく、豊臣政権の関東・奥羽統治の拠点でもあったといえる。実際に史料を見ていくと、家康を江戸に配置したのは、秀吉の意向（「御諚」）であることがうかがえることから（「浅野家文書」）、やはり豊臣政権による関東・奥羽統治を念頭に置いたものであったといえる。

　豊臣政権の関東・奥羽統治との関わりで設けられた徳川関東領国。それは、地理的・歴史的条件に照らして、大きく三つのあり方で運営された。

　一つは、家康が直接管轄した武蔵南半国・相模東半国（東京都、埼玉県南部、神奈川県東部から中部の地域）、伊豆国からなる関東領国の中核である「本領国」である。その領域は、北条領国のなかでも本拠である相模国小田原領（相模国西郡）と合わせて北条氏の本領国を形成していた。徳川氏のもとでは、それに加え、北条一門衆による自治運営のなされる支城領であった武蔵国八王子・鉢形・岩付の各領が解体し、本領国に編入される。また、北条氏の領国だった時から江戸地域と関わりを持っていた下総国葛西地域（東京都葛飾・江戸川両区）

も組み込まれ、「武蔵国勝鹿郡」と見られるように（「葛西神社文書」）、政治・経済的な一体化をより高めていった。

また、本領国周縁には「一門領」が設けられた。いずれも本領国の北と東の方面だが、北面にあたる武蔵国忍（埼玉県行田市）に四男の松平忠吉、東面の下総国小金（千葉県松戸市）のち同国佐倉（同酒々井町）に五男の武田信吉、東北部の下総国関宿（同野田市）に異父弟の久松松平康元がそれぞれ配置された。徳川氏は、江戸に繋がる水陸交通と流通の要地を押さえることで、本領国の守衛と外縁領域の軍備補完を図った。

一方、外縁部にあたる相模国小田原領や上野・下野両国（群馬・栃木両県）、下総国東部（千葉県北東部）、上総国（千葉県中部）には重臣たちを据え、その周辺に松平一族や三河・信濃国衆らを配置し、守衛を固める。こうして徳川氏は、東山道をはじめとする街道や江戸（東京）湾の掌握に努め、豊臣政権の関東・奥羽統治を進めたのである。

少し具体的に述べよう。相模国小田原には、関東領国の西側の防備と連携のため、重臣の大久保忠世が配置された。上野国南半国・下野国東部において、戦国時代、西上野の統治拠点だった箕輪（群馬県高崎市）には井伊直政が、下野国との関わりを持つ統治拠点の館林（同館林市）には榊原康政が入った。このうち、井伊直政の箕輪への配置には、秀吉の意向があったことが確認できる（「井伊家文書」）。また同様に、館林に配された榊原康政への措置にも、

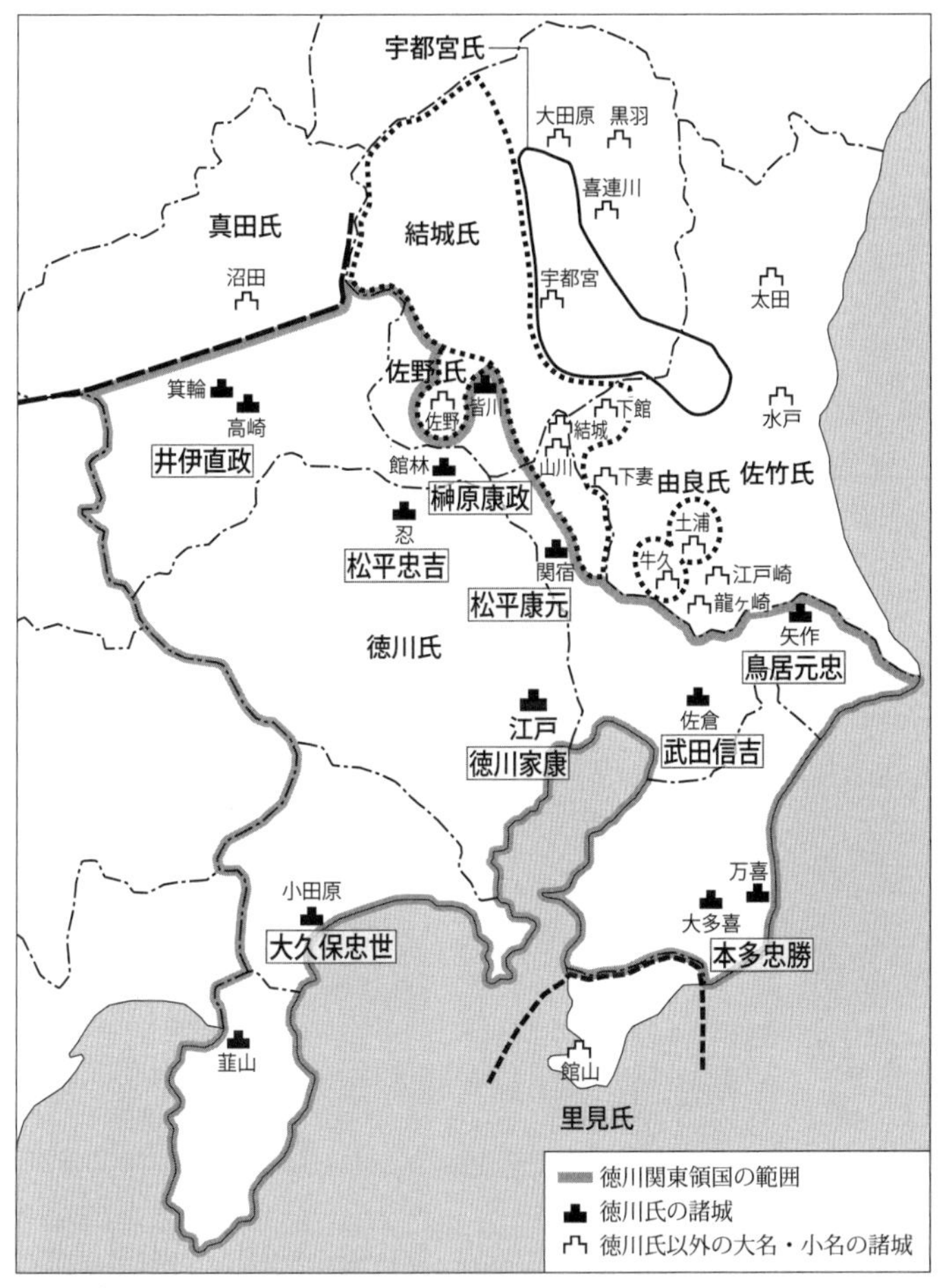

徳川関東領国図（市村高男「「惣無事」と豊臣秀吉の宇都宮位置——関東における戦国の終焉」所載図を一部修正・加筆）

秀吉の意向があったと考えられる。では、なぜ秀吉の意向により配置がなされたのか。これについては、上総国万喜（千葉県いすみ市）に入った本多忠勝を含めて、秀吉が徳川家の家臣に介入したとする見方もある。しかし、箕輪と館林が北関東・奥羽地方へつながる東山道中にあることに注目すると、井伊直政と榊原康政は、徳川家重臣でありつつも、その一方で、豊臣政権の一員として東山道の掌握に備えるという重い任務を担っていたため、配置されたと考えられる。

そして、上野国には三河・信濃両国の国衆らを、下野国にはもとからの国衆皆川氏を配し、関東領国外郭の守衛を固めた。

下総国東端部では、領国の東北方面の最前線に位置する矢作（千葉県香取市）に、重臣の鳥居元忠を配置した。元忠はそれまでにも甲斐国郡内領において、徳川領国東側の最前領域を管轄していた（一二一〜一二三頁）。そこで引き続き、関東領国の配置にあたっても用いられたのである。さらに、前述のように、下総国小金（千葉県松戸市）や戦国時代に千葉氏が本拠とした下総国の要地の佐倉（本佐倉（千葉県酒々井町））を一門領とし、穴山武田家を継承した武田信吉を配置した。また、下総国臼井（千葉県佐倉市）に、穴山武田氏と縁戚関係にある重臣の酒井家次（酒井忠次の嫡男）を配置して信吉を後見させることにより、元忠とともに江戸の東北方面を押さえさせる。そして、その周辺領域には、松平庶家や信濃国衆木曾氏らを配し、関東領国東北部の守衛を固めた。

上総国では、重臣の本多忠勝が万喜に配置された。忠勝は一般に、大多喜（千葉県大多喜町）に配されたことで知られるが、関東入国当時は、忠勝から秀吉の家臣滝川忠征に宛てた書状から、万喜に配置されたことが確認できる（「名古屋大学文学部所蔵滝川文書」）。さらに、その書状によると、秀吉の承諾を得て、万喜城と知行を与えられたことがわかる。それではなぜ、忠勝は秀吉の承諾を得る必要があったのであろうか。

小田原合戦の時まで、万喜城を拠点に同地域を支配していたのは、土岐氏であった。土岐氏は相模北条氏に従属する国衆であり、その支配領域は上総国における北条領国の最前線にあった。つまり、忠勝が万喜城を与えられたことには、北条領国としての上総国の支配領域を継承する意味があったのだ。

小田原合戦において、相模北条氏と敵対する安房里見氏は、秀吉方として北条氏と戦い、その恩賞として、上総一国の領有が承認されることを望んでいた。しかし、秀吉は里見氏に、関東・奥羽統治構想との関係から、本国の安房国（千葉県南部）のみを保証するだけで、上総国にあった支配領域は没収した。このため忠勝は、この時、上総国の支配領域を没収された里見氏への備えと徳川氏による同国の領有確保を目的として、万喜城に入ったわけである。

また、上総国の掌握は、江戸（東京）湾の制海権を確保することにつながった。実際、この制海権を握るために、鎌倉幕府や室町時代の鎌倉府（室町幕府の関東・奥羽統治機関）は上総国の掌握を重要視していた。また戦国時代には、江戸湾の制海権の獲得をめぐり、北条氏と里見氏による戦争がたびたび行われ、北条氏は里見氏により領国下の江戸湾湊地域や鎌倉周辺を攻撃されることがあった。このように鎌倉幕府、鎌倉府、北条氏という相模・武蔵両国を政治的本拠とする武家政権や戦国大名にとって、上総国を掌握することは、江戸湾の制海権を確保し、権力基盤を安定させることをも意味していた。秀吉が里見氏の上総国領有を認めず、家康に上総国を与え、忠勝の万喜城への配置を承諾した背景には、江戸（東京）湾の制海権の確保が、江戸を本拠とした徳川関東領国の安定につながったからだといえるであろう。

では、なぜ秀吉の承諾が必要であったのか。江戸（東京）湾の制海権掌握は秀吉自身にとっても重要なことであった。それは小田原合戦直後、中世東国の政治都市鎌倉が秀吉の直轄地であったからである。豊臣政権にとって、鎌倉を傘下におさめることが、北条氏に代わる関東統治の樹立を意味していた。このことから、鎌倉を直轄地とした秀吉にとっても江戸湾の制海権確保のために上総国を掌握することは、徳川関東領国の安定にとどまらない重要なことであった。ここに、秀吉の承諾が必要であった理由がある。

翌年の天正十九年（一五九一）初頭までに、里見氏からの引き渡しと整備は済み、上総国の徳川領国化が実現、忠勝は大多喜城へ移ることになる。

当該期の徳川関東領国は、徳川氏だけでなく、豊臣政権の関東・奥羽統治のもとに領国が規定され、運営が進められた。その内容は、当主の家康が中核部の本領国を管轄し、その周縁・外縁部に一門・重臣のもと、松平庶家と従属国衆を配するという、それぞれの領域の地理的・歴史的態様をふまえた、重層的複合構造（惣「国家」構造）をなしていたのである。

それでは、こうした領国構造において、支配はどのように進められていったのであろうか。戦国から江戸初期の大名は、広大な領国の運営を円滑に進めるため、大名が直接携わるよりも、一門や有能な重臣に要地の統括を委ね、彼らに大名の方針に基づく政務を執らせた。徳川関東領国でも、井伊直政の上野国箕輪領、榊原康政の上野国館林領、本多忠勝の上総国大多喜領など領国外縁部の要地に展開した支城領域（「支城領」）では、各領域の支配担当者に地域事情に応じた自治運営を任せた。したがって、こうした支城領では、それぞれ独自の裁量で検地を実施するなどして支配が進められた。

そして、江戸本城を拠点に、家康が本領国を直接統治することで、領国支配が進められる。本領国の支配運営にあたり、地方巧者である奉行人の伊奈忠次、大久保長安、彦坂元正、長谷川長綱をいわゆる「代官頭」に取り立てた。そして、伊奈忠次は武蔵国小室陣屋（埼玉県伊奈町）、大久保長安は武蔵国横山陣屋（東京都八王子市）、彦坂元正は相模国岡津陣屋（神奈川県横浜市)、長谷川長綱は相模国西浦賀陣屋(神奈川県横須賀市)を拠点に、配下の手代などを率いて、本領国内の検地の実施、蔵入地の支配、給人・寺社への知行割、交通整備といった実務にあたった。天正十九年(一五九一)には検地が施行され、その結果に基づき、家康署判または「福徳」朱印を付した証状によって、五月から家臣への所領給与、十一月には寺社領保証がなされている。

この時の検地とそれに伴う所領給与や寺社領の保証は、一反=三〇〇歩とする石高制が採用され、それに基づき税賦課と収取が行われた。ただ、地域によっては、永楽銭(えいらくせん)を基準銭とした永高(えいだか)が用いられ、一貫文=米五石の換算基準のもと、税賦課と収取がなされた。この基準は、支城領でも用いられ、徳川関東領国では統一的基準として採用される。このように、徳川関東領国は重層的複合構造(惣「国家」構造)を前提に、統一的基準のもと、支配運営が進められていたのである。

豊臣政権による天下一統は、いま見てきたような大名領国が、天下を掌握した中央権力として君臨する有力大名領国の重層的複合構造(惣「国家」構造)に組み込まれることによって成立している。そこでは、豊臣権力(羽柴氏)の政治的・軍事的保護のもと、大名領国=地域「国家」各々の自治運営が保証されるという仕組み、すなわち惣「国家」構造に基づいた「日本国」の国内統治が進められた。このため、諸大名は、中央権力との政治関係のもとに領国支配を進めることが求められ、自律的な活動や立場の表明は次第に制限されていく。徳川氏では、領国支配において「福徳」印判を押捺した朱印状を用いたが、その終見は文禄二年（一五九三）十二月である（「市川文書」）。そして翌年の文禄三年二月、上洛した家康はそれ以降、京都や山城国伏見（京都府京都市伏見区）に滞在することが多くなり、九月には豊臣政権の一員である「羽柴江戸大納言」＝羽柴家康として、活動していく（「地蔵院文書」）。この動きは、各地の豊臣大名にも見られた。領国「平和」の維持に努めつつ、それを保証する中央権力のもとに連なり、大名権力としての勢威を保つことが求められたのである。家康もまた、豊臣政権下で「羽柴家康」として活動し、有力大名としての勢威を確保していったのであった。

第六章　江戸開幕への過程——天下一統の行方

「唐入り」の実施へ

　天下一統を成し遂げた羽柴秀吉は、いま豊臣政権のもとに統合された「日本国」と、変動する東アジア世界との関係に目を向けた。これは、天下人秀吉の政治的・軍事的威勢（武威）を纏った「日本国」を東アジア世界＝国際社会にどう位置づけるか、ということである。つまり、天下一統は「日本国」国内で完結しなかったのだ。「日本国」の天下一統が成ったいま、国際社会における当時の「日本国」の位置づけが求められたし、だからこそ、東アジア世界での「日本国」のあり方も、天下一統の保持＝「日本国」の国内「平和」に大きく影響したのである。秀吉は、この事業を己が名声を後世に残すべきものとして臨んだのであった（『イエズス会日本年報』ほか）。

　こうしたことから、秀吉は織田氏に代わり天下人となった時から、東アジア世界を意識して活動していた（「伊予一柳文書」ほか）。そして、天正十五年（一五八七）五月の九州平定の後より、豊臣政権は東アジア諸国への外交を開始する。

　秀吉の外交は、東アジア世界の中心（「中華」）を統治する大国の明国（中国大陸の王朝）を対等以上に扱い、通交を求め、朝鮮国や琉球国などその他の東アジア諸国には、「日本国」

に対する国王の「参洛」や入貢を要求し、応じない場合は「誅罰」を宣告する、という方針をとった（「宗家文書」ほか）。こうした秀吉の東アジア外交姿勢は、中華への崇敬と東アジア諸国への蔑視という秩序のなかに「日本国」の位置づけを試みたものである。ところが、明国を宗主国として東アジア世界に展開してきた冊封体制は、当時すでに解体し、貿易利潤を求めるポルトガル人が進出するなど、東アジア世界の秩序再編の動きが生じており、明国の中華統治は揺らいでいた。それでも明国は、豊臣政権の通交要求に応じる姿勢を見せなかった。この対応を受けて秀吉は、明国に代わり中華を安定させ、秀吉の武威のもとに東アジア世界の秩序と「日本国」国内の「平和」を維持するため、「唐入り」（明征服）の実行に踏み切る。それはまた、天下一統により「日本国」国内の「平和」がなったがゆえに働き場を失い村を離れた兵士らに、活躍の場を与えるべく行われたことでもあった。

　秀吉から朝鮮国に参洛を強要するよう求められていた対馬宗氏は、朝鮮国に天下一統を賀す通信使の派遣を求め、実現させる。天正十八年（一五九〇）十一月、天下一統を成し遂げ、朝鮮通信使を引見した秀吉は、朝鮮国が「日本国」へ服属する意を示したととらえ、朝鮮に明征服への先導（征明嚮導）を命じた（『江雲随筆』）。朝鮮国との断交を恐れた宗氏は、秀吉の「征明嚮導」の要求を、明征服のための道を朝鮮に借りるという「仮途入明」の要求に替えて折衝した。だが、朝鮮は拒絶し、秀吉の明征服計画を明へ伝える。

この頃「日本国」国内では、すでに八月に嫡男鶴松を亡くした秀吉が、甥の秀次に羽柴家の家督と関白職を譲り、天下＝「日本国」中央の統治を任せる意向を示した。それとともに、翌年三月の唐入りの実行を明言、黒田長政・小西行長・加藤清正ら九州の諸大名に、肥前国名護屋（佐賀県唐津市）で拠点となる城の築城を命じた（「相良家文書」）。徳川家でも、家康が陸奥出陣中の九月二十四日に「唐入り」が行われるとの情報が入り、十月五日には、「唐入り」が必定となり、家康がその事業に供奉することと、秀次へ天下統治が委ねられることが伝わっている（『家忠日記』）。

肥前国名護屋での在陣

天正十九年（一五九一）十二月末、秀吉は甥の秀次に羽柴家の家督と関白職を譲り、「太閤」と称して「唐入り」に専念する。太閤とは、前関白の称号で、秀吉は羽柴家の家督と、自身の天下人としての立場を表わす地位であった関白職を秀次に譲ったが、依然として「日本国」内における最高権力者の立場にあった。

翌年の天正二十年（一五九二。十二月八日に「文禄」に改元）には唐入りのため、九州・四国・中国諸勢の渡海計画を策定し、諸大名に対しては肥前国名護屋への参陣を命じた（「黒田家文書」「浅野家文書」ほか）。家康も二月二日、江戸を発ち、二十四日までに上洛した後、三月十七日、陸奥南部信直、陸奥伊達政宗、越後上杉景勝、常陸佐竹義宣らとともに肥前国名護屋へ向かった（『家忠日記』『言経卿記』）。家康が留守となる関東領国の支配は、前年の天正十九年正月に元服と公家成（従四位下侍従に任官）を遂げ（『光豊公記』）、この時、従四位下参議となっていた三男で嫡男の秀忠が、宿老の井伊直政と榊原康政の補佐のもとに進められた。なお、秀忠は天正二十年九月九日、さらに官位を従三位権中納言に進める（『公卿補任』）。この秀忠の叙位・任官は、羽柴一門衆の秀長の養子で後継の秀保、秀吉の養子であった秀俊（のちの小早川秀秋）と同年に行われている。こうしたところに、徳川氏の羽柴家親類としての格がうかがえる。また、秀忠は、公家成の時より、氏は豊臣姓で（「菊亭文書」ほか）、名字は慶長五年（一六〇〇）九月まで羽柴を称した（『譜牒余録』）。

肥前国名護屋に在陣するにあたり、秀吉から徳川氏が命じられた軍勢数は一万五〇〇〇人であった（『天正記』）。ところが、秀吉は京都に入った徳川勢の勇猛さに機嫌を損ねたとの噂が立ったことを、奈良の僧侶は日記に記している（『多聞院日記』）。この噂の真偽はともかく、徳川氏の軍勢数が他を圧倒していたことだけは間違いない。そして、四月末に徳川勢は肥前国名護屋にあった。ここで家康は、はじめ肥前名護屋城北東の名護屋浦対岸の地（佐賀県唐津市呼子町）に陣所を設けたが、のちに秀吉の指示によって名護屋城近所（同鎮西町）へ陣所を移し、先の陣所は別陣としたようである（『政宗記』）。

一方、秀吉は「征明嚮導」（実質は宗氏により「仮途入明」にすり替え）に応じるか否かの意を確認させるため、小西行長と対馬宗義智を朝鮮に派遣したが、その返答を待たずして、三月十三日に九州・四国・中国諸勢の渡海を命じた（「毛利家文書」ほか）。さらに同月二十六日、秀吉は肥前国名護屋に向けて、京都を出陣する（『鹿苑日録』ほか）。

そして四月、朝鮮半島に上陸した「日本」勢は、「唐入り」の協力を拒絶した朝鮮国へ攻撃を開始する。ここに、文禄の役・壬辰倭乱（壬辰戦争）は始まったのである。その後、「日本」勢は攻勢を続け、五月三日には首都の漢城を陥落させる（『西征日記』）。この捷報（勝利の報）を受けた秀吉は、五月十八日に「唐入り」実現後の東アジア世界について「三国国割構想」を示した（「尊経閣文庫所蔵文書」）。そこには、豊臣政権による東アジア世界の統治構想が示されていた。これによると、秀吉は後陽成天皇を明国の首都北京へ移し、羽柴家当主の関白秀次を「大唐関白」として政務にあたらせること、「日本国」には良仁親王か智仁親王を帝位につけ、秀次弟の秀保か宇喜多秀家を関白とし、朝鮮国にも秀次弟の秀勝を置く、としている。そして秀吉自身は、東アジア世界における交易拠点の寧波に居所を定める意向であった（「組屋文書」）。

ここからわかるのは、羽柴家が天皇家と一体で東アジア世界の中華、「日本国」の天下に君臨していることである。「日本国」の天下とは、天皇またはその政治集団である朝廷を構成要素とする中央領域とその秩序であった。したがって、武家の天下人は天皇と朝廷を保護し、中央、さらにはそれに従う「日本国」国内の「平和」を維持することに努め、君臨する。この立場は、一般的なイメージとは異なり、織田信長やその後継者となった羽柴秀吉でも変わらない。そして、いま秀吉は「唐入り」実現後の東アジア世界において、中華の頂点に位置するのは天皇であり、羽柴家はそれを保護しつつ統治の実務を担うという図式を示し、「日本国」内の中央統治のあり方をそのまま適用させようとしていた。したがって、秀吉自身の立場も、東アジア世界の政治秩序のもと、保護者として君臨するというスタンスだったのである。

こうして、「唐入り」実現後の東アジア世界の統治構想を示した秀吉と石田三成など側近は、いよいよ朝鮮へ渡海すべく動きだす。これに対し、家康と前田利家は秀吉の渡海について、「不慮の風」（思わぬ風難）により秀吉の身に予期せぬことが起きたら、天下＝中央が乱れると諫言したという。特に家康は秀吉に強く求め、石田三成と激論を交わしたと、秀吉の外交僧西笑承兌（さいしょうじょうたい）の書状に見える（「等持院文書」）。これにより六月二日、秀吉の渡海は翌年三月まで延期されることが決まった（『中外経緯伝』）。

この後、「日本」軍は朝鮮半島全域に経略を進めるが、この頃から朝鮮水軍による「日本」水軍の撃破、朝鮮義兵の決起、明国の大軍派遣により、次第に苦境に立たされていく。こうしたなか、母大政所の危篤（七月二十二日に死去）の報を受けた秀吉は、八月一日に摂津大坂城へ帰る（『兼見卿記』）。この後、秀吉は十一月一日に戻るまで肥前名護屋城には不在であった。この間、家康と前田利家は肥前名護屋城における留守居を任された（『全昌寺文書』）。留守居を任された家康と利家は、羽柴家の家臣酒井俊貞が肥前国名護屋へ下向するにあたり、七月二十三日付の通行許可書を連署で出すなど、活動の形跡が見られる（「酒井家文書」）。

家康と利家が秀吉から留守居を任されたのは、彼らが羽柴家の親類大名であったからだろう。利家は、もともと秀吉と同じ織田家の家臣の出身で、官位は正四位下参議を授かっていた。この時前田氏は、嫡男の利長の所領と合わせて能登国・加賀国二郡・越中国を領有する「清華成」大名（一六二頁）だったが、利家の娘三女麻阿（加賀殿）は秀吉の妻、四女豪は秀吉の養女にあり、羽柴家とは親類でもあった。こうした親類関係から、家康と利家は、秀吉を支える存在として活動していく。

また、この肥前国名護屋在陣の特徴として、「日本国」全域の諸大名・小名が集まったことがあげられる。ここでは、大名・小名の間で「日本之つき合」が求められ（「南部光徹氏所蔵文書」）、家康も在陣中、諸大名・小名との「つき合」（交流）関係を持つ。そのなかで、陸奥津軽為信（つがるためのぶ）からは、南部信直との和解斡旋を求められたりしている（『宝翰類聚』）。その一方、徳川氏は加賀前田氏と水争いを起こし、双方に諸大名・小名が加勢する騒ぎになって、伊達政宗の仲裁で解決した、などのトラブルも生じている（『利家夜話』）。いずれにせよ、肥前国名護屋在陣の場は、家康にとって、領国レベルでの活動時とは異なる諸大名・小名との交流の機会ともなったのであった。

京都・伏見への滞在と交流

天正二十年（一五九二）十一月一日、秀吉は肥前国名護屋に戻り、翌春に渡海する意向を示した。だが、朝鮮での諸将の苦境は変わらず、戦況も長期化しつつあり、やがて戦意を失っていく。そして、秀吉自身の渡海も延期となってしまった。こうしたなか、文禄二年（一五九三）三月になると、家康と利家の渡海も計画された（「伊達家文書」）。ただ、この渡海計画は実現していない。

その一方で明国との講和交渉が進められ、四月十七日に「日本」勢は漢城から撤退する。五月、講和交渉につき、明国使節（「大明の勅使」。ただしこの使節は、講和交渉の折衝者の間で仕立てられたものであって、明皇帝から遣わされた正式の使節ではない）を肥前国名護屋に迎えた秀吉は、家康と利家に使節を接待させる（『中外経緯伝』）。また同月二十日には、家康のほか名護屋在陣の諸大名に対し、使節には毅然とした態度で臨み、配下の者が罵詈雑言を浴びせることなどないよう誓約書を提出させた（「東京国立博物館所蔵文書」）。そして、秀吉は明国使節と対面し、六月二十八日に明国と講和するにあたって七ヵ条の要求を示した（『両国和平条件』）。その内容は、明皇女の天皇后妃化、断絶していた日明貿易の再開、誓詞の交換、朝鮮半島南部（四道）の割譲、朝鮮国王子・大臣の人質差し出し、朝鮮国重臣の誓詞提出など、「唐入り」事業の功績を示すものであった。これを受け、明国使節は帰国する。秀吉はこの講和交渉に、実際の朝鮮半島における情勢とは異なり「勝者」としての立場で臨んだものであった。そのため、このような要求が出されたのである。しかし、当然ながら、この要求では和議はまとまらない。そこで、日明折衝担当者の間で調整（偽作）したうえで、講和交渉は進められていくこととなる。その一方、豊臣政権は戦闘を収束させつつ、朝鮮半島南部の確保に向けて、九州諸大名を中心とした在陣諸将に警固を務めさせた。

　そうしたなか、八月三日、摂津大坂城にて妻淀殿（浅井長政の娘、茶々）との間に後継男子（拾、のちの羽柴秀頼）が誕生する（『時慶記』ほか）。この報を受け、秀吉は肥前国名護屋を発ち、二十五日に大坂へ帰った（『兼見卿記』）。以後、秀吉は肥前名護屋城に戻ることはなく、天下＝「日本国」の中央である畿内に滞在し続けた。家康も秀吉の帰国を追うように、

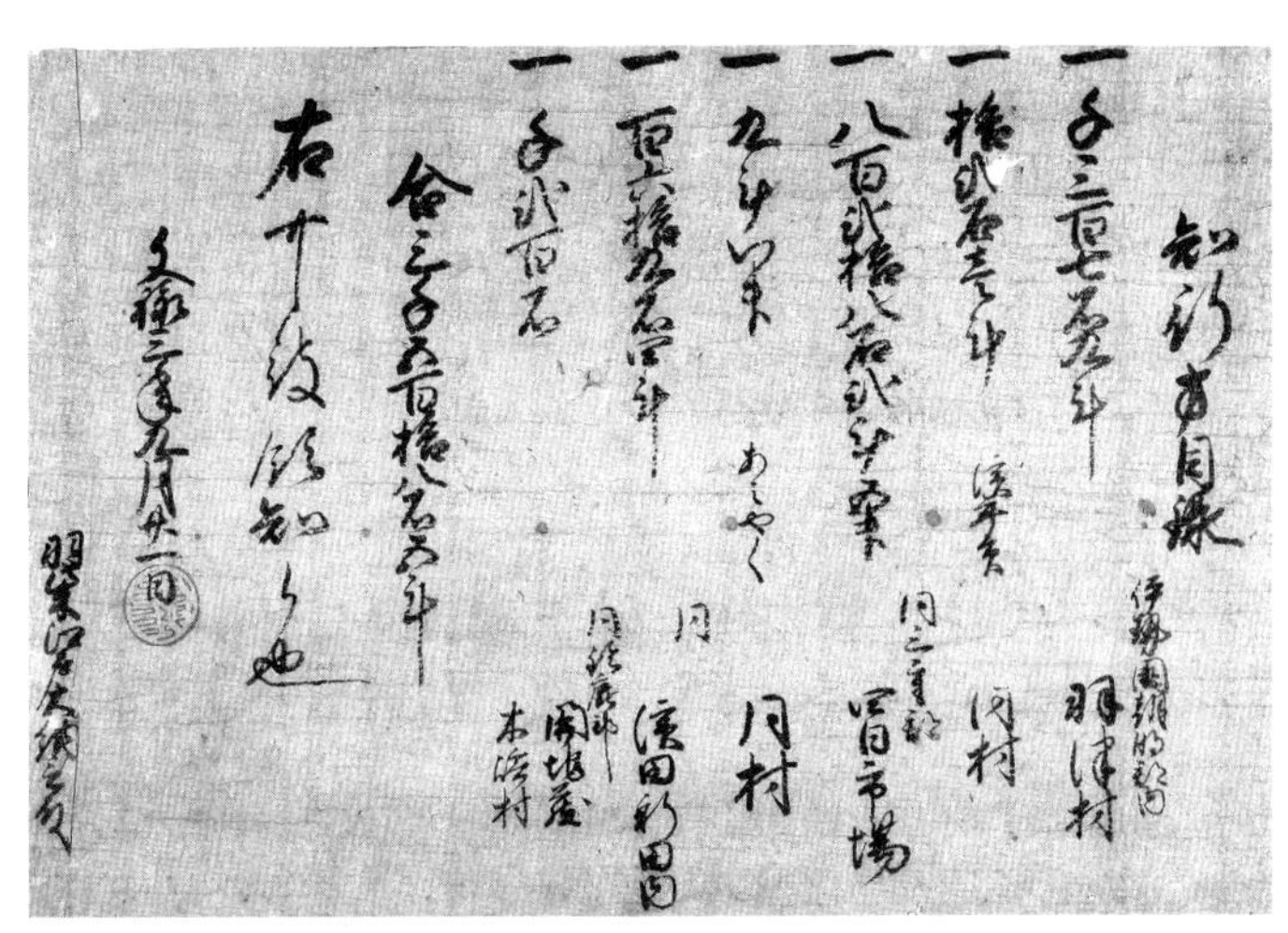

文禄３年（1594）９月21日付羽柴秀吉知行目録（地蔵院蔵、協力：亀山市歴史博物館）
秀吉から送られた文書で、家康は「羽柴江戸大納言」（画面左端）と記されている。

八月二十九日に大坂へ戻る。そして、秀吉に従い京都に滞在した後、十月に江戸へ帰国した（『家忠日記』）。

畿内に戻った秀吉は、文禄三年（一五九四）正月に、山城国伏見（京都府京都市伏見区）の隠居所を新たな政庁として改修するため、築城を命じる。この工事は、東国の諸大名・小名に課せられた。徳川氏も関東領国内の諸将へ一万石につき二〇〇人の負担を課し、二月に上洛し、三月から築城工事にあたっている（『家忠日記』）。これ以降、家康は京都や伏見に滞在することが多くなり、豊臣政権の一員として秀吉に従い、畿内で活動していく。これに伴い、文禄三年九月二十一日には、こうした家康の活動を支えようと、秀吉から伊勢国内において、三五一八石五斗の所領が与えられている（「地蔵院文書」）。

この京都や伏見での滞在のなかで、家康は諸大名・小名だけでなく、公家、僧侶、医師、豪商とも交流を持っていった（『言経卿記』『兼見卿記』）。このうち、公家の山科言経（やましなときつね）は、天正十三年（一五八五）夏から勅勘（ちょっかん）を受けて朝廷に出仕できない身にあり、天正十九年（一五九一）三月から家康より扶持米を支給され養われていた。この関係から、言経は頻繁に家康や秀忠のもとを訪れている。言経の家康訪問時は、碁や将棋の対戦・見物や終日におよぶ雑談がほとんどである。ただ、こうした日常的な交流を通じて、家康は情報の獲得や教養の習得を進めていったのであろう。また、文禄三年から同四年にかけて、家康は言経に系図の新調や他系図との校合（きょうごう）などを求めていることが、言経の記した日記（『言経卿記』）に見える。

このように、家康は豊臣政権の一員として京都の伏見に滞在して活動する一方、交際の範囲を広げ、情報の獲得や教養の習得、そして自家の由緒について整備することに努めていったのである。

秀次事件

羽柴秀吉は後継男子である拾の誕生により、後継路線の変更を考え始め、当主の秀次との政治関係が変化する。秀次は羽柴家当主・関白の座にあったが、しかし、天下人としての実権は、依然として太閤秀吉が握り続けた。官位でも、関白は辞したものの従一位太政大臣のままで、秀次の上位にあった。このため、秀次の政治活動は朝廷との交渉や秀吉の活動を補完することに限られていた。このように、豊臣政権は秀次の当主・関白就任後も、実務は天下人の太閤秀吉のもとで運営されていたのである。

ただ、天下人羽柴家の家督を示す地位にあった関白職は、幼少では就任できない決まりがあった。このため、すぐに拾へ譲ることは無理である。そこで、秀吉は秀次の立場を認めつつ、拾の将来を見据えた対応をとる。その対応とは、拾の誕生後、秀吉が畿内へ戻った直後の文禄二年（一五九三）九月に早くも見られる。それは「日本国」を五つに分け、そのうちの四つを秀次に与え、一つを自身の手元に残すというもので、秀吉は拾の継承を前提とした国内分割案を持ち出している（『言経卿記』）。そして十月一日には、秀吉は拾と秀次の娘との婚約を決める（『駒井日記』）。このように、秀吉は秀次を立てながら、拾への将来の移譲を進めていったのである。

その後、太閤秀吉と関白秀次の両者の政治関係は、目立ったことは何もなく保たれていた。ところが文禄四年（一五九五）七月三日、突然両者の「不和」（関係悪化）が取り沙汰される（『言経卿記』）。この「不和」を招いた直接の真相は不明であるが、その前月に医師曲直瀬玄朔が後陽成天皇よりも秀次の診察を優先したという、「天脈拝診怠業」に関わりがあるとされている。この事態に、秀次は謀叛の意志がないことを起請文に記し、秀吉へ提出していったんは事が収まったかのように見えた（『大外記中原師生母記別記』）。

だが七月八日、秀次は「謀叛」嫌疑への弁明で、山城伏見城の秀吉のもとへ赴いたところ、秀吉の許しを得られないと知り、その夜半に元結を切り、五〜六人の供を連れて高野山へ出奔したのである（『兼見卿記』）。この事を知った秀吉は七月十日、秀次を高野山へ追放したと諸大名に公式報告し（「大阪城天守閣所蔵文書」ほか）、十二日には高野山の住僧に秀次の監視を命じた（「所三男氏持参文書」）。その一方、まず側近の石田三成と増田長盛には、拾への忠誠と秀吉が定めた法や決まり（「法度・置目」）を遵守することを起請文に連署で誓約させ（「木下家文書」）、諸大名にも同様の起請文の提出を求めた（「毛利家文書」）。

ところが七月十五日、思わぬ事態が発生した。秀吉の怒りが解けないことを悟った秀次が、自身の無実を示すために切腹してしまったのだ（『お湯殿上の日記』）。なお、秀次の自害については、これまでは秀吉が命じたものとされてきた。だが、近年は矢部健太郎氏による史料の再検討から、秀次が自ら切腹したことが説かれている。本書でもこの見解が妥当と判断し、その成果に沿って、この「秀次事件」の過程を見た。

さて、秀次自害という事態に、秀吉は諸大名に上洛を促し、拾への忠誠と秀吉が定めた法や決まりを遵守する起請文の提出を急がせた。関東領国へ帰国していた家康も急遽上洛し、七月二十四日に伏見に着き、秀吉に対面している（『言経卿記』）。そして、家康は毛利輝元と小早川隆景と連名で、拾への忠誠と秀吉が定めた法や決まりの遵守、東国への政治対応は家康、西国への政治対応は輝元・隆景の両人が行うことを誓約した、七月付の起請文を「羽柴武蔵大納言家康」として提出している（「毛利家文書」）。また嫡男の秀忠と、豊臣政権下ではこの時、従四位下侍従の官位にあった井伊直政も、諸大名と連名で七月二十日付の起請文を提出した（「木下家文書」）。

このうえで秀吉は、八月二日に秀次の妻子たちを京都三条河原（さんじょうがわら）にて処刑した（『お湯殿上の日記』ほか）。これは、秀次の自害による無実主張を受け入れず、豊臣政権への「謀叛」として事件を処理したことを世間に示したのである。そして八月三日の日付で徳川家康・宇喜多秀家・上杉景勝・前田利家・毛利輝元・小早川隆景の豊臣政権有力大名による連名で、「御掟（おんおきて）」「御掟追加」という掟書を出させ、大名・公家・寺社へ政権下にあるべき態様を定めた（「大井義秀氏所蔵文書」「浅野家文書」ほか）。そこでは、諸大名間の私的な婚姻や同盟が禁じられ、相論は豊臣政権により解決されること、公家や寺社はそれぞれ本来の務めを果たし、政権へ「奉公」することなどが求められた。秀吉は、これを家康など有力大名の連名で定めさせることで、豊臣政権の磐石を示しつつ事件を鎮め、また今後の政権においてそれぞれの果たすべきあり方を求めたのである。

そして、このうえで九月十七日、秀吉は妻淀殿の妹江（崇源院殿）を養女とし、徳川秀忠に嫁がせ、あらためて羽柴・徳川両氏間の関係を強めた（『御年譜』ほか）。こうして羽柴家との姻戚関係を強めた家康は、翌年の文禄五年（一五九六。十月二十七日に「慶長」に改元）五月九日に秀吉同伴による拾の初上洛に供奉し、五月十一日に正二位内大臣となり、十三日には秀吉と拾に従い、牛車（「乗物」）で参内した（『言経卿記』『舜旧記』ほか）。家康のこの立場は、天下人の太閤秀吉に次ぐもので、家康は政権を支える有力親類大名としての威容を誇る存在となることを求められたのであった。

文禄の大地震と慶長の再派兵

秀次事件に「日本国」国内が揺れていた文禄四年（一五九五）、明国との講和交渉は続けられていた。話は遡るが、その前年の文禄三年に明国との折衝担当を務めていた小西行長らは秀吉の要求を「日本国王」としての冊封にすり替え、秀吉の明国へ降伏の意を示した「関白降表」を偽作して明国に遣わした。これを受け、明国は「日本国」へ使節を派遣した。

その頃、秀吉は進展しない講和交渉のなかで、文禄四年正月十五日に関白秀次を肥前国名護屋に出陣させ、朝鮮半島への再派兵計画を示していた（「島津家文書」）。このなかには、徳川秀忠配下の軍勢二〇〇〇〇人に朝鮮における「日本」勢の諸城留守居を命じる記載も見られた。だが、明国使節が派遣されるとの報せを得た秀吉は、この計画を撤回し、五月十二日にあらためて講和条件の要求を行った（『江雲随筆』）。その内容は、①明皇帝の命により朝鮮国を許す代わりに朝鮮国王子を人質として差し出し、「日本国」が管轄する朝鮮半島南部をその王子に与えること、②朝鮮半島南岸に設けた諸城（いわゆる「倭城」）一五城のうち一〇城を取り壊すつもりであること、③明皇帝の求めにより、秀吉は上位者の立場から朝鮮国を許すので、明国の勅使が皇帝の詔書を携え「日本国」に来ること、また以後、日明両国間の勘合貿易を実施すること、であった。ここには、文禄二年（一五九三）六月二十八日の時の七ヵ条におよぶ要求（二一四頁）に比べ、譲歩が見られるが、「唐入り」の功績としていた朝鮮国王子を人質として差し出すことと、朝鮮国南部を割譲することは依然、要求として貫かれていた。

こうしたいきさつを経て、秀次事件を鎮めた後、秀吉は明国使節を迎えるべく準備を進めた。そして、明国使節も文禄五年（一五九六）閏七月に朝鮮国釜山を出発し、「日本国」へ向かう。ところが、閏七月十二日から十三日にかけての深夜に畿内では大地震「文禄地震」

が起きた。マグニチュード八の規模ともいわれるこの大地震により、多くの死者が発生、倒壊も起き、秀吉のいた山城伏見城でも、天守閣をはじめ建造物が崩壊した。また、同地の家康の屋敷では長屋が崩れ、加々爪政尚ら家臣が亡くなっている（『言経卿記』ほか）。この惨事のなか、秀吉は十五日に山城国木幡山（京都府京都市伏見区）に新たな伏見城を築く準備に取り掛かった（『当代記』）。

一方、秀吉は九月一日、摂津大坂城で明国の使節と対面する（『舜旧記』ほか）。この場で、秀吉は「日本国王」の冊封を受け、列席した家康は筆頭として右都督となるなど、明国の官職が諸大名にも授与された（米谷均「豊臣秀吉の「日本国王」冊封の意義」）。だが、後日になって、明使節が朝鮮半島からの「日本」勢の完全撤退を求め、さらには朝鮮国王子が差し出されなかったことに秀吉は激怒する。秀吉は、朝鮮国王子の人質と半島南部の割譲を「唐入り」の功績とするつもりだったからだ。

その結果、講和交渉は決裂した。そして慶長二年（一五九七）二月、秀吉は一門衆の小早川秀秋を総大将に、朝鮮国への「日本」勢の再派兵を命じた（「島津家文書」ほか）。ここに、慶長の役・丁酉倭乱が始まったのである。

豊臣政権の政治運営へ

慶長二年（一五九七）から始まった慶長の役・丁酉倭乱は、朝鮮半島南部の確保を目指した戦争であった。戦闘は六月から開始され、「日本」勢は朝鮮半島南部の確保に攻勢をかけていたが、やがて明・朝鮮両国の軍勢による反攻に苦戦を強いられる。

ところで、朝鮮半島での戦争のかたわら、秀吉は慶長二年九月、すでに前年中に「秀頼」と改名していた拾（以下、秀頼）を禁裏（天皇御所）で元服させるため、二十五日、家康らに供奉させて秀頼とともに上洛し、二十八日に参内のうえ、秀頼を従四位下左近衛権少将に任じさせた（『言経卿記』『舜旧記』ほか）。翌日の二十九日、秀頼の官職は左近衛中将となる（『歴名土代』）。そして、翌年の慶長三年（一五九八）四月十八日には秀頼は秀吉とともに参内、二十日には、数え年わずか六歳にして従二位権中納言となった（『言経卿記』『公卿補任』）。秀吉は後継の秀頼に天下人を継承させるべく、その立場を固めることに勤しんだ。

だが同年春以来、病の身にあった秀吉は、六月に入り、症状を重くしていく（『西笑和尚文案』）。いよいよ豊臣政権は、「唐入り」失敗のうえに、秀吉の病気と、後継秀頼がまだ幼少ということも重なり、天下＝「日本国」中央の統治、また天下一統＝「日本国」内の「平和」の維持に関わる緊急事態を迎えてしまった。この事態に、死期を悟った秀吉は七月、秀頼への忠誠を誓った起請文を諸大名にあらためて提出させる(「毛利家文書」)。この時の起請文提出の宛て先は、徳川家康と前田利家になっている。羽柴一門大名が、相次ぐ死去により小早川秀秋のみとなった心許ない状況で、彼ら二人の有力親類大名が秀頼による豊臣政権を支えるべき存在として位置づけられていたことが確認される。そして八月、病床に臥せった秀吉は、秀頼が成人するまでの間、これまで豊臣政権を軍事・外交と政治秩序面で支える立場にあった有力諸大名を政権中枢に参加させ、政権運営の実務にあたっていた秀吉側近と共同で政務を執ることを求めた。いわゆる「五大老」「五奉行」の設置である。

なお、五大老・五奉行の呼称であるが、実は江戸時代に命名されたもので、同時代に用いられたものではない。そして、五奉行が自らの集団を「年寄(としより)」、五大老を「奉行」と呼んだのに対して、徳川家康らは五奉行を「奉行」と呼んでいたことが明らかになっている。そもそも、この政治集団を設置した秀吉自身も五大老＝「五人のしゆ」、五奉行＝「五人の物」と呼んでいる(「毛利家文書」)。ここから、五大老・五奉行とは豊臣政権の政治機構(職掌)ではなく、政権の緊急時を乗り越えるため、運営に携わることを求められた有力者・実務者の政治集団であったことがわかる。本書では、このことをふまえたうえで、五大老・五奉行の呼称を用いることとしたい。

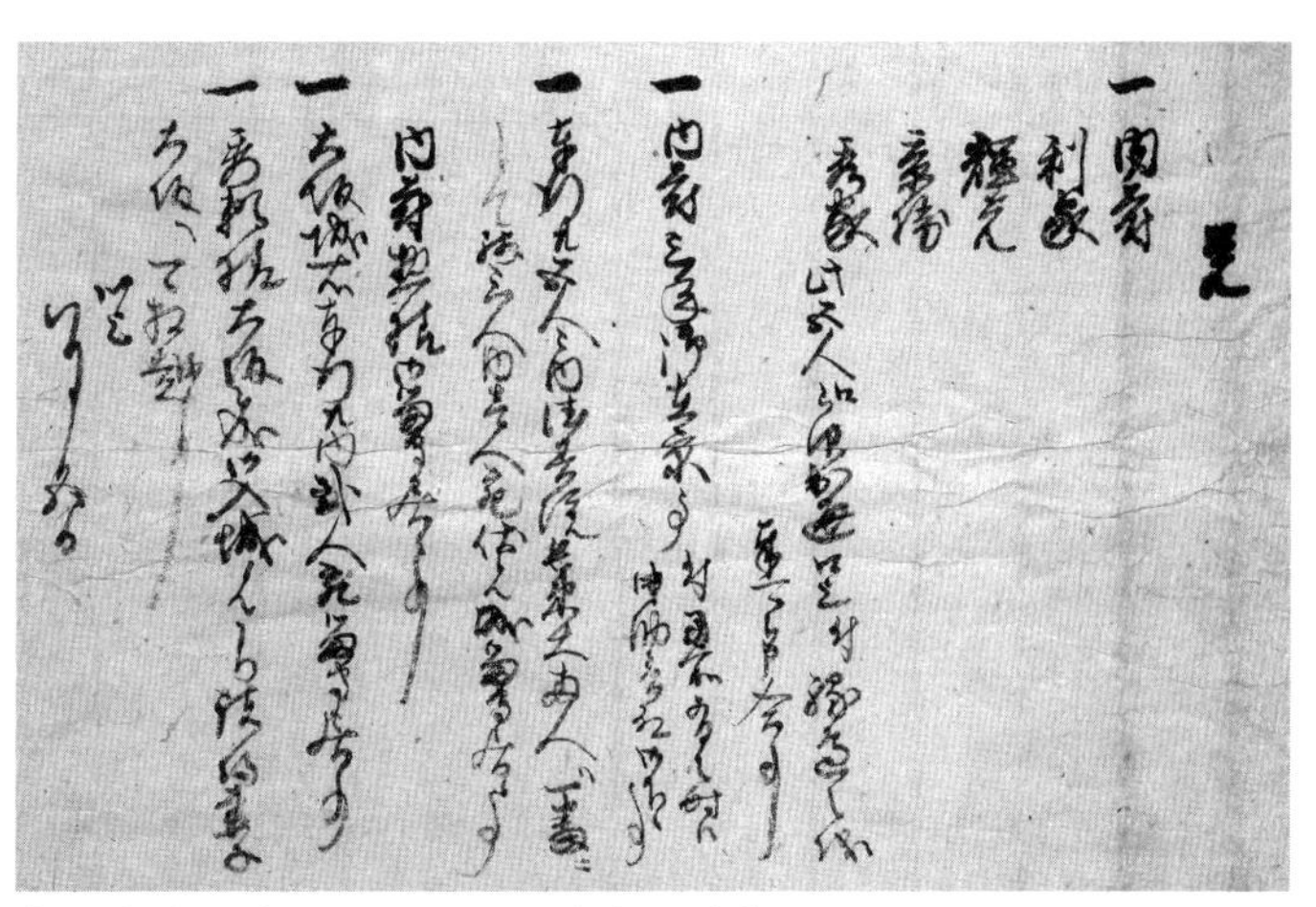

慶長3年（1598）8月5日付羽柴秀吉遺言覚書案（早稲田大学図書館蔵）
秀吉が亡くなる直前に、五大老の結束を求め、家康の伏見留守居としての役務を定めた覚書。

さて、五大老・五奉行であるが、それぞれ配置されたのは次の人物である。

五大老…徳川家康・前田利家・宇喜多秀家・上杉景勝・毛利輝元
五奉行…前田玄以（げんい）・浅野長政・増田長盛・石田三成・長束正家

まず五大老であるが、彼らはいずれも「清華成」した豊臣政権下の有力大名である。また、家康・利家・秀家は、羽柴家とは親類関係にもある。このことから、読者諸賢は、この五大老こそが豊臣政権の実務を担う政治集団としてイメージを持たれよう。だが、実はそうではないのである。彼らはあくまでも秀頼を補佐すべき代行者として、五奉行による政治運営に支障がなきよう取り計らい、その処断は秀吉の定めた通り(「太閤様御置目」)に進めることを求められたのだ。つまり、彼らには政治運営における独自の判断・執行は許されず、あくまで豊臣政権と天下一統=「日本国」内「平和」の維持を支えるために、秀頼の成人=天下人就任まで補佐役としてあったのである。このことを示すかのように、彼らの政治運営は、朝鮮国からの撤退に対処したことを除いて、日常的に一同が集まることはなく、それぞれの邸宅に文書が回覧されたものに承認を加え、花押を据えるだけであったと推測されている。

ただし、このうち家康と利家に関しては、それぞれ伏見・大坂に滞在し、五奉行から求められた際は、他の大老とは異なり、相談に応え、助言を与えていた(「浅野家文書」)。そして、八月五日には秀吉から、五大老の間で縁組みを取り結ぶこと、家康は三年在京し、伏見で留守居を務めることが指示されている(「早稲田大学図書館所蔵文書」)。このように、彼らの求められた役割とは、緊急時にある豊臣政権の政治実務への「権威」づけにこそあったのだが、なかでも家康・利家の両人には相談役・助役としての立場が求められた。

したがって、豊臣政権の政治実務は五奉行によってこそ進められた。そもそも彼らは、秀吉の側近としてこれまで秀吉の意向をふまえ、政策の伝達・執行、蔵入地の算用、訴訟の処理、諸大名・小名への指南(統制担当・政治指導役)、都市行政などに活躍してきた実務者である。豊臣政権には、彼らのほかにも政治運営に携わる奉行人はいるが、彼ら五人が選ばれたのは、その力量と実績が高く買われたからであった。こうしたことから、彼らは政治実務を担うべく期待され、日常的に活動したのである。彼らには定期的に集まる日が設けられ、合議のうえ、蔵入地の運営や訴訟の処理などの政務を進めていた。

このように、秀吉は死後の混乱を予期して、これまで政務を担ってきた五奉行に政治運営を任せ、五大老にそれを「権威」づけさせ、また家康・利家を中心に支障がなきよう取り計らわせることで、秀頼の成人＝天下人就任までを乗り切ろうとしたのである。こうしたなかで、家康は五大老の一人として、限定的ながらも豊臣政権の政治運営に関与することを認められた。これが、秀吉死後の政情において、彼の立場や活動に大きな影響を及ぼすことになっていく。

秀吉死後の政争と家康

慶長三年（一五九八）八月十八日、天下人の羽柴秀吉は山城伏見城にて六十二歳の生涯を閉じた（『舜旧記』ほか）。朝鮮出兵、後継秀頼の幼少という不安定な状況のなか、混乱を避けるよう秀吉の死去は秘匿（ひとく）され（公表は同年末）、五大老・五奉行の政治運営のもと、朝鮮国からの撤退が進められることになる。

撤退事業のため、五奉行の浅野長政・石田三成らが筑前国博多（福岡県福岡市）に下向する一方（「黒田家文書」ほか）、九月三日には五大老・五奉行の一〇人が揃って、秀頼への忠誠に努め、恣意なきように互いの関係を確認する起請文を認めた（「毛利家文書」）。この背景には、すでに家康と五奉行の間に「半不和」の噂が生じていたことがある（『萩藩閥閲録』）。秀吉の死去直後、緊迫した空気のなか、五大老・五奉行は、あらためて秀頼への忠誠と互いの関係を確認し、まずは朝鮮国からの撤退事業にあたったのである。これにより、十一月末、朝鮮半島に在陣していた諸将が「日本」への帰国の途につき、十二月には博多に帰着した（「神屋文書」ほか）。ここに、七年におよぶ対外戦争は終結し、豊臣政権には疲弊した「日本国」内の再興のもと、天下一統＝国内「平和」の維持が求められた。

慶長四年（一五九九）正月十日、秀頼は父秀吉の遺言により摂津大坂城に移る。この時、家康も供奉するが、すぐに伏見に戻っている。だが十九日になると、四大老・五奉行が家康を糾問した（『言経卿記』）。これは、家康が伊達政宗、福島正則、蜂須賀一茂（のち家政）と姻戚関係を結んだこと（「縁辺の儀」）に対する詰問であった。秀吉生前より、豊臣政権下では大名同士による同盟や私婚は禁じられていた（二一九頁）。ところが、家康はこの決まりを破り、伊達政宗、福島正則、蜂須賀一茂との姻戚関係を結んだのである。ここには、こうした諸大名との関係構築にこそ秀吉死後の豊臣政権の安泰を見る家康と諸大名の動きがあったわけであるが、政治運営に携わる四大老・五奉行はこの動きを問題視した。特に、五奉行の一人石田三成は、家康を討とうと動きだした。三成のこの動きに対し、池田輝政（家康の娘婿）、福島正則、黒田如水・長政父子、藤堂高虎、森忠政、有馬則頼、金森長近、織田有楽斎、新庄直頼が伏見の家康邸を護るべく参集したという（『家忠日記追加』）。また、豊臣政権の中枢から静養のため退いていた大谷吉継も、この時馳せ参じた（『当代記』）。これらの諸将は、家康支持と石田三成などへの反発から、徳川方として行動したのである。さらに、二十九日には関東領国から榊原康政らが率いる軍勢が駆けつけた（『義演准后日記』）。

一触即発の空気のなか、二月五日、家康と四大老・五奉行は、昵懇を心がけ、秀吉の定めた決まりや前年の慶長三年九月三日に五大老・五奉行の間で交わした誓約を遵守することなどを記した起請文が交わされ、和平に至る（『諸将感状下知状幷諸士状写』）。そして、事態収拾のため、家康の姻戚関係を結んだ行為は不問とされた。

秀頼の傅役にあった前田利家は、この後、事態収拾を図るべく病の身を押して二十九日に伏見の家康邸に赴いている。これに対して、家康も三月十一日に大坂の利家邸を訪れ、事態の沈静を示した（『当代記』）。こうして家康への糾問に始まった緊迫した情勢は、家康と利家の両有力親類大名が和解を示すことで静まったかのように見えた。このなかで、家康は今回の一触即発の事態を受けて、伏見の屋敷を文禄地震で倒壊した伏見城の一郭にあった向島（むかいじま）（京都府京都市伏見区）に移している（『当代記』）。

そうしたところ、閏三月三日、利家が死去してしまう。これにより、収まったかのように見えた政争が再び動きだした。利家の死去翌日、現状の五奉行による朝鮮出兵時の振る舞いを含め、彼らによる政治運営に不満を持つ長岡（細川）忠興（ただおき）、蜂須賀一茂、福島正則、藤堂高虎、黒田長政、加藤清正、浅野幸長（よしなが）のいわゆる「七将」（「七人大名衆」）が、対家康の急先鋒であった石田三成を大坂で襲撃したのである。この襲撃は、「七将」が家康に三成の成敗を働きかけるために行われたのであった。三成はこの襲撃に際し家康から和解をとりつけたうえ、大坂を退き、伏見城内の自邸に入った（『慶長年中卜斎記』）。三成が伏見に逃れたのは、この時、三成に味方する大老の毛利輝元と上杉景勝、五奉行の前田玄以、増田長盛、長束正家が同地にいたためである。

一方、「七将」のうち黒田長政と加藤清正は三成を追って、また浅野幸長も家康の了承を得たうえで伏見に向かった（『慶長年中卜斎記』『譜牒余録』）。こうして徳川方勢力と毛利・石田諸氏の反徳川方勢力との間で「騒動」となり、この事態の解決には秀吉室の北政所も動いたという（『言経卿記』）。最終的には、家康と輝元・景勝の間で収拾策がまとめられ、三成の近江佐和山城（滋賀県彦根市、三成の本城）への退隠により解決することが決まった（『厚狭毛利家文書」)。この決定に従い、十日に三成は佐和山城へ向かっている(『言経卿記』)。

そして、十三日に家康は、黒田長政などの尽力により、豊臣政権の政庁である伏見城に入城した。この動きにより、世間では家康が天下人(「天下殿」)になったと認識された(『多聞院日記』)。伏見城に入った家康は、二十一日に毛利輝元と起請文を取り交わし、互いの昵懇を確認して、一連の騒動を鎮めた(「毛利家文書」)。このように、豊臣政権内部の激化した政争を経て、家康は秀吉死後の中央統治と天下一統の保持を担う存在として期待され、指導力を獲得していったのである。

この後、七月九日、家康は薩摩島津領国における宿老伊集院(いじゅういん)氏による反乱(庄内(しょうない)の乱)に島津氏を援護するため、肥後相良(さがら)氏など周辺の九州小名に出陣を命じる(「相良家文書」ほか)。庄内の乱は、三月九日に島津忠恒(ただつね)(のち家久)が宿老の伊集院忠棟(ただむね)を殺害したことから、島津氏に対して忠棟の子忠真(ただざね)が、日向国庄内地域(宮崎県登城市)で起こした。家康は、島津領国内の反乱の解決に、豊臣政権の主導者として、周辺の九州小名に援護を指示したのである。また、同月には東南アジアのパタニ(太泥)国からの書翰に秀頼の補佐役として復書を遣わし、「日本国」国内における自身の主導権を示した(『異国日記』)。そして八月十四日には、家康は後陽成天皇のもとに参内した(『お湯殿上の日記』)。この時、朝廷は参内した家康を秀吉と変わらぬように扱い、天下人として認めた。

天下人として豊臣政権内の主導権を示そうとする家康のこうした動きに、大坂城内では、九月九日、秀頼のもとへ重陽の節句に合わせて登城する家康を暗殺する計画があったという（『慶長年中卜斎記』）。この計画を増田長盛の通報により知った家康は、伏見にあった軍勢を率いて臨み、大坂城を占拠して豊臣政権の政治運営（「天下の御仕置」）を掌握した。大坂城内におけるこの一連の政変（「騒動」）は、十三日には大方鎮まったらしい（『言経卿記』）。また、その一方で家康は、大坂城中の反徳川勢力との関わりを疑われた加賀前田利長、肥後加藤清正の上洛を阻むべく大谷吉治（よしはる）（吉継の養子）と石田三成配下の軍勢を越前国に、また菅（かん）達長（みちなが）・有馬則頼の軍勢を淡路国（兵庫県淡路島）に配置した（『慶長年中卜斎記』『看羊録』『薩藩旧記雑録』）。

こうして大坂城を占拠し、豊臣政権の政治運営を掌握した家康は、二十七日、秀吉室北政所が退いた同城西の丸に入る（『諸将感状下知状幷諸士状写』ほか）。これによって、秀頼のもとでの執政役の立場を強く示し、これまでの決まり（「置目」）をあらためたうえで、政務を執り行う。以降、家康は政治運営を主導し、所領の給与や訴訟の処理、庄内の乱や宇喜多騒動（備前宇喜多氏の家中騒動）の解決を図った。こうした動きのなか、退隠の身にあった石田三成、この政変中に失脚した浅野長政を除く三奉行（前田玄以・増田長盛・長束正家、以下彼らを「三奉行」と表記する）は家康主導の政治体制を支えていく。

だが、家康の立場と主導権とは、あくまでも羽柴家当主の秀頼のもとに規定され、秀吉死後の豊臣政権における政治運営の体制（いわゆる「豊臣体制」）のなかで発揮されるものだった。こうして、家康は「豊臣体制」下の執政役として活動していく。

関ヶ原合戦

一連の政争を経て、豊臣政権の中枢を掌握した家康であったが、加賀前田氏との緊張関係はその後も続いていた。よって、加賀征討も囁かれたようであるが、慶長五年（一六〇〇）になると、前田利長は徳川氏に従属する意向を示し、家康五男の武田信吉を養子にして加賀国二郡を割譲することを申し出た。さらに、母芳春院（ほうしゅんいん）を江戸へ人質に出すことを決め、二月頃に和睦となった（『当代記』『慶長年中卜斎記』）。これを受け、芳春院は五月に人質として江戸へ下向したが、武田信吉の養子縁組と加賀国二郡の割譲は取り止めとなっている（「尊経閣文庫所蔵文書」『当代記』）。これをもって五大老の一員であった加賀前田氏は、「豊臣体制」下の天下人家康に従う大名となったのである。

さて、加賀前田氏との和睦がなった同じ二月頃より、今度は陸奥国会津の上杉景勝との関係が問題となった。上杉氏は、慶長三年（一五九八）正月十日に羽柴秀吉より、それまでの越後国から会津への「国替」(移封)を命じられ移っていた(「上杉家文書」)。しかし、景勝は同年八月の秀吉死後、政務のために上洛し、五大老としての任務に追われたため、領国のことに専念できなかった。帰国したのは、慶長四年(一五九九)八月のことで、帰国後、景勝はようやく領国の整備や運営にあたる。だが、翌年の慶長五年二月、景勝の領国でのこの動きを、越後堀秀治(ひではる)の重臣堀直政が謀叛として家康に報告した。これを受けて四月、家康は上杉氏に使者を出し、詰問のうえ上洛を促したが、景勝は家康の要求に応じなかった。この景勝の上洛拒絶を受けて、家康は三奉行らの反対を退け、七月の会津征討を決定する。

会津征討を決意した家康は、伊達政宗や最上義光といった奥羽大名、また前田利長や堀秀治ら北陸大名に、それぞれの方面からの出陣を命じた。そして、家康は六月十六日、大坂城から五万五八〇〇人もの軍勢を率いて出陣、七月一日には徳川関東領国の拠点である江戸に入った。その後、七月十九日に嫡男の秀忠が率いる徳川家の軍勢が、二十一日に家康自身が江戸を発って会津へ向かった(『太田和泉守記』『慶長年中卜斎記』ほか)。

徳川勢が会津に向けて進軍する最中の七月十一日、近江佐和山城で退隠の身であった石田三成は、会津への進軍中の大谷吉継を誘って挙兵し、大坂へ上洛してきた五大老の毛利輝元や宇喜多秀家を味方に取り込む。彼らは、この家康の会津出陣を機に、徳川氏から政権中枢を奪還することに挑んだのだ。その後、大坂城西の丸にいた徳川勢の留守居を追い出し、同城を占拠した彼らに、豊臣政権の政務を担う三奉行（前田玄以・増田長盛・長束正家）が応じる。そして十七日、三奉行は、家康が誓詞や秀吉の定めた決まりに背き、自身の思うがままに政権を主導してきたことを連署書状にあげ、諸大名・小名に秀頼への忠節を求め、挙兵に応じるように促した（「真田家文書」ほか）。こうして、家康とそれに与する勢力は、秀頼そして豊臣政権に敵対する存在となった。そして、毛利・石田ら反徳川勢力（いわゆる「西軍」）は、徳川方の征討や備えのために、各方面へ軍勢を遣わす。八月一日には、徳川家宿老の鳥居元忠や深溝松平家忠らが留守居を務めていた山城伏見城を攻め落とした（「真田家文書」ほか）。

家康は、七月十九日には三成が挙兵するという噂を、この時はまだ従っていた増田長盛から の十二日付の報せで知った（『慶長年中卜斎記』）。また、その後も、大坂城の淀殿や三奉行、前田利長から、上洛して三成・吉継挙兵へ対処するよう求められていた（「秋田家文書」）。この時、徳川勢として進軍中の真田昌幸のもとに、挙兵に応じるよう促す三成からの書状が、離叛した三奉行の連署書状と合わせて届き、昌幸・信繁（のぶしげ）父子が嫡男信幸と袂を分かち、信濃上田城へ引き返したことは「犬伏（いぬぶし）の別れ」としてよく知られている。

そうしたなか、七月二十四日、下野国小山（おやま）（栃木県小山市）に着いた家康は、先行する福島正則など諸将を呼び寄せ、翌日の二十五日に諸将一同が会したいわゆる「小山評定（ひょうじょう）」を開いたとされる。近年「小山評定」については、その実否が議論されている。しかしながら、通説による諸将一同が会した「小山評定」ではなかったにしろ、諸将がこの情勢への対応について、小山に陣していた家康のもとへ招かれ、意見を求められたのは間違いないようだ。八月十二日に家康が伊達政宗に宛てた書状のなかで、家康としては中央の情勢を捨て置き、会津征討に臨むつもりでいたが、福島正則・田中吉政・池田輝政・長岡忠興から「上方仕置」（中央政情の鎮静）にあたるべきとの強い意見を受け、江戸へ引き返したといっているのは、いま見てきた一連のこの動静のことをいうのであろう（「伊達家文書」）。ただし、福島正則などが家康に「上方仕置」にあたるべきことを進言したのは、その後、彼らが「秀頼様御為よきやうに」として行動していることからもわかるように、秀頼そして豊臣政権の安定のためであった（「浅野家文書」）。

これにより、家康は会津征討を中止し、二十六日には諸将の軍勢を西に向かわせた（『譜牒余録』）。ただ、この時はまだ、家康のもとに三奉行の離叛（「別心」）は伝わってはおらず、それを知るのは諸将を西上させた後のことであった。このため二十九日に、家康は諸将に、家康の意向を細かに伝えた娘婿の池田輝政と事態収拾について協議させている（「黒田家文書」ほか）。つまり、家康にとって、会津征討への出陣中に起きた反徳川方による蜂起については、石田三成や大谷吉継の挙兵のみならず、政権中枢にあった三奉行までもが呼応し連鎖するようなことになるなど予想だにしなかったわけで、いずれも想定外の出来事だったのである。

その後、家康は江戸へ帰陣、秀忠が率いる徳川家の軍勢を下野国宇都宮に駐在させ、東海道を西上する諸将には宿老の井伊直政を先勢として派遣し、指図を委ねた（「伊達家文書」「浅野家文書」ほか）。なお直政は、この時に病を患っていたらしく、宿老の本多忠勝もともに諸将への指図にあたるために派遣された（『譜牒余録』）。この後、家康は江戸城で各方面の情勢把握に努め、宇都宮にあった秀忠には中山道方面に進ませ（宇都宮には結城秀康を配置）、反徳川勢力の真田昌幸・信繁父子が籠もる信濃上田城の攻略にあたらせた。また、尾張清須城にあった福島正則や池田輝政など徳川方の諸将（いわゆる「東軍」）には、反徳川勢力の織田秀信（信長の孫）がいる美濃岐阜城を攻めさせた。

八月二十三日、家康の指示を受けた福島・池田の諸将は岐阜城を落とし、その後も進撃を続けて、美濃大垣城（岐阜県大垣市）に陣していた石田三成や宇喜多秀家らと対峙する。この諸将の戦果を受けて、家康は西上を急がなければならなくなり、九月一日に江戸を出陣する。また、秀忠には中山道を急ぎ進軍するよう命じた。だが、秀忠が率いる軍勢は、九月六日からの真田勢との戦闘に苦戦を強いられていた（第二次上田合戦）。そのため、この合戦中に家康が急ぎ西に向かうよう命じたことを知り、十一日より急ぎ西上を開始する（『森家先代実録』）。

九月十四日、家康は美濃国赤坂（岐阜県大垣市）に着いた。家康を迎えた徳川方諸将（東軍）は、翌日の十五日、関ヶ原（岐阜県関ヶ原町）に陣する大谷吉継への攻撃に臨む。この時、大谷吉継の陣近くの松尾山城（岐阜県関ヶ原町）には、小早川秀秋が入城していた。秀秋は反徳川方だったが、この時、徳川方へ従う意向を示していた（『関原軍記大成』）。秀秋のこの動きは、すでに大垣城の石田三成など反徳川勢力には知られていた。そこで、石田三成・島津義弘・小西行長・宇喜多秀家といった大垣城内にいた反徳川勢力の軍勢は、大谷吉継を救援すべく、十四日の夜八時頃（戌刻）、大垣城の外曲輪を焼き払い、関ヶ原の地に向かった。そして、十五日の午前十時頃（巳刻）に、関ヶ原に進軍した徳川方諸将の軍勢と合戦になった（「吉川家文書」「九州大学所蔵堀文書」『舜旧記』ほか）。ここに、「関ヶ原合戦」が起きたのである。

従来、関ヶ原合戦は一日かけて行われ、また、その勝敗に大きく影響した小早川秀秋の寝返りは、痺れを切らした家康による「問鉄砲」によってなされたとされる。だが近年、白峰旬氏により、関ヶ原合戦の実像は大きく見直されている。小早川秀秋・脇坂安治・小川祐忠・同祐滋の寝返りも、開戦と同時の出来事であったことが、合戦二日後の九月十七日に大給松平家乗へ合戦の経緯を報告した彦坂元正・石川康通連署書状（「九州大学所蔵堀文書」）より明らかとなった。つまり、関ヶ原合戦は、開戦の後すぐに、小早川秀秋らの寝返りにより、石田三成や宇喜多秀家などが敗勢のなか逃亡、大谷吉継は討たれ、徳川方の勝利に帰したのであった。家康は、この秀秋の功績を賞し、九月二十四日には嫡男の秀忠と同様に扱うとの書状を遣わしている（『古文書集』）。その一方、秀秋は、秀吉に恩寵ある身でありながら、卑怯な行いをしたと世間から嘲られたという（『中臣祐範記』）。

関ヶ原の勝利の後、徳川勢は合戦翌日の十六日、石田三成の本城である近江佐和山城を落とし、二十日には近江大津城（滋賀県大津市）へと進軍した。同日には、中山道を進軍した秀忠が率いる徳川家の軍勢も、ようやく近江国草津（滋賀県草津市）に着いている（「九州大学所蔵堀文書」『舜旧記』ほか）。なお、この時、秀忠が大津城の家康のもとへ赴いたが面会がかなわず、諸将の取り成しにより面会が許されたと伝わる。

この間、福島正則と黒田長政、徳川家を代表して井伊直政と本多忠勝が、反徳川勢力の盟主として大坂城西の丸にあった毛利輝元との交渉にあたった（「毛利家文書」）。この交渉の末、二十五日に輝元は大坂城西の丸を、福島正則・黒田長政・藤堂高虎・浅野幸長・池田輝政の徳川方諸将に明け渡し退いた（『言経卿記』『譜牒余録』）。これを受け、二十七日に家康は大坂城西の丸に入り、秀頼に政争の「勝者」として拝謁した（『言経卿記』）。ここに、徳川氏の勝利のもとに、七月からの反徳川勢力による蜂起でもたらされた中央政争の解決（「天下平均」）が果たされたのである。

江戸開幕

関ヶ原合戦とは、秀吉死後の豊臣政権内部における天下＝中央の政務をめぐる政争から起きた戦争で、家康が豊臣政権を倒すために起こしたものではなかった。家康はこの戦争に勝利した結果、中央の政情に安定をもたらし、政務に携わる執政役＝天下人の立場を固めたのであった。

一方、関ヶ原合戦は、奥羽や九州の諸大名も中央の政争に関わりつつ、各国の領国を奪いあう領土戦争の局面をも持っていた。だが、各地の諸大名・小名に関ヶ原での徳川方の戦勝が伝わるにつれて、戦争は収束していく。ここに、天下＝中央の統合力が弱かった戦国時代とは異なり、天下一統という中央のもとに統合され、惣無事令により私戦の禁止と上訴による解決が定着し、「日本国」国内の「平和」が成し遂げられたことによる世の中の変化が見える。

こうしたなかで、家康は戦後処理を進めていった。まず、慶長五年（一六〇〇）十月一日に捕縛した石田三成、小西行長らを京都六条河原にて斬首し、近江水口城（滋賀県甲賀市）で自害した三奉行の一人、長束正家の首とともに、三条大橋のたもとに晒した（『言経卿記』

『舜旧記』ほか）。そして、毛利輝元や長宗我部盛親など反徳川勢力を減封や改易に処した一方、徳川方諸将へは新たな所領の給与・加増を行った。

そして、徳川領国は最終的に陸奥国岩城平（福島県いわき市）から畿内におよぶ範囲に拡大を遂げ、政治・軍事上の要衝地域には一門や宿老の井伊直政や本多忠勝など重臣が配置された。これにより、家康は天下＝京都を中心とする五畿内周辺の地域を徳川領国下に包摂したが、天下の根源はその後も、京都を中心とする五畿内周辺の地域にあり続けた（『日本王国記』）。つまり、天下は依然として、京都を中心とする五畿内周辺の地域に基点を持ちながらも、それを包摂した重層的複合構造（惣「国家」構造）のもと、やがて徳川領国、さらには天下人徳川氏による政治的・軍事的保護を受けて統合された惣「国家」＝「日本国」へと、広義の意味合いになっていく。

さて、徳川方の諸将には所領の給与と加増を進めた家康であったが、領知宛行状（証状）を出すには至っていない。これは、家康の名目的立場が「豊臣体制」下の執政役としてあったためである。家康の政治的・軍事的威勢（武威）のもとに天下一統は維持されながらも、現状の体制下での主君はあくまで秀頼であった。そのため、諸大名・小名との主従関係を固めるまでには進展できずにいたのである。つまり、現状は、やがて天下人となることを前提に君臨する秀頼と実質的な天下人である家康が併存している状況だった。だが、「豊臣体制」

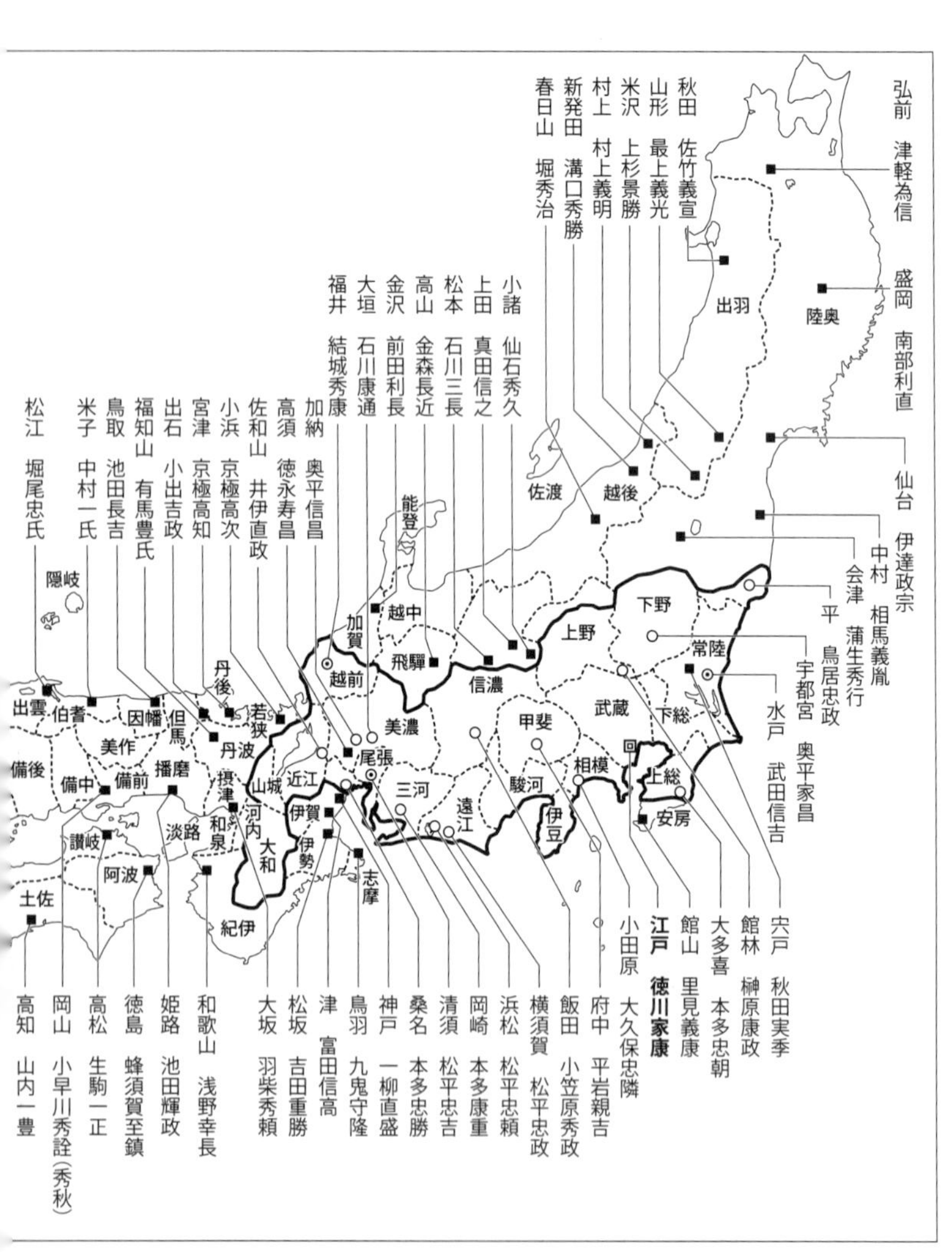

関ヶ原合戦後、徳川領国（太線で囲んだ領域）は東を岩城平、西を畿内におよぶ領域に拡大した。（藤井讓治『シリーズ日本近世史① 戦国乱世から太平の世へ』所載図を一部修正・加筆）

関ヶ原合戦後の諸将配置図

は関ヶ原合戦による五大老・五奉行の解体で、これまでの機能は止まっていた。関ヶ原合戦の後、家康は新たに、確固とした天下一統＝「日本国」国内の「平和」維持の体制を構築していくことになる。

そのための動きとして、まず名字の変更がある。秀忠の名字使用が確認されるのが、慶長五年九月までであることからわかるように（二〇九頁）、豊臣政権下での名字であった羽柴と氏の豊臣を徳川名字・源姓に戻している。徳川氏の「豊臣体制」からの独立の兆候と受け取れるだろう。さらに、羽柴家は天下人の社会的地位の象徴として関白職を独占してきたが、慶長五年十二月十九日、家康は朝廷に取り計らい、その官職を九条兼孝（くじょうかねたか）に還官（げんかん）させることで、本来の摂関家による家職に戻し、「豊臣体制」の解体を進めていった（『言経卿記』『舜旧記』ほか）。そして、慶長六年（一六〇一）三月二十三日、家康は徳川氏による天下統治の政庁を山城伏見城に定めて移った（『言緒卿記』）。これにより、羽柴家の本城である摂津大坂城と統治領域、徳川氏が管轄する天下のそれぞれを分離させたのである。こうして、家康は天下の占有を達成し、羽柴氏は天下統治から外された。しかし、羽柴秀頼は摂津・和泉・河内の三ヵ国を中心に、所領が山城・近江・備中・伊勢各国におよぶ一つの政治勢力として、その後も存在感を示し続けた。家康もこうしたあり方の羽柴家を支援していくことで、徳川優位の政治関係を固めていく。

その一方、同年七月二十四日には、会津征討の対象となった上杉景勝が、伏見に上洛、家康に従属の意向を示し、出羽国米沢領三〇万石に減封となった。また、慶長七年（一六〇二）五月八日には、曖昧な態度をとっていた常陸佐竹氏に対し、出羽国秋田領二〇万石に減移封を命じた（『当代記』）。そして、長らくの交渉の末、ようやく十月になって薩摩島津忠恒が上洛し、十二月二十八日、伏見城の家康に領国保証の御礼を行った（『舜旧記』）。こうして戦後処理は終わり、家康のもとに天下一統がなった。

慶長八年（一六〇三）二月十二日、家康は伏見城に勅使を迎え、征夷大将軍に任官する（『言経卿記』ほか）。征夷大将軍は、室町時代から戦国時代を通じて、室町幕府将軍足利氏が継ぐ、天下人の家職としてあった。しかし、十五代将軍足利義昭が天正十五年（一五八七）十二月に秀吉へ従属し、その後に将軍職を辞し、また後裔にも継承されなかったことにより、家職としての意義が失われていた。家康は、征夷大将軍職＝天下人である武家首長の職を再生させたうえで自身が任官し、天下人の立場を名実ともに承認させたのであった。なお、同時に家康は従一位右大臣、源氏長者（ちょうじゃ）、淳和（じゅんな）・奨学両院別当（しょうがくりょういんのべっとう）になり、三月二十五日に参内して後陽成天皇へ拝賀の礼を示した（『時慶記』）。

そして、ここに徳川家康による天下一統＝「日本国」国内の「平和」維持のもと、政権を実現し、江戸幕府の成立（江戸開幕）となったのである。

終章　家康の実像とその時代

家康の実像と時代

さて、本書ではここまで、江戸開幕に至る徳川家康の歩みを見てきた。「はじめに」で記したように、一般に語られる家康とは、時機が来るまで堪え忍び、時機到来となるや動きだして天下を掌握した、時代の「勝者」としてのイメージであろう。そこには一般にイメージされる織田信長・羽柴秀吉と同じように、天下取り＝「日本国」の覇権の獲得を目指す、家康像がある。

ところが、本書で描いてきた家康の実像は、こうした家康像とは異なっている。まず、戦国時代の地域的領域権力（徳川氏の場合ははじめ国衆、永禄九年〈一五六六〉から戦国大名）として自身の地域「国家」、さらには従属した地域「国家」を統合した惣「国家」の領国をいかに存立させ、安泰（「平和」）なものとしていくか、ここに彼の実像があった。これは現代の企業のあり方にも似ていて、例えば、ある経営者が自身の会社を設立、業績の拡大により企業規模は大きくなり、やがて分社化・グループ化を遂げるなか、自社やグループ企業の存続、さらには今後の発展について戦略を練るといった一連の企業活動と、どこかイメージが重なる。

このために、徳川氏ははじめ駿河今川氏、また元亀〜天正年間（一五七〇〜八〇年代）には織田権力に従属した。これは前者が尾張織田氏、後者が甲斐武田氏との間で、徳川領国がいずれも勢力圏の「境目」といわれる境界地域に位置したことによる。その状況下で、徳川氏が独自で領国「平和」を維持することは難しかった。そこで、駿河今川氏や織田権力に政治的・軍事的保護を求めたのであった。したがって、保護する側がその役割を果たせないとなると、従属する側はその関係を見直す（「再出発」）という駆け引きが始まる。これが、戦国時代の地域的領域権力間の姿であった。そして家康もまた、これに倣い、桶狭間合戦後の駿河今川氏が政治的・軍事的保護をなし得ないと判断した時、親類衆という立場を捨て、今川領国からの「独立」を決断したのだ。そして家康自身も、相模北条氏との国分協定による上野国沼田・吾妻両領の割譲問題から、信濃国衆の真田氏に政治的・軍事的保護者としての力量（器量）を問われ、その離叛に苦しめられた。

現代に生きる私たちは、その時々に家康がとった政治判断が、最終的に天下人になることにつながっているはずだという視点から、評価を下しがちである。

だが、事態がいっこうに進まず、戦争の長期化によって多大な負担を強いられた、同時代に生きる人たちは、家康とその周辺によって進められた政治路線に見直しを迫ることもあった。永禄六年（一五六三）の三河一揆、天正三年（一五七五）四月の大岡弥四郎事件、天正七年（一五七九）八月の松平信康事件は、いずれも家康の対今川・武田戦争への継続姿勢に見直しを迫るものとして起きたものである。つまり、彼の政治判断に対する私たちの評価とは、結果を知ったうえで下したもので、先行きの見えない同時代の人たちにとって、正しかったかどうかはわからない。

こうした政情や社会のなかで、地域「国家」やそれらが統合した惣「国家」の存立という領国「平和」の維持に専念し、国衆さらには戦国大名の当主としてあったのが、徳川家康の実像であった。彼のこの立場は、時代の「産物」であり、決して特有のものではない。戦国時代、この徳川氏のような地域的領域権力が「日本国」各地に展開し、各々の地域「国家」やその統合圏である惣「国家」における領国「平和」の維持のために、それぞれが独自の政治対応を行ってきた。「日本国」はこうした地域「国家」群のもとに構成された重層的複合国家であり、戦国時代は「地域「国家」の時代」（一三頁）だったのである。

この状況下で、徳川氏など各地の戦国大名は、領国「平和」の維持のための政治・外交手段として、対外戦争を行った。戦国大名の戦争は、存立保護を求めて「奉公」に努める譜代家臣や従属国衆を率いた惣「国家」の戦争として行われ、彼らがより望む条件での存立の形態を提供する機会ともなっていった。このように、戦国大名を頂点とする運命共同体が、さらなる存立の証を求めるべく、各地に戦争の恒常化と拡大をもたらしていく。そして、この地域「国家」・惣「国家」間の戦争が、やがて「日本国」の中央＝天下の政情とも密接に絡み合い、元亀・天正の争乱へと連なっていく。

「日本国」内が争乱に包まれるなか、中央である天下を管轄することとなった織田信長と羽柴秀吉は、各地の争乱を鎮め、天下のもとに国内の統合を図るべく天下一統を進めた。これは、天下と地域「国家」群からなる重層的複合国家としての「日本国」の態様を否定するのではなく、その態様のもとに国内統合を図るという事業であった。そして、この事業のため、天下人として定めた行動準則・法規範こそが、諸大名による私戦の禁止と上訴による解決を求めた「惣無事令」だったのである。

こうした動向のなか、徳川氏も駿河・遠江・三河・甲斐・信濃各国を領国（惣「国家」）とする大名へと発展を遂げ、また「関東惣無事」活動にも関わっていく。その一方で家康は、織田権力内の政争から、織田信長の後継天下人として台頭してきた羽柴秀吉と対戦することとなる。その後、秀吉への従属が求められ、徳川領国（惣「国家」）の領国「平和」維持のための政治対応が、信濃国衆の真田氏や小笠原氏の離叛を招き、さらには宿老の石川康輝の出奔という危機が起きるのである。

この事態に対応するため、秀吉への従属を明確に示した家康は、天正十四年（一五八六）十月に上洛して徳川領国の政治的・軍事的保護を得た。そして「関東・奥両国惣無事」活動の助勢など、豊臣政権による天下一統のための「奉公」に従事していく。この過程で、家康は秀吉から羽柴親類大名としての立場を得ていった。

その一方、領国では豊臣政権への「奉公」と戦争状況からの地域の存立復興を目的にして、「国家」改革が実施された。この「国家」改革事業は、自治運営が認められた信濃国全域や甲斐国、奥三河地域における従属国衆の領国や支城領を除く、徳川本領国のみを対象に、検地の実施と七ヵ条定書の交付によって本格的に進められた。そして、この結果による、俵高を基準とした賦課体系の構築を通じて、家康は豊臣政権下の有力大名としての権力基盤を固めていったのである。つまり、豊臣政権のもとで徳川氏の権力基盤は固められていき、家康の立場は上昇していったのである。

小田原合戦直後の、豊臣政権の関東仕置による徳川氏の関東移封は、こうした政権の関東・奥羽統治構想と徳川氏の立場に基づき、実施された。そして徳川氏は、豊臣政権内での有力大名としての威勢をより確固としたものにしていった。

だが、豊臣政権による天下一統＝「日本国」国内の「平和」が達成されると、上位に君臨する中央権力との政治関係のもとに領国支配を進めることが求められていく。これに伴い、それまでのような自立的な政治活動や立場の表明は、次第に制限されていくこととなる。ここにそれまでとは異なる、天下一統による展開が見られる。家康は「羽柴家康」として政権を支えるべく、京都や伏見での滞在が多くなっていった。こうしたことは、各地の豊臣大名・小名にも共通して見られ、家康も他の大名・小名と同様に、豊臣政権の一員としての態様を求められたのである。

その後、家康は秀次事件、秀吉の病気や後継秀頼の幼少という切迫した状況下で、それまでの政権を支える立場から、次第に政権中枢へと活動の場を変えていく。そして、秀吉死後の政争のなかで、豊臣政権のもとに天下一統＝「日本国」国内の「平和」維持に努めるべく、主導権の獲得を進めていく。そのような秀吉死後の家康の政治行動に対し、本来の政権運営を望む毛利輝元や石田三成など反勢力との間で戦いが起き、関ヶ原合戦の勝利を経て、家康はやがて豊臣政権に代わる天下人へと歩みだしていく。そして、慶長八年（一六〇三）二月の江戸開幕へと至ったのである。

このように家康は、同時代の「日本国」の態様や社会に規定され、活動した政治権力者であった。そして、彼が天下人になったのは、当初より必然のものではなく、この時代に適った政情への対処が導いた歴史的結果であった。

その後の家康と「天下泰平」の時代へ

それでは、徳川家康はその後、どのようにあり、また時代はどのように展開していったのであろうか。

慶長八年(一六〇三)二月十二日、家康は征夷大将軍となり、天下人としての立場を名実ともに公認された。ただし、この時点で天下人は家康個人としてであり、徳川氏が天下人の家としてあったわけではなかった。したがって、羽柴家当主の秀頼が再び天下人となる可能性を残していたのである。

そこで、家康は慶長十年(一六〇五)四月十六日、嫡男の秀忠に、家康の天下人としての立場を示す地位であった征夷大将軍職を襲職(しゅうしょく)させ、徳川氏が天下人としてあることを示した(『言経卿記』)。これにより、羽柴氏は天下統治を担わないことを世間にあらためて確認させ、徳川氏への天下人の「代替わり」をはっきりと示したのである。

しかし、家康は秀忠への征夷大将軍職の譲渡により、隠退したわけではない。彼はその後も、天下を統治する最高権力者＝大御所(おおごしょ)として、君臨し続けた。そして、慶長十一年(一六〇六)三月、天下＝五畿内を含む当時の徳川領国の中間地に位置した駿河国駿府を本拠とすることに決定し、翌年の慶長十二年（一六〇七）春に、伏見城から金銀などの財宝を移したという。また同時期から駿府城の改築工事が開始され、七月三日に家康は本丸の殿閣の完成を受けて入城した（『当代記』）。以後、大御所家康は駿府城にて、「日本国」国内の統治・外交を進めていく。当時、来日していたイギリス人は、鍋本由徳氏によれば、大御所家康こそが「皇帝」＝天下人との認識を示し、将軍秀忠は「帝国を継承する江戸の王」＝家康の後継であり、やがて天下を統治する有力な地域「国家」の国王であるとみなして対応した。ここにはまさに、この時期の大御所家康・将軍秀忠による徳川権力の実態がうかがえる。

こうして、徳川氏の天下人としての格を固めた家康は、江戸・駿府などの城普請を通じ、諸大名・小名との政治的・軍事的統制と従属関係の強化を進めた。そして、慶長十六年（一六一一）三月二十七日に行われた後陽成天皇の譲位とその後の後水尾天皇の即位を機に、四月十二日に前田利光（のち利常）・毛利秀就・島津家久・福島正則・池田輝政など北陸・西国で一国単位を領有する国持大名に臣従の誓約を示させた（「尊経閣文庫所蔵文書」）。また、伊達政宗・上杉景勝・佐竹義宣・里見忠義など関東・奥羽の国持大名には、翌年の慶長十七年（一六一二）正月五日、将軍秀忠のもと、江戸にて同様に誓約させている（『諸法度』）。あらためて、徳川氏による天下管轄のもとでの彼ら国持大名との政治的・軍事的統制と従属関係を確認させたのである。

天下人徳川氏との従属関係が確認される一方、国持大名の地域「国家」（領国）における自治運営は、政治的・軍事的保護のうえ、引き続き認められた。つまり、地域「国家」は徳川氏の天下一統＝「日本国」国内の「平和」維持のなかで存立することとなったのである。ここに、天下を管轄する江戸幕府と国持大名らの地域「国家」＝藩とによる「幕藩体制」のもとに構成された重層的複合国家として、「日本国」は成立していくこととなる。

また、これと合わせて、徳川氏にとって旧主家であった羽柴氏との政治関係の確認も行われた。関ヶ原合戦後の羽柴氏は、天下統治からは外され、中央権力としての立場は喪失しつつも、依然として、秀吉以来、天下の管轄に携わった実績を持つ政治勢力としてあり続けていた。このため、当主の秀頼は、来日中のヨーロッパ人からも、「他日帝位に即くべき望あり」（やがて天下人となる可能性がある）存在として見られていた（フェルフーフェン『和蘭東印度商会史』）。家康は、すでに慶長八年（一六〇三）七月二十八日に秀吉生前の取り決めに従い、秀頼に孫娘の千姫（せんひめ）を嫁がせ、羽柴氏との親類関係を保つことで、徳川氏の優位性を示してきた（『時慶記』）。しかし、いま徳川氏のもとに天下一統が維持され、諸大名・小名との政治的・軍事的統制と従属関係を確立するうえで、羽柴氏との政治関係について、はっきりとした確認が必要であった。

そこで家康は、前述の後陽成天皇の譲位が行われた同年三月二十八日、山城二条城（京都府京都市中京区）で羽柴秀頼との会見を行い、徳川氏優位のもとにある両者の政治関係をあらためて世間に示した（『義演准后日記』ほか）。しかし、秀頼による天下の管掌を希求する動きはその後も続き、そのことがやがて両氏の対立へと走らせる。こうして起きた慶長十九～二十年（一六一四～一五、なお慶長二十年は七月十三日に「元和」に改元）の大坂の陣は、天下を管掌する徳川氏のもと、諸大名・小名との政治的・軍事的統制と従属関係と、それに伴う天下一統を確定させる最終事業となった。そして、慶長二十年五月八日、羽柴氏はこの戦争で摂津大坂城とともに滅亡した（『駿府記』『本光国師日記』ほか）。この達成は、のちに「元和偃武」として位置づけられていく。

大坂夏の陣の終戦直後、七月中には武家諸法度、禁中並公家諸法度、臨済宗の五山十刹・大徳寺・妙心寺・永平寺・総持寺・高野山・真言宗寺院・浄土宗寺院への寺院法度が定められた（『御制法』ほか）。これにより、江戸幕府による天下一統のもとでの「日本国」＝近世国家における、武家、天皇や公家、諸宗派寺院のそれぞれの規範とすべき態様が示されたのであった。

一方、豊臣政権による「唐入り」の失敗後、家康は対明貿易を望み、東アジア外交を展開したが、実現することはなかった。結局、東アジア世界の変動による政情への局外中立方針やキリシタン問題から、家康死後の江戸幕府は、国家間交易の管理、海外渡航の禁止によるいわゆる「鎖国」のもと、限られた通商国との間に「日本国」を位置づけ、「平和」を維持していくこととなる。

また、家康は慶長七年（一六〇二）十二月六日、徳川領国内における給人（地頭）・代官と村との関係を再確認し、両者の関係に支障が生じた場合には直訴（じきそ）（「直目安」）による解決を求めた（『御制法』）。これは、翌年の慶長八年（一六〇三）三月二十七日にもあらためて定められ、確認された（『御制法』）。その一方で、社会全般におよぶ紛争の凍結と裁判による解決を求める行動準則の「喧嘩停止（けんかちょうじ）」が徹底されていく。この結果、武装行為は寛永十四年～十五年（一六三七～三八）に起きた島原・天草一揆の平定により終結を見せ、訴訟社会がより発展していくことになる。

こうした時代の転換のなか、大嶌聖子氏が明らかにしたように、家康は元和二年（一六一六）中に、孫の竹千代（のちの徳川家光）を元服させ、徳川将軍家の確固を見届けたうえで、事実上の隠居を計画していたようである。しかし、同年正月二十一日からの発病もあり、この計画は実現することなく、家康は四月十七日の午前十時頃（巳刻）、七十五歳の生涯を閉じた（『本光国師日記』『言緒卿記』ほか）。遺骸は翌日の十八日に駿河国久能山（くのうざん）（静岡県静岡市）に埋葬されたが、翌年の元和三年（一六一七）三月に下野国日光（栃木県日光市）に東照宮が完成すると改葬されている。

家康の意志は後裔の徳川将軍に引き継がれた。彼らのもとで、国内戦争の凍結と対外関係における局外中立や交易の管理は進められ、ついに「日本国」国内の「平和」の維持は、「天下泰平」といわれる江戸時代へと展開する。泰平のもと、戦国から江戸時代にわたる「日本国」の重層的複合構造は、やがて力量（器量）から家筋（いえすじ）（家系）への推移を伴いながらも、江戸幕府による天下一統のもとでの「日本国」＝近世国家を規定する政治的構造としてあり続けた。そうしたなかで、家康は東照大権現として神格化され、君臨し、それに基づく家康像が創られていったのである。

その後、その時々の政治・社会変動に応じて変質しながらも、江戸幕府のもと、「日本国」における重層的複合をなした政治構造は維持されていった。その契機こそが、徳川家康も生き、最終的に天下人として活動した時期を含む、十五世紀から十七世紀半ばまでの「中近世移行期」といわれる時代にあった。しかし、「日本国」の政治構造は幕末になると、欧米列強の諸国との外交関係を含めた諸事から、国内が内乱状況に陥り、その脅威に対する新たな対処ができずにいるうち、解消へと向かう。そして、明治維新を経て、国内は一元化を遂げた近代国家として、日本が形成されていく。

現代の日本は、こうした歴史の展開のうえにあり、私たちはいまを生きているのである。

おわりに

本書『徳川家康――境界の領主から天下人へ』は、いまここに刊行されるわけであるが、刊行に至るまでの道程は決して順風満帆なものではなかった。

二〇一六年の春、東京。黒田基樹監修『戦国大名』（別冊太陽　日本のこころ171　平凡社、二〇一〇年）の執筆・刊行でお世話になった平凡社の坂田修治氏に久しぶりにお会いした。その際、坂田氏から一般書の刊行を勧められた。この勧めに、私はありがたくお引き受けした。だが、次の瞬間、私の気分は一気に怖じ気づいたものへと変わった。

それは、坂田氏から勧められた執筆テーマが『徳川家康』であったためだ。徳川家康の評伝は、これまで多くの先学大家、近年でも本多隆成氏、笠谷和比古氏といった方々が執筆している。そのため、どうしても『徳川家康』の執筆は大家によってなされるべきものという意識が頑なにあった。たしかに私は徳川家康について、戦国・織豊期の大名として、永禄三年（一五六〇）五月の桶狭間合戦から天正年間（一五七三～九二）までの時期を中心に研究し、著書を刊行している。しかし、それ以後の時期の家康について、本格的な研究への取り組みは今後の課題としていた。自分が『徳川家康』を執筆するような機会があっても、それはずっと先のことで、現在の自分にはまだとの思いがあった。しかし、やや当惑する私を前に坂田氏は、天下人となり江戸開幕した以前の家康像を中心に「日本中近世移行期」という時代のなかで描いてほしいという。取り扱うべき時期は縮まったものの、それでも荷が重い状況には変わらない……。

けれども、氏の熱意に押されて、ひとまずこのリクエストを預かり、自分なりの構成を練った。家康については多くの史料があり、また家康に関わる政治動向の研究も日々新たな成果が発表されている。その状況を踏まえて「日本中近世移行期」という時代を充分に考慮した、なにか新しい視点から家康を描くことなどできるのか。

そこで、いまも参加させていただいている東洋大学大学院の恩師、神田千里先生のゼミでの成果や、これまでの執筆内容や機会をいただいた講演・講義の成果から考えてみることにした。そして、私が定めた視点は、

①　戦国・織豊期の徳川氏研究のなかに取り込まれている「松平・徳川中心史観」を排し、同時代の史料から家康個人や徳川氏像を描く。

② 近年の戦国時代史研究では「境目」が注目されている。数ヵ国にもおよぶ大きな大名勢力の狭間にある大名や自立的な国衆が、政治動向のキャスティングボートを握っていたという時代の特質をしっかりと拾い、そこから家康・徳川氏の動向をとらえる。

③ 当時は、戦国時代の天下と地域「国家」により「日本国」が構成されていた。その政治構造を前提に、織田信長・羽柴秀吉によって成し遂げられた「天下一統」という国内統合の実態をとらえつつ、同時期の家康がどのように活動し、その果てに天下人・江戸開幕へと至ったのか、その過程を追う。

ということであった。こうして、本書の執筆方針だけはできあがった。

ここには、江戸時代から引き継がれている「松平・徳川中心史観」にもとづく家康像の再検討はもとより、信長・秀吉ともに、彼らの個性とされる「革新性」にばかり注目され描かれてきた時代像への私なりの検証＝「挑戦」がある。本当に執筆を成し遂げられるのかといったことへの懸念はさておき、とにかく描いてみると決めた。

ただ、執筆の方針は決まったものの、実際の作業となるとなかなか筆は進まず、時ばかりが過ぎていく。次第に筆からは遠ざかり、原稿提出の締め切り日が近づいていく。そんな日々が続いた。

しかし、周囲のみなさんからの励ましに大きな力を得て、執筆活動はなんとか進められた。特に丸島和洋氏には、いつもながらの激励に止まらず、氏が時代考証として携わられた二〇一六年度NHK大河ドラマ「真田丸」に、時代考証のお手伝いに誘われるという、貴重な機会もいただいた。そこでは、徳川氏研究に精通する小川雄氏とともに「資料提供」として参加し、丸島氏など考証陣とともに、物語終盤の展開に関わるさまざまな議論と検証に携わることになる。

そのおかげで、それまで先送りしていた慶長年間（一五九六〜一六一五）の史料にじっくり目を通すことができた。そして、曖昧なイメージや展望を乗り越え、自分なりの像を描くことができるようになった。実は、本書の終章のうち「その後の家康と「天下泰平」の時代へ」における江戸開幕後の展望に関する記述は、まだ提示するのは無理だろうと、当初はまったく考えていなかった。しかし、これが実現できたのは、まさにこの機会を得たおかげである。

こうして、できあがった本書は、いま私が抱く徳川家康像、さらにはそれに伴う中近世移行期の政治・社会像を充分に提示できた内容になったと自負している。本書により、これまでとは異なる「新たな家康像」を提供できたならば、筆者としては望外の喜びである。

さて、現代はあらゆる物事を単純化・一元化し、そうした図式のもとにとらえようとする傾向が強い。だから読者のみなさんにとって、本書で描いたような、地域による自治運営を前提とした、重層的複合構造にもとづく政治や社会のあり方という図式は、極めてイメージしにくいのではないだろうか。

私たちは、歴史の結末はもちろん、それを経てたどり着いたいまを知っているため、どうしても現在の視点から当時の政治や社会を見てしまう。しかし、その時代を生きていた人々にとって、当時の政治や社会のあり方はあくまで〝現在進行形〟であって、その果てになぜいまの時代があるのかを考えることなどあるはずもない。現代に生きる私たちが歴史と接する時は、このことを理解しなければならず、だからこそ、先のようなスタンスでは、当時の人々の立ち位置を把握することなど到底できないだろう。これは、特に歴史に対する関心が薄れ、いまのみを重視する社会意識が増している昨今の身近な状況をも顧みた時、とても危惧されることではないか。本書は、こうしたことも意識しながら執筆にあたった。あとは、ここで描いた家康像とそれに伴う「日本中近世移行期」という時代の政治・社会像の成否について、本書を読まれた読者諸賢のご判断に委ねるほかない。

最後に、本書刊行にあたり多くの励ましとご教示を賜ったみなさん、拙著の刊行を受けいれていただいた平凡社に御礼を申し上げたい。特に編集担当の坂田氏には、さまざまな要望を聞いていただいたうえ、執筆上のアドバイスに加え、本書刊行に向けての適切な処置を施してくれた。そのおかげで、いまここに本書がある。厚く感謝申し上げる。

二〇一七年五月　真夏日のなかで

柴　裕之

徳川家康関連年表

*家康の「年齢」は数え年で表記、太字は家康に関わるもの

和暦(年)		西暦(年)	年齢	事項
天文	4	1535		12月5日　守山崩れ、松平清康が殺害される。その後に嫡男の広忠は三河岡崎城を追われ、一門の松平信定が入城する
	6	1537		6月1日　松平広忠が三河岡崎城に帰還を果たす
	11	1542	1	**12月26日　三河岡崎城にて誕生する。幼名は竹千代**
	16	1547	6	9月上旬　織田信秀の攻勢に、松平広忠が降伏に追い込まれる。**この際に、織田氏へ人質として差し出される**
	17	1548	7	3月19日　小豆坂合戦が起こる
	18	1549	8	3月6日　父の松平広忠が死去する 11月上旬　駿河今川氏が三河安城城を攻略する。**戦後、織田氏から引き渡され、今川氏従属下の松平家当主として、駿河国駿府へ移る**
	24	1555	14	**3月　元服し、「元信」と名乗る**
弘治	2	1556	15	**正月　今川一家衆の関口氏純の娘（築山殿）と婚姻する**
	4	1558	17	**春　三河国寺部の攻撃に参加、初陣となる**
永禄	元	1558	17	**7月以前　実名を「元康」と改める**
	3	1560	19	**5月19日　桶狭間合戦が起こる。戦後、三河岡崎城へ戻る**

4	1561	20	**2月　織田信長と和睦する** **3月　室町幕府将軍足利義輝へ献馬する** **4月11日　三河牛久保城を攻撃、三州忩劇が勃発する**
5	1562	21	**正月20日　室町幕府将軍足利義輝が今川・松平両氏へ停戦命令を出す** **2月　西郡鵜殿氏を攻略、人質交換により嫡男の信康と築山殿を駿府から岡崎へ迎える**
6	1563	22	**7月6日　実名を「家康」と改める** **秋　三河一揆が起こる** 12月　遠州忩劇が勃発する
7	1564	23	**2月末　三河一向一揆と和睦する** **2月　作手奥平氏が従属する** **4月　幡豆小笠原氏が従属する。東条吉良義昭が没落する** **5月　二連木戸田氏が従属する** **7月頃　大給松平氏が従属する** **9月　三河上野城の酒井忠尚を追う**
8	1565	24	**3月頃　三河吉田・田原両城を攻略する** 5月19日　室町幕府将軍の足利義輝が三好義継や松永久通に殺害される（永禄の政変）
9	1566	25	**5月　牛久保牧野氏が従属、三河国を平定する** **12月29日　徳川改姓、従五位下三河守に叙位・任官する**
10	1567	26	**5月　嫡男の信康と織田信長の娘五徳の婚約が成立する**

年号	年	西暦	年齢	事項
				9月　織田信長が美濃国を平定する
永禄	11	1568	27	**正月11日　左京大夫に任官する** 9月　織田信長が足利義昭を迎え上洛戦を開始する 10月18日　足利義昭が征夷大将軍となる（室町幕府の再興） **12月　武田信玄が今川領国の駿河国、徳川家康が遠江国へ侵攻を開始する**
	12	1569	28	**5月15日　今川氏真が籠もる遠江懸川城を開城させる。**これにより駿河今川氏が滅亡、**遠江国が徳川領国となる。この直後から「福徳」印判の使用が開始される**
元亀	元	1570	29	**6月　遠江浜松城を築城する（9月に入城）** **10月　上杉謙信と同盟を結ぶ**
	2	1571	30	年末　武田信玄が北条氏政と再び同盟を結ぶ。駿河国は武田領国となる
	3	1572	31	**10月　武田信玄が遠江国への侵攻を開始する** **12月22日　三方原合戦が起こる。織田・徳川連合軍が武田勢に敗れる**
	4	1573	32	2月　室町幕府将軍足利義昭が織田信長と敵対する 4月12日　武田信玄が死去する 7月　室町幕府将軍足利義昭が織田信長に京都を追われ、室町幕府が滅亡する
天正	元			**9月　三河長篠城を攻略する**
	2	1574	33	**6月17日　武田勝頼が遠江高天神城を攻略する**
	3	1575	34	**4月　大岡弥四郎事件が勃発、武田勝頼が三河国へ侵攻する** **5月21日　長篠合戦が起こる。戦後、奥三河と諏訪原・二俣などの遠江諸城を攻略する**

5	1577	36	**閏7月　遠江高天神城を攻撃する**
6	1578	37	3月13日　上杉謙信が死去する。その後、政治路線をめぐり、後継の景勝と反景勝方が擁する景虎との間で「御館の乱」が勃発、甲斐武田氏と相模北条氏との甲相同盟が決裂する事態に発展する
7	1579	38	**8月　松平信康事件が勃発する（8月29日に築山殿を殺害、9月15日に信康が自害）** **9月　相模北条氏と同盟を結ぶ** 11月頃　武田勝頼が常陸佐竹氏を通じて、織田信長との甲江和与交渉を進める
8	1580	39	3月　相模北条氏が織田権力に従属する
9	1581	40	**3月22日　遠江高天神城を攻略し、遠江国の平定をほぼ成し遂げる**
10	1582	41	**2月18日　織田権力の甲斐武田氏攻めに従い出陣する** 3月11日　甲斐武田氏が滅亡する **3月29日　織田権力が旧武田領国の国割を行い、駿河国が与えられる** **5月11日　織田信長への「御礼」のため、近江安土城に赴く** 6月2日　本能寺の変が起こる **6月4日　「伊賀越え」により帰国を果たす** 6月12日　山崎合戦が起こる 6月27日　清須会議が開かれる **7月3日　甲斐国へ侵攻する** **8〜10月　甲斐国新府・若神子間で相模北条氏と対峙する** **9月　信濃国衆の真田昌幸が従属する** **10月29日　相模北条氏と和睦する（天正壬午の乱が終結）。この時の国分交渉により、**

年号	年	西暦	年齢	事項
天正	11	1583	42	**甲斐・信濃両国の領有を獲得する。また北関東大名・国衆に対して、織田信長の生前時と同様の「惣無事」を求める** 正月　織田信雄が織田家当主として、近江安土城に入る 4月21日　賤ヶ岳合戦が起こる 6月　羽柴秀吉が摂津大坂城に入り、天下人としての立場を示す **8月15日　相模北条氏との同盟（遠相同盟）を固めるため、娘の督姫が北条氏直に嫁ぐ** **11月15日　羽柴秀吉の督促に従い、相模北条氏に「関東惣無事」の指示を伝える**
	12	1584	43	3月6日　織田信雄が親秀吉派の重臣たちを殺害する。**その後、家康は信雄に従い、羽柴秀吉と戦う（小牧・長久手合戦）** **4月9日　長久手合戦が起こる** 11月12日　羽柴秀吉と織田信雄が講和。**直後に家康も秀吉と講和し帰国する（小牧・長久手合戦の終結）**
	13	1585	44	2月22日　織田信雄が羽柴秀吉に臣従の姿勢を示す **6月　信濃国衆の真田昌幸が離叛する** 7月11日　羽柴秀吉が従一位関白となる 8月　羽柴秀吉が四国、北陸を平定し、天下の占有を遂げる **閏8月　第一次上田合戦が起こる** 10月2日　羽柴秀吉が豊後大友・薩摩島津両氏に停戦命令を出す **10月　信濃国衆の小笠原貞慶が離叛する** **11月13日　石川康輝（数正）が出奔する**

年	西暦	年齢	事項
			11月29日　天正地震が起こる
14	1586	45	**2月　羽柴秀吉と和睦する** **3月　北条氏政と伊豆国三島・駿河国沼津で二度、会見する** **5月14日　秀吉妹の旭姫と婚約する** **10月27日　上洛のうえ、羽柴秀吉に対面し、臣従を誓う** **11月5日　正三位権中納言となる** **12月4日　本城を駿河駿府城に移す**
15	1587	46	**3月18日　信濃国衆真田昌幸と小笠原貞慶が駿河駿府城の家康のもとに出頭、与力小名としての立場を確認する** 5月　羽柴秀吉が九州を平定する **8月8日　従二位権大納言となる** **この年、五十分一役の賦課が始まる**
16	1588	47	4月　羽柴秀吉が後陽成天皇を山城聚楽第に行幸させる。**家康も供奉。その直前に、「清華成」を遂げる** **5月21日　北条氏政・氏直父子に対して、豊臣政権への臣従を求める「最後通告」を行う** 8月22日　相模北条氏が豊臣政権へ臣従の意を示す
17	1589	48	**2月　「国家」改革の事業として、本領国検地が始まる** **7月7日　七ヵ条定書の配布が始まる** 7月21日　相模北条氏への上野国沼田領・吾妻領の引き渡しが実施される 11月3日　北条氏家臣猪俣邦憲が沼田領のうち真田氏領有の上野名胡桃城を奪取する

天正			
			12月　羽柴秀吉が相模北条氏の軍事征伐を決める
18	1590	49	**正月3日　三男で嫡男の長丸（のちの徳川秀忠）を上洛させる** **2月10日　豊臣政権による相模北条氏の軍事征伐に従い出陣する** **3月　小田原合戦が始まる** 7月5日　当主の北条氏直が降伏する（相模北条氏の滅亡） **7月　関東に移封される** 7月末～8月　豊臣政権が関東・奥羽仕置を行い、天下一統を遂げる 10月16日　大崎・葛西一揆が起きる
19	1591	50	**正月11日　陸奥国の政情解決のために出陣する（途上で解決したとの報が入り、正月13日帰国）** **正月　嫡男の秀忠が元服・公家成を遂げる** **閏正月3日～3月21日　上洛し、伊達政宗の処遇問題に関わる。この間、徳川家中に「国替」の噂が起こる** 3月　九戸一揆が起こる **5月　徳川関東領国の本領国における家臣に所領給与を行う** **7月19日～10月29日　陸奥国へ出陣、伊達領国の整備などにあたる** **11月　徳川関東領国内の寺社領の保証を行う** 12月末　羽柴秀吉が羽柴家の家督と関白職を甥の秀次へ譲る
20	1592	51	正月　羽柴秀吉が唐入りのための渡海を計画。諸大名に肥前名護屋への参陣を命じる **2月2日　江戸を発ち、京都を経て4月中に肥前名護屋へ赴く** 4月　「日本」勢が朝鮮半島に上陸、文禄の役（壬辰倭乱）が始まる

年号	西暦	年齢	事項
			5月18日　羽柴秀吉が唐入り実現後の「三国国割構想」を示す **6月2日　徳川家康・前田利家の諫言により、秀吉の渡海が延期される** **7月末〜11月1日　秀吉不在中、肥前名護屋での留守居を前田利家とともに務める** **9月9日　嫡男の秀忠が従三位権中納言となる**
文禄2	1593	52	**3月　渡海の計画がなされる（実現せず）** 5月　講和交渉のため、明国使節が肥前名護屋に来る。**前田利家とともに接待役を務める** 8月3日　羽柴秀頼が誕生する **8月29日　肥前名護屋から大坂へ帰還する** **10月26日　江戸へ帰国する**
3	1594	53	**3月　豊臣政権から課された山城伏見城の普請を勤める。これ以降、家康は京都や伏見に滞在することが多くなり、豊臣政権の一員として秀吉に従い畿内で活動していく** **9月21日　羽柴秀吉から「羽柴江戸大納言」として、伊勢国内において三五一八石五斗の所領を与えられる**
4	1595	54	7月　秀次事件が起こる。**「羽柴武蔵大納言家康」として、羽柴秀頼への忠誠と羽柴秀吉が定めた法や決まりの遵守を誓約した起請文を提出する** **8月3日　宇喜多秀家・上杉景勝・前田利家・毛利輝元・小早川隆景との連名により、御掟・御掟追加を出す** **9月17日　嫡男の秀忠と秀吉養女の江（淀殿の妹）が婚姻する**
5	1596	55	**5月11日　正二位内大臣となる**

年号	年	西暦	年齢	事項
文禄	元	1596	55	**5月13日　羽柴秀吉・秀頼父子に従い、牛車にて参内する** 閏7月12~13日　文禄地震が起こる 9月1日　羽柴秀吉が明国使節に会い、日本国王の冊封を受ける。**徳川家康は右都督となる。**後日、講和交渉は決裂する
慶長	2	1597	56	2月　羽柴秀吉が小早川秀秋を総大将に、朝鮮国への「日本」勢の再派兵を命じる **5月28日　羽柴秀頼に従い参内する** 6月　慶長の役（丁酉倭乱）が始まる
	3	1598	57	8月18日　羽柴秀吉が死去する。**その直前に設けられた五大老に加わる** **9月3日　五大老・五奉行間で、羽柴秀頼への忠誠に努め恣意なきように互いの関係を確認すべく起請文を認める** 12月　朝鮮国より諸将が帰国する
	4	1599	58	正月10日　羽柴秀頼が摂津大坂城へ移る **正月19日　四大老・五奉行から諸大名との私婚を取り結んだことを糾問される（2月5日、一触即発の事態となるが和平に至る）** 閏3月3日　前田利家が死去する 閏3月4日　七将襲撃事件が起こる **閏3月10日　家康と毛利輝元・上杉景勝の間で事態の収拾が行われ、石田三成が近江佐和山城へ退隠する** **閏3月13日　山城伏見城へ入城する** **7月9日　庄内の乱において薩摩島津氏を援護するため、肥後相良氏など周辺の九州小名に出陣を命じる**

和暦	西暦	年齢	事項
			7月　太泥国へ書翰を遣わす
			8月14日　後陽成天皇のもとへ参内する
			9月27日　摂津大坂城の反勢力を排除し、西の丸に入る
5	1600	59	2月頃　加賀前田氏と和睦する（5月　前田利長の母芳春院が人質として江戸へ赴く）
			6月16日　会津征討へ向け出陣する
			7月11日　石田三成が挙兵、五大老の毛利輝元や宇喜多秀家、三奉行を味方に取り込む
			7月25日　「小山評定」が行われ、徳川方の諸将が西に向けて進軍する
			9月15日　関ヶ原合戦が起こる
			9月27日　摂津大坂城から毛利輝元を退去させ、入城する
6	1601	60	3月23日　徳川氏による天下統治の政庁を山城伏見城として、そこに移る
			3月28日　嫡男の秀忠が源姓で権大納言となる
			7月24日　上杉景勝が従属の意を示す
7	1602	61	5月8日　常陸佐竹氏を出羽国秋田領へ減移封させる
			12月28日　島津忠恒（家久）が上洛し、家康へ臣従の意を示す
8	1603	62	2月12日　従一位右大臣兼征夷大将軍となる（江戸開幕へ）
			3月25日　後陽成天皇への拝賀のため参内する
10	1605	64	4月16日　嫡男の秀忠に征夷大将軍職を襲職させる
12	1607	66	7月3日　駿河駿府城に入る
16	1611	70	3月27日　後陽成天皇が譲位する
			3月28日　羽柴秀頼と山城二条城にて会見する

元号	年	西暦	年齢	事項
				4月12日　前田利光（利常）・毛利秀就・島津家久・福島正則・池田輝政ら北陸・西国の国持の諸大名に臣従の誓約をさせる
慶長	17	1612	71	正月5日　伊達政宗・上杉景勝・佐竹義宣・里見忠義ら関東・奥羽の国持の諸大名に臣従の誓約をさせる
	19	1614	73	7月　山城方広寺鐘銘事件が起こる 11月19日〜12月20日　大坂冬の陣が起こる
	20	1615	74	5月6〜8日　大坂夏の陣が起こり、羽柴氏が滅ぶ
元和	元	1615	74	7月　武家諸法度、禁中並公家諸法度、寺院法度を制定する
	2	1616	75	3月17日　太政大臣に任官する 4月17日　駿河駿府城にて死去する 4月18日　駿河国久能山に埋葬される
	3	1617		3月　下野国日光へ改葬される

主要参考文献

＊徳川家康に関する史料集、著書・論文は多い。以下にあげるものは、本書執筆に際して、参照した主要なものに限る。

史料集

愛知県史編さん委員会編『愛知県史』資料編9中世2、資料編10中世3、資料編11織豊1、資料編12織豊2、資料編13織豊3、資料編14中世・織豊（愛知県、二〇〇三～一四年）

和泉清司編『江戸幕府代官頭文書集成』（文献出版、一九九九年）

奥野高廣『増訂織田信長文書の研究』上巻、下巻、補遺（吉川弘文館、一九八八年）

奥野高廣・岩澤愿彦校注『信長公記』（角川書店〈角川日本古典文庫〉、一九六九年）

北島万次編『豊臣秀吉朝鮮侵略関係史料集成』（平凡社、二〇一七年）

久保田昌希・大石泰史・糟谷幸裕・遠藤英弥編『戦国遺文 今川氏編』一～五（東京堂出版、二〇一〇～一五年）

『慶長年中卜斎記』（『改定史籍集覧』第二十六冊、近藤活版所、一九〇三年）

斎木一馬・岡山泰四・相良亨校注『日本思想大系26 三河物語 葉隠』（岩波書店、一九七四年）

静岡県編『静岡県史』資料編8中世4（静岡県、一九九六年）

史籍跡研究会編『朝野旧聞裒藁』一～二六（汲古書院〈内閣文庫所蔵史籍叢刊〉、一九八二～八四年）

信濃史料刊行会編『信濃史料』巻十五〜巻十八、補遺巻上（信濃史料刊行会、一九六〇〜六九年）
柴辻俊六・黒田基樹・丸島和洋編『戦国遺文 武田氏編』一〜六（東京堂出版、二〇〇二〜〇六年）
『史料雑纂 当代記・駿府記』（続群書類従完成会、一九九五年）
『史料纂集 兼見卿記』一〜六（続群書類従完成会・八木書店、一九七一〜二〇一七年）
杉山 博・下山治久・黒田基樹編『戦国遺文 後北条氏編』一〜六（東京堂出版、一九八九〜九五年）
竹内理三編『増補続史料大成19 家忠日記』（臨川書店、一九八一年）
東京大学史料編纂所編『大日本古記録 言経卿記』一〜十四（岩波書店、一九六九〜九一年）
徳川義宣『新修徳川家康文書の研究』（徳川黎明会、一九八三年）
徳川義宣『新修徳川家康文書の研究』第二輯（徳川黎明会、二〇〇六年）
中村孝也『新訂徳川家康文書の研究』上巻、中巻、下巻之一、下巻之二（日本学術振興会、一九八〇〜八二年）
名古屋市博物館編『豊臣秀吉文書集』一〜三（吉川弘文館、二〇一五〜一七年）
山梨県編『山梨県史』資料編4中世1、資料編5中世2上、資料編5中世2下（山梨県、一九九九〜二〇〇五年）

著書・論文

跡部 信『豊臣政権の権力構造と天皇』（戎光祥出版、二〇一六年）
粟野俊之『織豊政権と東国大名』（吉川弘文館、二〇〇一年）
安城市史編集委員会編『新修安城市史』1 通史編 原始・古代・中世（安城市、二〇〇七年）

安城市歴史博物館編『徳川家康の源流 安城松平一族』（安城市歴史博物館〈企画展図録〉、二〇〇九年）
池上裕子『織豊政権と江戸幕府』（日本の歴史15 講談社学術文庫、二〇〇九年）
同『日本中近世移行期論』（校倉書房、二〇一二年）
和泉清司『徳川幕府成立過程の基礎的研究』（文献出版、一九九五年）
市村高男「関東における徳川領国の形成と上野支配の特質」（『群馬県史研究』三〇号、一九八九年）
同「「惣無事」と豊臣秀吉の宇都宮仕置――関東における戦国の終焉」（江田郁夫・簗瀬大輔編『北関東の戦国時代』高志書院、二〇一三年）
遠藤珠紀「徳川家康前半生の叙位任官」（『日本歴史』八〇三号、二〇一五年）
大嶌聖子「徳川家康の隠居――最晩年の政権移譲構想」（『日本歴史』七〇二号、二〇〇六年）
岡野友彦『家康はなぜ江戸を選んだか』（教育出版、一九九九年）
小笠原春香「武田氏の駿河侵攻と徳川氏」（『地方史研究』三三六号、二〇〇八年）
小川雄「一五五〇年代の東美濃・奥三河情勢――武田氏・今川氏・織田氏・斎藤氏の関係を中心として」（『武田氏研究』四七号、二〇一三年）
同「永禄年間の三河国争乱と幡豆小笠原氏」（『新編西尾市史研究』一号、二〇一五年）
同『徳川権力と海上軍事』（岩田書院、二〇一六年）
小和田哲男『東海の戦国史』（ミネルヴァ書房、二〇一六年）
同 編『徳川氏の研究』（戦国大名論集12 吉川弘文館、一九八三年）
笠谷和比古『関ヶ原合戦――家康の戦略と幕藩体制』（講談社選書メチエ3、一九九四年）
同『関ヶ原合戦と大坂の陣』（戦争の日本史17 吉川弘文館、二〇〇七年）

同　　　『徳川家康』（ミネルヴァ日本評伝選164　ミネルヴァ書房、二〇一六年）
片山正彦『豊臣政権の東国政策と徳川氏』（思文閣出版、二〇一七年）
勝俣鎮夫『戦国時代論』（岩波書店、一九九六年）
神田千里『戦国乱世を生きる力』（日本の中世11　中央公論新社、二〇〇二年）
同　　　『一向一揆と石山合戦』（戦争の日本史14　吉川弘文館、二〇〇七年）
同　　　『宗教で読む戦国時代』（講談社選書メチエ459、二〇一〇年）
同　　　『戦国時代の自力と秩序』（吉川弘文館、二〇一三年）
同　　　『織田信長』（ちくま新書１０９３、二〇一四年）
北島正元『江戸幕府の権力構造』（岩波書店、一九六四年）
同　　　『徳川家康――組織者の肖像』（中公新書17、一九六三年）
久保田昌希『戦国大名今川氏と領国支配』（吉川弘文館、二〇〇五年）
同　編　　『松平家忠日記と戦国社会』（岩田書院、二〇一一年）
黒嶋　敏『天下統一――秀吉から家康へ』（講談社現代新書２３４３、二〇一五年）
黒田基樹『戦国大名北条氏の領国支配』（岩田書院、一九九五年）
同　　　『戦国期領域権力と地域社会』（岩田書院、二〇〇九年）
同　　　『百姓から見た戦国大名』（ちくま新書618、二〇〇六年）
同　　　『小田原合戦と北条氏』（敗者の日本史10　吉川弘文館、二〇一二年）
同　　　『戦国北条氏五代』（中世武士選書8　戎光祥出版、二〇一二年）
同　　　『戦国大名――政策・統治・戦争』（平凡社新書713、二〇一四年）

同　『増補改訂　戦国大名と外様国衆』(戎光祥出版、二〇一五年)
同　『真田昌幸――徳川、北条、上杉、羽柴と渡り合い大名にのぼりつめた戦略の全貌』(小学館、二〇一五年)
同　『「豊臣大名」真田一族――真説 関ヶ原合戦への道』(洋泉社、二〇一六年)
同　『羽柴を名乗った人々』(角川選書578、二〇一六年)
同　『近世初期大名の身分秩序と文書』(戎光祥出版、二〇一六年)
同　『小早川秀秋』(シリーズ　実像に迫る5　戎光祥出版、二〇一七年)
同　監修『戦国大名』(別冊太陽　日本のこころ171　平凡社、二〇一〇年)
小林清治『奥羽仕置と豊臣政権』(吉川弘文館、二〇〇三年)
齋藤慎一『戦国時代の終焉――「北条の夢」と秀吉の天下統一』中公新書1809、二〇〇五年)
佐々木倫朗「東国「惣無事」令の初令について――徳川家康の「惣無事」と羽柴秀吉」(荒川善夫・佐藤博信・松本一夫編『中世下野の権力と社会　中世東国論③』岩田書院、二〇〇九年)
柴　裕之「織田権力と北関東地域」(江田郁夫・簗瀬大輔編『北関東の戦国時代』高志書院、二〇一三年)
同　『戦国・織豊期大名徳川氏の領国支配』(岩田書院、二〇一四年)
同　「武田信吉の佐倉領支配――豊臣期下総領域の態様」(『四街道の歴史』一一号、二〇一六年)
同　「足利義昭政権と武田信玄――元亀争乱の展開再考」(『日本歴史』八一七号、二〇一六年)
同　「織田信長と諸大名――その政治関係の展開と「天下一統」」(『白山史学』五三号、二〇一七年)
同　編『尾張織田氏』(論集戦国大名と国衆6　岩田書院、二〇一一年)
同　編『織田氏一門』(論集戦国大名と国衆20　岩田書院、二〇一六年)

白峰　旬『新解釈　関ヶ原合戦の真実──脚色された天下分け目の戦い』（宮帯出版社、二〇一四年）
新行紀一「最初の徳川家康文書」（『日本歴史』三一七号、一九七四年）
同　『一向一揆の基礎構造──三河一揆と松平氏』（吉川弘文館、一九七五年）
新編岡崎市史編集委員会『新編岡崎市史』２　中世（岡崎市、一九八九年）
鈴木将典「五か国総検施行段階における徳川領国の基礎構造──七か条定書と年貢・夫役システム」（『駒沢史学』六二号、二〇〇四年）
同　「「五十分一役」の再検討──徳川領国下の甲斐を中心に」（『戦国史研究』五一号、二〇〇六年）
同　「東海地域における戦国大名の諸役賦課──今川・武田・徳川領国を事例として」（『武田氏研究』四八号、二〇一三年）
同　「甲斐における徳川氏の天正検地」（『日本歴史』七八二号、二〇一三年）
同　『戦国大名武田氏の領国支配』（岩田書院、二〇一五年）
同　『戦国大名武田氏の戦争と内政』（星海社新書86、二〇一六年）
曽根勇二『近世国家の形成と戦争体制』（校倉書房、二〇〇四年）
竹井英文『織豊政権と東国社会──「惣無事令」論を越えて』（吉川弘文館、二〇一二年）
同　「徳川家康江戸入部の歴史的背景」（『日本史研究』六二八号、二〇一四年）
谷　徹也「秀吉死後の豊臣政権」（『日本史研究』六一七号、二〇一四年）
谷口　央『幕藩制成立期の社会政治史研究──検地と検地帳を中心に』（校倉書房、二〇一四年）
同　編『関ヶ原合戦の深層』（高志書院、二〇一四年）
所理喜夫『徳川将軍権力の構造』（吉川弘文館、一九八四年）

同　『徳川権力と中近世の地域社会』（岩田書院、二〇一六年）
中野　等『文禄・慶長の役』（戦争の日本史16　吉川弘文館、二〇〇八年）
同　『石田三成伝』（吉川弘文館、二〇一七年）
鍋本由徳「慶長期における外国人の政権理解」（『戦国史研究』五一号、二〇〇六年）
日本史史料研究会編『信長研究の最前線――ここまでわかった「革新者」の実像』（洋泉社歴史新書y49、二〇一四年）
日本史史料研究会編『秀吉研究の最前線――ここまでわかった「天下人」の実像』（洋泉社歴史新書y55、二〇一五年）
日本史史料研究会監修・平野明夫編『家康研究の最前線――ここまでわかった「東照神君」の実像』（洋泉社歴史新書y66、二〇一六年）
日本史史料研究会監修・大石泰史編『今川氏研究の最前線――ここまでわかった「東海の大大名」の実像』（洋泉社歴史新書y71、二〇一七年）
長谷川裕子『戦国期の地域権力と惣国一揆』（岩田書院、二〇一六年）
林　晃弘「寺社修造にみる関ヶ原合戦後の豊臣家と家康」（『日本歴史』七九九号、二〇一四年）
林　千寿「慶長五年の戦争と戦後領国体制の創出」（『日本歴史』七四二号、二〇一〇年）
原　史彦「徳川家康三方ケ原戦役画像の謎」（『金鯱叢書』四三輯、二〇一六年）
播磨良紀「松平元康の花押について」（『愛知県史研究』八号、二〇〇四年）
同　「徳川家康の花押について」（矢田俊文編『戦国期の権力と文書』高志書院、二〇〇四年）
平野明夫『三河松平一族』（新人物往来社、二〇〇二年）

同　『徳川権力の形成と発展』（岩田書院、二〇〇六年）
同　「関東領有期徳川氏家臣と豊臣政権」（佐藤博信編『中世東国の政治構造——中世東国論　上』岩田書院、二〇〇七年）
同　「肥前名護屋の徳川氏」（天野忠幸・片山正彦・古野貢・渡邊大門編『戦国・織豊期の西国社会』日本史史料研究会、二〇一二年）
同　「松平清康再考」（『愛知県史研究』一八号、二〇一四年）
平山　優「戦国期東海地方における貫高制の形成過程——今川・武田・徳川氏を事例として」上・下（『武田氏研究』三七号・三八号、二〇〇七〜〇八年）
同　『武田遺領をめぐる動乱と秀吉の野望——天正壬午の乱から小田原合戦まで』（戎光祥出版、二〇一一年）
同　『穴山武田氏』（中世武士選書5　戎光祥出版、二〇一一年）
同　『長篠合戦と武田勝頼』（敗者の日本史9　吉川弘文館、二〇一四年）
同　『増補改訂版　天正壬午の乱——本能寺の変と東国戦国史』（戎光祥出版、二〇一五年）
同　『武田氏滅亡』（角川選書580、二〇一七年）
福田千鶴『徳川秀忠——江が支えた二代目将軍』（新人物往来社、二〇一一年）
同　「江戸幕府の成立と公儀」（『岩波講座日本歴史』第10巻　近世1、岩波書店、二〇一四年）
同　『豊臣秀頼』（歴史文化ライブラリー387　吉川弘文館、二〇一四年）
藤井讓治『徳川将軍家領知宛行制の研究』（思文閣出版、二〇〇八年）
同　「「惣無事」はあれど「惣無事令」はなし」（『史林』九三—三号、二〇一〇年）

同　　　『シリーズ日本近世史①　戦国乱世から太平の世へ』（岩波新書1522、二〇一五年）
同　編　『織豊期主要人物居所集成』（思文閣出版、二〇一一年）
藤木久志『豊臣平和令と戦国社会』（東京大学出版会、一九八五年）
同　　　『新版　雑兵たちの戦場――中世の傭兵と奴隷狩り』（朝日選書777、二〇〇五年）
藤田達生「「神君伊賀越え」再考」（『愛知県史研究』九号、二〇〇五年）
堀　新『天下統一から鎖国へ』（日本中世の歴史7　吉川弘文館、二〇一〇年）
同　　　「豊臣秀吉と「豊臣」家康」（山本博文・堀新・曽根勇二編『消された秀吉の真実――徳川史観を越えて』柏書房、二〇一一年）
堀　新・井上泰至編『秀吉の虚像と実像』（笠間書院、二〇一六年）
堀越祐一『豊臣政権の権力構造』（吉川弘文館、二〇一六年）
本多隆成『近世初期社会の基礎構造――東海地域における検証』（吉川弘文館、一九八九年）
同　　　『初期徳川氏の農村支配』（吉川弘文館、二〇〇六年）
同　　　『定本　徳川家康』（吉川弘文館、二〇一〇年）
同　　　「小山評定の再検討」（『織豊期研究』一四号、二〇一二年）
同　　　『徳川家康と関ヶ原の戦い』（人をあるく　吉川弘文館、二〇一三年）
同　　　「「小山評定」再論――白峰旬氏のご批判に応える」（『織豊期研究』一七号、二〇一五年）
松本和也「宣教師史料から見た日本王権論」（『歴史評論』六八〇号、二〇〇六年）
丸島和洋『戦国大名武田氏の権力構造』（思文閣出版、二〇一一年）
同　　　『戦国大名の「外交」』（講談社選書メチエ556、二〇一三年）

同　　「北条・徳川間外交の意思伝達構造」（『国文学研究資料館紀要』アーカイブズ研究篇一一号、二〇一五年）
同　　『真田四代と信繁』（平凡社新書793、二〇一五年）
同　　『戦国大名武田氏の家臣団』（教育評論社、二〇一六年）
同　編『信濃真田氏』（論集戦国大名と国衆13　岩田書院、二〇一四年）
水野伍貴『秀吉死後の権力闘争と関ヶ原前夜』（日本史史料研究会研究選書10　日本史史料研究会、二〇一六年）
光成準治『関ヶ原前夜――西軍大名たちの戦い』（NHKブックス1138、二〇〇九年）
宮本義己「松平元康〈徳川家康〉の早道馬献納――学説とその典拠の批判を通して」（『大日光』七三号、二〇〇三年）
村岡幹生「永禄三河一揆の展開過程――三河一向一揆を見直す」（新行紀一編『戦国期の真宗と一向一揆』吉川弘文館、二〇一〇年）
同　　「「松平氏由緒書」の成立と旗本松平太郎左衛門家の形成」（『豊田市史研究』四号、二〇一三年）
同　　「織田信秀岡崎攻落考証」（『中京大学文学会論叢』一号、二〇一五年）
盛本昌広『松平家忠日記』（角川選書304、一九九九年）
矢部健太郎『豊臣政権の支配秩序と朝廷』（吉川弘文館、二〇一一年）
同　　「「源姓」徳川家への「豊臣姓」下賜」（『古文書研究』七四号、二〇一二年）
同　　『関ヶ原合戦と石田三成』（敗者の日本史12　吉川弘文館、二〇一三年）
同　　『関白秀次の切腹』（KADOKAWA、二〇一六年）

山田邦明『戦国時代の東三河——牧野氏と戸田氏』（愛知大学綜合郷土研究所ブックレット23　あるむ、二〇一四年）
山田康弘『戦国時代の足利将軍』（歴史文化ライブラリー323　吉川弘文館、二〇一一年）
山本博文『幕藩制の成立と近世の国制』（校倉書房、一九九〇年）
米谷　均「豊臣秀吉の「日本国王」冊封の意義」（山本博文・堀新・曽根勇二編『豊臣政権の正体』柏書房、二〇一四年）
渡邊大門編『家康伝説の嘘』（柏書房、二〇一五年）

柴裕之（しば ひろゆき）
1973年東京都生まれ。東洋大学大学院文学研究科日本史学専攻博士後期課程満期退学。博士（文学）。専門は日本中世史。現在、東洋大学文学部非常勤講師、千葉県文書館嘱託。著書に『戦国・織豊期大名徳川氏の領国支配』（岩田書院）、編著に『論集 戦国大名と国衆6 尾張織田氏』『論集 戦国大名と国衆20 織田氏一門』（ともに岩田書院）、分担執筆に日本史史料研究会監修・大石泰史編『今川氏研究の最前線――ここまでわかった「東海の大大名」の実像』（洋泉社歴史新書y）などがある。

［中世から近世へ］

徳川家康 境界の領主から天下人へ

発行日 2017年7月21日 初版第1刷

著者 柴裕之
発行者 下中美都
発行所 株式会社平凡社
〒101-0051 東京都千代田区神田神保町3-29
電話 (03)3230-6581［編集］(03)3230-6573［営業］
振替 00180-0-29639
ホームページ http://www.heibonsha.co.jp/
印刷・製本 株式会社東京印書館
DTP 平凡社制作

ISBN978-4-582-47731-3
NDC分類番号210.47 四六判(18.8cm) 総ページ290